Schlachtfeld Elternabend

Herausgegeben von Bettina Schuler und Anja Koeseling

Schlachtfeld Elternabend

Der unzensierte Frontbericht von Lehrern und Eltern

»Der wahre Zweck des Menschen [...] ist die höchste und proportionierlichste Bildung seiner Kräfte zu einem Ganzen. Zu dieser Bildung ist Freiheit die erste und unerlässliche Bedingung.«

Wilhelm von Humboldt

*»Es gibt keine trockene Wissenschaft.
Es gibt nur trockene Gelehrsamkeit und trockene Gelehrte.«*

Joseph Unger

Inhalt

PROLOG

Ach ja, am ersten Schultag, da ist alles noch eitel Sonnenschein, ganz gleich wie das Wetter ist.

Da rennen die Kleinen freudig mit ihren prall gefüllten Schultüten umher, die Väter versuchen verzweifelt, das perfekte Foto fürs Album zu schießen und die Mütter wischen sich das obligatorische Tränchen aus dem Gesicht, derweilen die Omas und Opas müde auf der Bank im Schulhof sitzen und hoffen, dass es bald Mittagessen gibt. Selbst die Lehrer, Meister des strengen Blickes, sind an diesem Tag milde gestimmt und drücken jedem Kind eine Sonnenblume in die Hand, die sich keine fünf Minuten später auf dem Boden wiederfindet. Aber was solls. Denn wer wird sich schon die gute Laune an diesem herrlichen Tag vermiesen lassen? Und so gehen alle, Lehrer, Kinder und Eltern, irgendwann freudig nach Hause, überzeugt davon, dass es die nächsten Jahre so harmonisch weitergeht.

Bis, ja, bis die Erstklässler-Eltern am nächsten Morgen, wenn sie ihre Kinder zum Klassenraum begleiten, die mitleidigen Blicke der alteingesessenen Eltern auffangen, die natürlich wissen, was die Neu-Eltern auf dem Schlachtfeld Schule erwartet. Denn in Zeiten von PISA und Elite-Unis gilt das humboldtsche Bildungsideal an den Schulen nichts mehr. Leistung, Drill und Ordnung lautet heute die Devise, sonst wird das mit dem Nachwuchs auf dem transatlantischen Markt ja nichts mehr.

Warum sollte der Spross nicht gleich mit drei Jahren Kindergarten und Vorschule überspringen? Dann kann das Kind nach dem Abitur auch noch für ein Jahr nach China gehen, ohne bei Eintritt in den Arbeitsmarkt dem internationalen Altersdurchschnitt hinterherzuhinken.

Und auch die Lehrer, nicht selten von den Mamas und Papas unter Druck gesetzt, haben das Wirtschaftspotenzial der Kinder fest im Blick. So gibt es um das Wohl und die Zukunft der Kinder zwischen Lehrern und Eltern immer wieder erbitterte Kämpfe, die ihren Höhepunkt auf den regelmäßig stattfindenden Elternabenden erreichen.

Dort schießt Frau Öko gegen Herrn Sorglos, der seinem Sohn Bodo immer wieder so gefährliche Dinge wie Capri-Sonne mit in die Schule gibt, während Frau Penibel still und heimlich in den Haaren ihrer Banknachbarin nach Läusen sucht. Denn von *ihrer* Tochter kommen die Läuse in der Klasse ganz sicher nicht. Der Lehrer bombardiert ohne Rückendeckung - seinen Spickzettel hat er zu Hause vergessen - die Eltern mit Positiv-Argumenten für die Klassenfahrt nach Paris. Leider hat er nicht mit Herrn Neunmalklug gerechnet, der erst kürzlich in der *Le Monde*, oder war es doch die *Züricher Zeitung*, gelesen hat, dass Barcelona bildungstechnisch gesehen jetzt viel mehr en vogue ist. Im Hintergrund hört man die Besser-Essen-Parolen aus Frau Ökos Mund schießen, die jedoch dank der lauten Stimme von Herrn Neunmalklug ihr Ziel, die Ohren der anderen Eltern, gänzlich verfehlen. Was Frau

Erzkatholisch nicht daran hindert, in der hintersten Reihe des Schlachtfeldes eine neue Front zu eröffnen und die Wichtigkeit des Sankt-Martins-Festes mit Bibelzitaten hervorzuheben, das in keinem Fall, in gar keinem Fall Lichterzug heißen könne, wenn die Kinder etwas über unsere Kultur lernen sollen - Toleranz hin oder her.

Der Lehrer, allein schon zahlenmäßig unterlegen, zeigt bereits erste Erschöpfungsanzeichen, was die anwesenden Eltern nicht davon abhält, weiter gegen ihn und seine Vorschläge in die Schlacht zu ziehen. Denn sind wir dank Radio, Fernsehen und Internet heute nicht alle Pädagogen? Weshalb also diesem Hampelmann da vorne glauben? Nur weil der ein paar Fachbücher mehr gelesen hat?

Irgendwann, wenn alle Worthülsen verbraucht, die Argumente-Kalaschnikows leer geschossen und die letzten Beleidigungsbomben abgeworfen sind, beruhigen sich alle langsam, schließen Verträge, bilden Allianzen und sind vielleicht sogar bereit, dem Gegner in einigen Punkten recht zu geben. Allerdings nur bis zum nächsten Elternabend. Dann wird auf dem gleichen Schauplatz ein neuer Kampf ausgetragen, nur eben mit anderen Themenvariationen.

Sie halten das für übertrieben? Dann sollten Sie unbedingt lesen, was unsere Autoren vom »Schlachtfeld Elternabend« zu berichten haben.

KAPITEL 1
Helden und Schurken

Bevor man einen Angriff startet, sollte man seinen Feind genau analysieren. Denn nur wer dessen Schwächen und Vorlieben kennt, der kann ihn auch bezwingen.

Ihre Tochter hat einen Lehrer, der in jeder kleinen Pause zum Rauchen auf den Hof rennt? Herrlich! Damit verletzt er jeden Tag seine Aufsichtspflicht. Woran Sie ihn, wenn die Versetzung mal wieder auf der Kippe steht, auch gern erinnern können ...

Sind Sie Lehrer und haben ein Kind in der Klasse, dessen Mutter es immer zu spät aus dem Hort abholt, obwohl sie weiß, dass um fünf nach vier Ihr letzter Bus nach Hause fährt? Perfekt! Bei der nächsten Weihnachts- oder Osterfeier können Sie Madame daran erinnern, wo man die Kinder nach der offiziellen Schließzeit eigentlich abgibt ... im Kinderheim nämlich.

Das sind nur zwei der typischen Charaktere, mit denen man auf dem Schlachtfeld Elternabend zusammentrifft, denn da gibt es noch Frau Öko, Herrn Neunmalklug, die verweichlichte Frau Nett, den überengagierten Referendar und, und, und ...

RABENMUTTER

»Ist dir eigentlich schon aufgefallen, wie Paul den Füller hält?«, rief mir meine Schwägerin aus der Küche zu.

Ich war im Bad und wickelte meine Tochter. Jedenfalls versuchte ich das. Sie strampelte so wild, dass man den Eindruck bekam, sie hätte sechs Beine. Mindestens. Als ich endlich fertig war, wurde mir mit einem Schlag klar, wo der Ausdruck »schiefgewickelt« herkam.

»Wie bitte?«, keuchte ich atemlos, schnappte mir das sechsbeinige Strampeltier und ging in die Küche zurück.

»Na, den Füller.« Sie saß neben Paul am Küchentisch und zeigte auf die Hand meines Sohnes. »Er hält ihn total falsch.«

Paul warf mir einen flehenden Blick zu. Ich sah seine füllerhaltende Hand an und dann das Heft, in das er seine Hausaufgabe schrieb. Im ersten Moment fand ich eigentlich, dass das alles ganz gut aussah. Okay, ein Sternchen für Schönschrift bekäme er vielleicht nicht, aber leserlich sahen die drei Zeilen, die er geschrieben hatte, schon aus.

»Ich würde sowieso viel lieber mit Kugelschreiber schreiben«, maulte Paul.

Meine Schwägerin schüttelte energisch den Kopf. »In der Grundschule wird mit Füller geschrieben. Punkt. Das kündige ich immer gleich beim ersten Elternabend der ersten Klassen an. Eure Lehrer doch auch, oder?« Bei der Frage wandte sie ihren Blick von Paul zu mir.

Meine Schwägerin ist Grundschullehrerin. Zum Glück nicht an Pauls Schule. Ich hatte keine Ahnung, wie das dort mit dem Füller gehandhabt wurde. Der erste Elternabend war ja immerhin schon vier Jahre her.

»Bestimmt«, sagte ich vorsichtshalber.

Mein Sohn schlug sein Heft zu und wollte aufstehen, als meine Schwägerin ihn am Arm festhielt.

»Halt. Du hast einen Fehler gemacht. Wie schreibt man ›Anorakkapuze?‹«

Paul klappte sein Heft wieder auf. »So wohl nicht«, murmelte er.

Entschlossen strich sie das Wort durch, drückte meinem Sohn den Füller in die Hand und bog ihm die Finger zurecht.

»Da gehören zwei K hin. Anorak endet mit einem K und Kapuze fängt mit einem an.«

Während Paul das Wort korrigierte, sah mich meine Schwägerin vorwurfsvoll an. »Machst du denn keine Hausaufgaben mit ihm?«

»Ähem«, stammelte ich, »eigentlich nicht. Nur wenn er mich darum bittet. Also, wenn er etwas nicht versteht, oder so«, fügte ich etwas lahm hinzu.

»Als Lehrerin rate ich meinen Eltern immer wieder, ihre Kinder bei den Hausaufgaben zu begleiten. Eine ordentliche Unterstützung ...«

Glücklicherweise krabbelte meine Tochter genau in diesem Moment gegen das Tischbein und fing an zu heulen. Meine

Schwägerin verstummte. Paul schmiss den Füller in sein Mäppchen und verzog sich mit erleichterter Miene in sein Zimmer.

Als meine Tochter mit dem Weinen aufgehört hatte, führte meine Schwägerin ihren belehrenden Vortrag augenblicklich fort: »Erst beim letzten Elternabend musste ich meine Eltern zum wiederholten Male daran erinnern, dass ...«

Diesmal rettete mich das Telefon.

»Hallo«, tönte eine hohe Stimme aus dem Apparat, »hier spricht Hannah. Ist Paul da? Ich wollte fragen, was wir heute aufhaben. Ich bin nämlich krank«, schniefte sie zur Erklärung dazu.

»Paul«, rief ich die Treppe hoch, »Telefon!«

»Ich bin auf Klo«, brüllte er die Treppe herunter.

»Paul kann gerade nicht«, sagte ich in den Hörer, »ich gucke mal, ob ich sein Hausaufgabenheft finde.«

Pauls Ranzen stand noch am Tisch. Darin fand ich alles Mögliche: Kaugummipapier, ein halbes Käsebrötchen, zerbröckelte Radiergummiteile, ein Stück Lineal, Hefte, ein Pfund Anspitzspäne und ein Buch. Aber kein Hausaufgabenheft.

»Es tut mir leid, Hannah, ich ...«

Paul stürmte in die Küche und riss mir den Hörer aus der Hand.

»Hi«, sagte er und lauschte. Im nächsten Moment schoss es wie eine Pistole aus seinem Mund: »Mathe, Seite 24, Aufgaben 1a und b. C nur, wenn du Lust hast. Deutsch, Seite 54, Nummer 2. Und für nächste Woche noch Bio. Seite 43 bis 46 lesen.«

Er legte auf und verschwand.

»Ich muss auch los«, kündigte meine Schwägerin an, umarmte mich, rümpfte die Nase über Pauls Schulranzen und verschwand ebenfalls.

Ich stand am Küchentisch und starrte auf Pauls Deutschheft. Dann schlug ich es auf und blätterte darin. Sollte ich mich vielleicht doch öfter mit ihm hinsetzen? Unschlüssig zuckte ich mit den Schultern und legte das Heft weg. Meine Schwägerin hatte den Samen des schlechten Gewissens gesät. Hatte ich bei den Elternabenden nicht richtig zugehört? Was hatte denn Pauls Lehrer zu diesen Themen gesagt? Und wann war ich eigentlich das letzte Mal bei einer Elternversammlung gewesen?

Was hatte denn Pauls Lehrer zu diesen Themen gesagt? Und wann war ich eigentlich das letzte Mal bei einer Elternversammlung gewesen?

Mit diesen Gedanken im Kopf machte ich mich auf den Weg zum Einkaufen. Und wie das manchmal so ist im Leben, sollte das Thema an diesem Tag damit noch lange nicht abgehakt sein. Im Supermarkt traf ich nämlich Hannahs Mutter.

Nach ein paar freundlichen Worten zur Begrüßung sagte sie: »Wie läuft es eigentlich bei Paul in Mathe?«

»Mathe? Ganz gut, glaube ich.«

»Kommt denn Paul mit der neuen Lehrerin zurecht?«, wollte sie wissen.

Neue Lehrerin? Was für eine neue Lehrerin?

»Frau Simon, die Vertretungslehrerin für die Meyer«, fügte Hannahs Mutter zum Glück sofort hinzu.

Ich nickte und tat so, als wüsste ich, wovon sie redete.

»Ach so, natürlich. Ich denke schon, dass er mit ihr klarkommt. Er hat nichts Negatives berichtet.« Eigentlich hatte Paul gar nichts berichtet. Er hatte die Lehrerin noch nie erwähnt.

»Meine Hannah meint, die Simon sei uralt und ein richtiger Drachen und würde ständig herumschreien«, regte Hannahs Mutter sich auf. »Dabei sollte die Meyer doch nur vier Wochen fehlen. Und nicht vier Monate! So lange kann man doch gar nicht brauchen, um sich von so einer OP zu erholen, oder?«

»I-ich weiß auch nicht«, stotterte ich. Was für eine OP denn eigentlich? Und warum erzählte mir mein Sohn verdammt noch mal nichts davon? Oder fragte ich ihn vielleicht zu wenig?

Hannahs Mutter redete sich derweil in Rage. Während wir zwischen Nudeln und Brotaufstrichen anderen Leuten im Weg standen, klagte sie lauthals: »Erinnerst du dich denn nicht? Beim Elternabend hat Herr Schmidt doch ausdrücklich betont, dass Frau Meyer nicht länger fehlen würde als einen Monat, denn schließlich sind ständige Lehrerwechsel nicht gut.«

Ich nickte. Das konnte man wohl sagen. Hannahs Mutter hatte rote Flecken im Gesicht und einen ganz verzerrten Mund. Sie sah wirklich nicht gut aus. Ich schüttelte mitfühlend meinen Kopf. Sie blickte mich erwartungsvoll an.

»Ich war leider nicht da beim letzten Elternabend«, sagte ich leise. Ich konnte nicht länger so tun, als wüsste ich, wovon sie sprach.

»Oh«, hauchte sie und guckte mich mit großen Augen an.

»Ja«, murmelte ich und zeigte auf mein Kind, das erstaunlich lieb und geduldig im Einkaufswagen saß und ein Brötchen zerkrümelte. »Meine Tochter war krank und mein Mann musste so lange arbeiten und ...«

Hannahs Mutter musterte mich mit zusammengekniffenen Augen und erwiderte mit spitzer Stimme: »Kann ja schon mal vorkommen, dass etwas dazwischenkommt ...«

Ich seufzte innerlich. Das klang so anklagend.

»Wir sollten mal Leons Papa vorschicken«, sagte sie nach einer kurzen, aber peinlichen Stille.

Okay, das verstand ich jetzt wieder nicht. Also lächelte ich verschwörerisch. Vielleicht lächelte ich auch nur dämlich, denn sie fügte hinzu: »Leons Papa ist doch unser Elternvertreter. Der könnte doch mal mit dem Direktor reden. Aber eigentlich ist der genau wie sein Sohn. Leons Papa, meine ich, nicht der Direktor. Wenn du weißt, was ich meine.« Sie wackelte mit ihren Augenbrauen und säuselte leise: »Dumm wie Brot. Aber ich habe den sowieso nicht gewählt. Du etwa?«

»Ich war doch nicht beim Elternabend«, erinnerte ich sie.

»Die Wahl fand am vorletzten Elternabend statt«, erwiderte Hannahs Mutter. Jetzt nahm ihre Stimme diesen Tonfall an, den manche Menschen benutzen, wenn sie mit Babys reden.

Hilfe. Da war ich anscheinend auch nicht gewesen. Oder hatte ich das einfach nur vergessen? Mit einem Mal fiel es mir ein: Die Geburt meiner Tochter war damals dazwischengekommen. Aber das traute ich mich jetzt nicht mehr zu sagen. So langsam wuchs nämlich das frisch gesäte schlechte Gewissen zu einer riesigen Rankenpflanze an. Eine Rabenmutter bist du, schalt ich mich still. Ich musste mich unbedingt mehr um das Schulleben meines Sohnes kümmern. Augenblicklich! Und sei es nur, um die Supermarktgespräche mit anderen Eltern zu meistern. Ich straffte meine Schultern. Wann war eigentlich der nächste Elternabend?

So langsam wuchs das frisch gesäte schlechte Gewissen zu einer riesigen Rankenpflanze an. Eine Rabenmutter bist du!

»Ich habe jetzt einen Termin mit Herrn Schmidt zum Elterngespräch gemacht«, quasselte Hannahs Mutter weiter.

Ich nickte strahlend. Gute Idee. Herrn Schmidt kannte ich. Den hatte ich schon mal gesehen. Das war Pauls Klassenlehrer. »Ja, das mache ich auch«, posaunte ich fröhlich.

Das war doch ein Anfang.

Ich war jetzt eine andere Mutter. Eine enthusiastische Grundschulmutter. Beim Mittagessen am nächsten Tag fragte ich Paul: »Und? Wie wars in der Schule?«

»Wie immer«, nuschelte er mit dem Mund voller Nudeln.

»Habt ihr Hausaufgaben auf?«

»Ja.«

Die Worte meiner Schwägerin hingen mir immer noch in den Ohren. »Ich kann dir gern helfen, wenn du magst.«

Paul schüttelte seinen Kopf.

»Was ist denn jetzt mit dieser Füllersache? Gibt es da ein Problem?«

»Nö.«

»Wie ist eigentlich diese neue Mathevertretungslehrerin? Kommst du klar?«

Paul nickte. »Klar.«

»Kannst du auch Mehr-Wort-Sätze sprechen?«

»Manchmal.«

»Wo ist eigentlich dein Hausaufgabenheft?«

Schulterzucken.

Paul war wirklich keine große Hilfe, wenn es darum ging, mich intensiver, unterstützender und mütterlicher in sein Schulleben einzubringen. Ich setzte mich an den Computer und öffnete die Homepage von Pauls Schule. Sicherlich standen dort die Termine. Mein Wunsch, einen Elternabend zu besuchen, wurde nämlich von Minute zu Minute größer. Ich stöberte stundenlang auf der Homepage herum und kannte am Ende alle Daten der Schulfeste und Sportveranstaltungen, lernte die Namen aller Lehrer auswendig, wusste plötzlich, dass es einen Förderverein gab und studierte Tausende Fotos mit Tausenden Kindern. Allerdings fand ich keine Termine für Elternabende oder -sprechtage. Daher studierte ich Pauls Stundenplan. Perfekt. Am nächsten Tag hatte Paul die letzte Stunde bei Herrn Schmidt. Da würde ich einfach mal vorbeischauen, ein Wort mit seinem Klassenlehrer wechseln und einen Termin für das Elterngespräch machen.

Zufrieden ging ich zu Bett. Ich war endlich die engagierte Mutter eines Grundschulkindes. Eigentlich fehlte nur noch ein Elternabend zu meinem Glück. Das war mein letzter Gedanke vor dem Einschlafen.

Als ich am nächsten Tag das Schulgebäude betrat, wucherte das schlechte Gewissen erneut. In welchem Raum befand sich eigentlich Pauls Klassenzimmer? Bestimmt waren sie mit dem neuen Schuljahr umgezogen. Ratlos stand ich in der Vorhalle. Glücklicherweise kam gerade eine Schülerin aus der Toilette und konnte mir den Weg zur 4c weisen.

Es klingelte schon und die ersten Kinder kamen aus der Tür, also betrat ich den Klassenraum. Paul sah mich zuerst erschrocken und dann verschämt an, blieb kurz neben mir stehen, um sich dann mit einem kurzen »Hallo« an mir vorbeizuschlängeln.

Mit sicherem Schritt ging ich auf den Lehrer zu. »Guten Tag, Herr Schmidt«, sagte ich und reichte ihm die Hand.

»Guten Tag, Frau ...?«

»Frau Müller«, half ich ihm auf die Sprünge, »Pauls Mutter.«

»Ach, natürlich«, rief Herr Schmidt. »Kann ich Ihnen helfen?«

»Ja, ich wollte einmal fragen, ob wir einen Termin für ein Elterngespräch machen können.«

»Haben Sie denn konkrete Fragen? Ich kann Ihnen nämlich gleich versichern, dass ich von meiner Seite zufrieden mit Paul bin.«

Stolz nickte ich dem Klassenlehrer zu. »Ja, nein«, entgegnete ich. »Konkret vielleicht nicht. Eigentlich wollte ich Sie auch nur fragen, ob Ihnen das mit dem Füller schon aufgefallen ist. Er hält ihn nämlich nicht korrekt«, wiederholte ich die Worte meiner Schwägerin, »und schreibt leider auch nicht so ordentlich ...«

Herr Schmidt winkte ab. »Der Paul hat mich schon darauf angesprochen. Ich habe ihm heute einmal genau auf die Finger geschaut«, erwiderte Herr Schmidt lachend, »und finde, sein Schriftbild ist ganz in Ordnung. Ich mache mir da keine Sorgen. Haben Sie sonst noch ein Anliegen?«

Noch ein bisschen stolzer auf meinen Sohn fuhr ich fort: »Na ja, ich wollte einfach einmal hören, ob alles läuft. Wissen Sie, ich war ja leider auch nicht beim letzten Elternabend dabei« - eigentlich die letzten zwei, aber das wollte ich jetzt nicht noch betonen - »und deswegen möchte ich ...«

»Wir können gern einen Termin machen«, unterbrach mich Herr Schmidt. »Aber, wie gesagt, Paul ist ein guter Schüler.«

Ich nickte und bedankte mich. »Dann komme ich einfach zum nächsten Elternabend. Ganz bestimmt.« Ich war fest entschlossen.

»Ich würde mich freuen«, verabschiedete er sich höflich.

Schon fühlte ich mich viel besser. Ich hatte mit dem Klassenlehrer meines Sohnes gesprochen. Beim nächsten Elternabend würde ich dabei sein. Schließlich wusste ich jetzt sogar schon, in welchem Raum er stattfinden würde. Jawohl! Komme, was wolle!

»Und übrigens«, rief mir Herr Schmidt noch hinterher, »wenn wirklich einmal irgendwas ist, dann garantiere ich Ihnen, dass ich Ihnen eine Notiz in Pauls Hausaufgabenheft schreibe.«

Na, das kann er ja mal versuchen.

LEHRER-TYPOLOGIE

Jeder, der schon einmal auf einem Elternabend war, weiß, dass man dort auf ganz unterschiedliche Lehrer-Typen trifft, für die man jeweils eine individuelle Handhabung benötigt, um das Beste für sein Kind herauszuholen. Damit Sie dabei keine Anfängerfehler begehen, haben wir die wichtigsten Typen für Sie zusammengestellt und analysiert. Ein Muss für jeden, der sich ordentlich auf seinen ersten Elternabend vorbereiten will.

1. Frau Nett

Bevor sie mit ihrer Ansprache beginnt, müssen alle Unterlagen penibel geordnet, die Stifte nach der Äquatorialen ausgerichtet und die Kaffeetasse dem Magnetfeld der Erde entsprechend positioniert werden. Allen Anwesenden ist völlig unklar, was sie mit den diversen Papierstapeln am heutigen Abend vorhat, und mysteriöserweise stellt sich am Ende ihres Vortrags auch heraus, dass sie nichts davon verwendet hat.

Frau Nett steht einige Minuten lächelnd vor der Tafel und bedenkt jeden einzelnen Anwesenden mit einem liebevollen Blick.

»Gleich zu Anfang muss ich Ihnen etwas gestehen, liebe Eltern«, beginnt sie. »Ich unterrichte Ihre Kinder unheimlich gern. Wir verstehen uns sooo gut, eine derart liebe Klasse hatte ich selten.«

Das überrascht Sie nicht. Von Ihrem Kind wissen Sie, dass die Klasse Frau Nett gern in ein 45-Minuten-Gespräch verwickelt, um sie davon abzulenken, dass sie in dieser Stunde eigentlich einen angekündigten Überraschungstest schreiben wollte.

Wenn man Pech hat, trifft man auf diesen Lehrertypus, kurz bevor er oder sie wegen Burn-out-Syndrom zusammenbricht. Die bemitleidenswerte Lehrerin sitzt dann am Elternabend als Häufchen Elend auf ihrem Stuhl, murmelt unverständliches Zeug vor sich hin, fegt schließlich die ganzen Papierstapel effektvoll vom Tisch und rennt weinend aus dem Klassenzimmer. Wirklich kein schöner Anblick, vor allen Dingen, da man sich als Erzeuger der Verantwortlichen unangenehm mitschuldig an dem katastrophalen Geisteszustand der Lehrerin fühlt.

Von Ihrem Kind wissen Sie, dass die Klasse Frau Nett gern in ein 45-Minuten-Gespräch verwickelt, um sie davon abzulenken, dass sie in dieser Stunde eigentlich einen angekündigten Überraschungstest schreiben wollte.

Die männliche Ausgabe, Herr Nett, mutiert nach mehreren erfolglosen Burn-out-Kuraufenthalten gern auch zum Alkoholiker und wird des Öfteren abends in der Innenstadt sturzbesoffen auf einem alten Damenfahrrad gesichtet.

2. Frau Feierabend

Schon am Ende der Ferien weiß Frau Feierabend exakt die Anzahl der Arbeitstage, die sie bis zu den nächsten Ferien absolvieren muss. Genau wie die Schüler sitzt sie in der Schule nur ihre Stunden ab und lebt für die Zeit nach dem Ertönen der Schulglocke. Somit empfindet Frau Feierabend Elternabende, durch die sie genötigt wird, zusätzliche Zeit im Schulgebäude zu verbringen, als eine bodenlose Unverschämtheit.

»Wenn es keine Fragen mehr gibt, werde ich mich nun empfehlen und heimgehen«, beendet Frau Feierabend ihre erfreulich kurze Ansprache. »Sie waren für heute Abend meine letzte Station!« Plötzlich lächelt sie so glücklich, als habe sie gerade im Lotto gewonnen. Überraschend behände springt sie auf und schnappt sich ihre Tasche, in den Augen ein fröhliches Funkeln. Keine Spur mehr von der Frau, die noch vor wenigen Minuten mit gebeugten Schultern und missmutiger Miene hereinkam. In einem Tempo, das jeden professionellen Sprinter vor Neid erblassen ließe, saust sie durch den Klassenraum und hat schon an der Tür ihren Autoschlüssel in der Hand. Zurück bleibt nur eine Wolke ihres viel zu dick aufgetragenen Parfüms oder seines Eau de Toilette, denn natürlich gibt es von diesem Typus ebenfalls eine männliche Ausgabe.

3. Herr Feldwebel

Konsequent, wie es sich für einen Sportlehrer gehört, erscheint er sogar zum Elternabend in seiner üblichen Arbeitskleidung:

Jogginghose und T-Shirt. Allein sein Anblick lässt uns Eltern zusammenzucken und unwillkürlich an jene qualvollen Sportstunden zurückdenken, in denen wir am Reck, an den Ringen oder am Barren hingen und vom Lehrer angebrüllt wurden: »Mein Gott, das kann doch nicht alles sein! Da habe ich ja schon Faultiere gesehen, die beweglicher waren als du!«

Neben Sport unterrichtet Herr Feldwebel oft noch Biologie, was in seinen Augen jedoch ein völlig überbewertetes Nebenfach ist. Sein Unterricht läuft meist so ab, dass er den Fernseher in den Biosaal schiebt und die Klasse auffordert, bei der folgenden *ZDFinfo*-DVD zum Thema Fotosynthese gut aufzupassen, während er noch eine Runde auf dem Sportplatz dreht. Dies hat für alle Seiten nur Vorteile, da die DVD in der Tat informativer und pädagogisch wertvoller ist als der geplante Unterricht.

4. Herr Hawking

Dieser Lehrertypus liebt sein Fach von ganzem Herzen und kommt oft in den Bereichen Fremdsprachen oder Naturwissenschaften vor. Lehrer dieses Typus sind Koryphäen auf ihrem Gebiet oder glauben es zumindest voller Inbrunst. Der Physik- und Chemielehrer Herr Hawking erscheint zum Elternabend in einem weißen Kittel, was den Eindruck erweckt, dass er bis eben noch im Schullabor an der Herstellung eines Betäubungsgases gearbeitet hat, das im Blut der Schüler selbst von einem Kriminallabor nicht mehr nachzuweisen wäre. Denn diese Lehrer lieben zwar ihr Fachgebiet, das Unterrichten aber nicht. Schüler sind für sie wie lästige Fliegen, die sie von ihrer eigentlichen Forschung und Passion abhalten. Den Kindern etwas zu erklären, das für sie selbst so selbstverständlich wie das kleine Einmaleins ist, halten sie für völlig unnötig und schon in der ersten Stunde bei Herrn Hawking haben die Schüler das Gefühl, in einer Vorlesung für fortgeschrittene Physik gelandet zu sein. Auch Einwände der Eltern, den Unterricht etwas basisorientierter und einfacher zu gestalten, perlen von diesem Lehrer ab wie Regentropfen von einem Lotusblatt.

Bleibt nur zu hoffen, dass er in seinem Privatleben seine Leidenschaft nicht ebenso exzessiv auslebt wie Walter White aus der Fernsehserie *Breaking Bad*.

5. Frau Öko

Frau Öko kommt mit ihrem selbstgestrickten Pulli, Secondhandrock und einem seligen Lächeln recht harmlos daher, aber sobald es um das Thema Umwelt geht, gibt es für sie kein Halten mehr. Frau Öko ist auf einem Missionierungstrip der ganz besonderen Art: Sie setzt sich für Tier- und Umwelt ein, egal ob es um das deutsche Waldsterben, die Vermeidung von Tetra-Paks (»Wenn Sie Ihrem Kind eine WWF-Trinkflasche mitgeben, bekommt es bei mir in Biologie automatisch eine Eins!«) oder um die stark bedrohten einheimischen Silberfischchen geht. Eltern werden von ihr mit wütendem Blick gefragt, weshalb die letzte Entschuldigung eigentlich nicht auf Umweltpapier geschrieben war oder ob die Jacke, die da über dem Stuhl hängt, eigentlich aus echtem Leder sei. Wenn Sie nicht einen halbstündigen Vortrag von Frau Öko provozieren wollen, meiden Sie unbedingt die Themen Fair-Trade-Kaffee, Massentierhaltung und Mülltrennung! Gewarnt seien abschließend noch die Frauen: Wenn Sie mit einem Kleidungsstück aus echtem Pelz zum Elternabend erscheinen, sind Sie - wie das Tier um Ihre Schultern - so gut wie tot.

Wenn Sie nicht einen halbstündigen Vortrag von Frau Öko provozieren wollen, meiden Sie unbedingt die Themen Fair-Trade-Kaffee, Massentierhaltung und Mülltrennung!

6. Herr Oberstudienrat

Er baut sich mit gestrafften Schultern und bohrendem Blick vor den Eltern auf. Mit jeder Pore seines Körpers verströmt er Autorität und Strenge. Dieser Lehrertypus denkt nicht im Traum daran, auf Ihre hochsensiblen Kinder einzugehen, und er hat auch gewiss nicht vor, bei deren Eltern Geduld walten zu lassen. Immerhin sind das diejenigen, die den grenzdebilen Sauhaufen, den er jeden Tag unterrichten muss, in die Welt gesetzt haben. Ihre beschämende Unfähigkeit in Sachen Erziehung tritt allein schon darin zutage, dass Sie kläglich daran gescheitert sind, Ihren Kindern gute deutsche Tugenden wie Disziplin, Ehrgeiz und Respekt zu vermitteln.

»Ent... Entschuldigung«, melden Sie sich trotzdem mit zittriger Stimme zu Wort. Eingeschüchtert blicken Sie auf den Lehrer, Angstschweiß auf der Stirn. »Meine Tochter hat erzählt, Sie bewerfen die Schüler im Unterricht mit Kreide. Stimmt das?«

»Nur wenn es nötig ist«, entgegnet er kaltherzig. Er schmeißt ein Kreidestück in Richtung der Tratschtantenfraktion und brüllt: »Ruhe dahinten!«

Sofort ist es mucksmäuschenstill im Klassenzimmer. Einige junge Eltern, bei denen die Schulzeit noch nicht so lange zurückliegt, ziehen reflexartig die Köpfe ein, fixieren panisch einen Punkt auf ihrem Tisch und beten im Stillen, dass sie heute nicht nach vorne gerufen und abgefragt werden.

»Na bitte«, sagt Herr Oberstudienrat zufrieden. »Geht doch!«

Er weiß: Zu seiner Zeit wurde das Gymnasium noch von wahrhaft intelligenten Eliteschülern besucht, während man heutzutage dort auch sprechende Zimmerpflanzen hinschicken kann.

7. Herr Tschakka

Diese Referendare und jungen Lehrer stechen am Elternabend aufgrund ihrer ehrlichen Freude und Begeisterung deutlich aus der Masse der Eltern und Lehrer hervor. Sie scheinen die Einzigen zu sein, die Elternabende gern besuchen, wahrscheinlich, weil sie die Gelegenheit nutzen wollen, Kontakt zu den Eltern ihrer Schäfchen herzustellen und sie - Tschakka! - genauso zu motivieren wie die Kinder. Herr Tschakka will etwas bewegen, den Schülern auf unterhaltsame Weise etwas beibringen, eine neue Ära des Unterrichtens einläuten. Mit einem Stich im Herzen erkennt man an diesem Lehrertypus, wie schön Schulbildung eigentlich sein könnte. Bedauerlicherweise wissen alle im Raum, dass dies nur eine vorübergehende Phase ist und Herr Tschakka schon bald zu einem lebenden Zombie mutieren wird, genau wie alle anderen Lehrer.

Unweigerlich fragt man sich, was für grauenvolle Wesen Kinder sein müssen, dass sie es in kürzester Zeit fertigbringen, diesen motivierten Junglehrer in ein trauriges Wrack ohne Hoffnung und Begeisterung zu verwandeln. Es ist jedoch auch vorstellbar, dass Elternabende nicht ganz unschuldig an dem Mutationsprozess sind.

ELTERN-TYPOLOGIE

Nicht nur die Eltern lernen verschiedene Lehrer-Typen kennen, auch die Lehrer treffen in ihrem Arbeitsleben auf unterschiedlichste Kategorien von Eltern. Diese Typen stehen in ihrer Vielfalt den Lehrern in nichts nach.

1. Die Vorstadteltern

Diese Form der Eltern stellt die normalste Art dar. Der Vater ist meist mittlerer Angestellter in einem Unternehmen oder im öffentlichen Dienst tätig. Er geht einer »geordneten« Tätigkeit nach und trägt im Beruf Verantwortung, aber nicht übermäßig viel. Am Wochenende wird der Rasen gepflegt, in den Ferien fliegt die Familie in den Pauschalurlaub.

Pünktlich auf die Minute kommt der Vater täglich nach Hause, wo die Frau bereits fleißig gekocht hat. Die Kinder sehen ihn beim gemeinsamen abendlichen Essen, wo üblicherweise die Auswertung seines Tages stattfindet. Zum Glück für die Kinder sind Schulfragen eher selten. Er überlässt die Erziehung im Wesentlichen seiner Frau.

Die Frau geht in ihrer Rolle als Mutter und Ehefrau auf.

Sie definiert sich über den Status ihres Mannes. »Mein Mann sagt«, geht ihr häufig über die Lippen.

Mit einer Leichtigkeit meistert sie den Haushalt, kreiert nebenbei wunderbar duftende Kuchen und trifft sich mit Freundinnen, um Tipps und Tricks zur Fleckenbekämpfung der

Wäsche zu besprechen. Das Bügeleisen glüht, jede Socke wird gebügelt. Sie betreut die Kinder bei den Hausaufgaben, bringt den Sohn zum Fußball, die Tochter zum Ballett. Der Alltag ist hervorragend organisiert, ihre eigenen Interessen stellt sie zurück. Stets hält die Mutter den Kontakt zur Schule, steht als Hilfskraft für den Kuchenbasar und bei Klassenfahrten als Begleitung jederzeit bereit.

Zum Elternabend gehen die Eltern gemeinsam. Der Lehrer wird mit jener Autorität behandelt, die sie selbst als Kinder erlebten.

In der Lehrerschaft sind derartige Eltern sehr beliebt, denn sie fallen nicht durch unangenehmes Verhalten auf, beklagen sich nie und sind nicht aufmüpfig.

2. Helikopter-Eltern

Beide Elternteile gehen einem gehobenen Beruf nach, in dem sie eine hohe Verantwortung tragen. Sie sind es gewohnt, ihren Untergebenen zu überwachen, was sie zu Hause bei ihren Kindern auch nicht lassen können. Was die Entwicklung ihrer Sprösslinge betrifft, haben sie klare Ziele. Es versteht sich, dass sie von ihren Kindern eine ähnliche erfolgreiche Laufbahn wie ihre eigene erwarten. Die beste Schule ist für ihre Kinder gerade gut genug, wobei die Kriterien für GUT äußerst anspruchsvoll sind. Ihre Kinder sind Überflieger.

Aus diesem Grund wird auch für eine gut strukturierte Freizeitgestaltung gesorgt. Zum Leidwesen ihrer Kinder kontrollieren die Eltern nicht nur ihre schulischen Aktivitäten, sie mischen sich überall ein. Eine Drei in der Mathearbeit ist für sie genauso schlimm, wie beim sonntäglichen Fußballspiel auf der Auswechselbank zu sitzen. Eins ist für sie klar: Der Trainer wie auch der Lehrer in der Schule würdigen die überragenden Talente ihrer Kinder nicht ausreichend. Aus ihrer Sicht sind die Kinder eine Kreuzung aus einem Spitzensportler und Albert Einstein.

Für den Lehrer ist es besonders unangenehm, dass sie einen intensiven Kontakt zum Direktor pflegen.

Beim Elternabend fallen sie höchstens durch ständiges Nörgeln auf, bei Schulveranstaltungen glänzen sie durch Abwesenheit.

3. Die Althippies

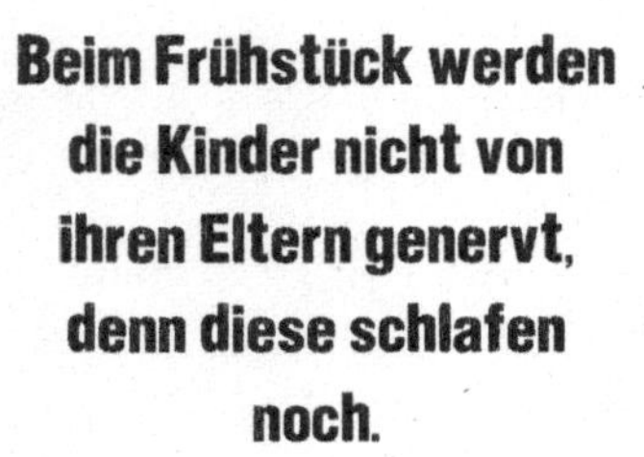

Vater und Mutter haben sich in einem Ashram in Goa kennengelernt. Sie pflegen einen alternativen Lebensstil. Durch ihre meist sporadische Arbeit gehören sie eher nicht zu den gut betuchten Bürgern unseres Landes.

Ihre Kinder erziehen sie frühzeitig zur Selbstständigkeit.

Beim Frühstück werden die Kinder nicht von ihren Eltern genervt, denn diese schlafen noch. Den Schulweg kennen die Kinder früh genug. Das Essen stammt mit Sicherheit aus dem Bioladen.

Da die Eltern sämtliche Autoritäten, Lehrer inklusive, ablehnen, fallen sie auf Elternabenden nicht auf, denn sie erscheinen dort nie.

4. Die Alleinerziehende

Diese Einzelkämpferin ist eine ausgesprochene Löwenmutter. Von dem Vater hat sie sich schon früh getrennt. Sie managt ihr Leben mit Bravour und bringt Beruf, Haushalt und Kindererziehung unter einen Hut, was häufig nicht sehr einfach ist.

Daher konzentriert sie sich auf die relevanten Themen des Lebens. Auf Elternversammlungen ist sie diejenige, die die wichtigen Fragen stellt. Manchmal schafft sie es sogar, den Lehrer auf Schulveranstaltungen zu unterstützen. Wird ihr Kind allerdings ihrer Meinung nach ungerecht behandelt, kommt ihr Charakter als Übermutter voll zur Geltung.

5. Die Chantal-Eltern

Den Großteil ihres Alltags verbringen sie vor dem Fernseher, ihre Kinder kennen alle Sendungen nach 22 Uhr.

Der Schultag interessiert sie genauso wenig wie der Besuch einer Bibliothek oder eines klassischen Konzertes. Von der Schule erwarten diese Eltern, dass sie ihnen die schwierige Erziehungsarbeit abnimmt.

Die Kinder finden wenig Unterstützung, da das Wissen aus dem Privatfernsehen selten abgefragt wird.

Den Elternabend betrachten sie als überflüssig. Zeitlich fällt er ohnehin auf die Hauptsendezeiten der spannendsten Shows.

8. Die Lehrer-Eltern

»Lehrerskinder, Pfarrers Vieh gelingen selten oder nie ...!«

Diese Eltern verfügen natürlich über eine fundierte Ausbildung auf pädagogischem Gebiet. Probleme machen in ihren Augen immer nur fremde Kinder, nie die eigenen. Je nach Typ zeigen sie auf Elternabenden Verständnis für ihre Kollegen oder stellen schlimmstenfalls eine besondere Gefahr für die Schule ihrer eigenen Kinder dar. Der größte Albtraum, den Schulkinder erleben können, ist es, an der gleichen Schule zu lernen, an der ihre Eltern arbeiten. Diese armen Kinder sind doppelt gestraft. Einerseits werden sie von den Mitschülern gemobbt, anderseits erfahren die Eltern von ihren Kollegen jede noch so kleine Entgleisung, die ihnen als Schülern unterläuft. Diese Kinder sind einfach nur zu bedauern.

Auf Elternabenden halten sich die Lehrer-Eltern zurück, da sie mit ihren Kollegen bereits alle Fragen im Tagesgeschäft besprochen haben.

HELIKOPTER-MUTTER

Ich gebe es zu: Ich bin ein Helikopter. Kein Transporthubschrauber und auch kein Black Hawk, sondern ein Rettungsheli. Ich kann die Turnbeutel, Federtaschen und Pausenbrote nicht mehr zählen, die ich meinen Kindern über die Jahre in die Schule geflogen habe.

Nie vergesse ich das Quietschen der Schuhsohlen auf dem Linoleum, als ich mit klopfendem Herzen durch die stillen Schulflure hastete, um meinem Spross die Turnschuhe mit den hellen Sohlen hinterherzutragen. Vorsichtig öffnete ich die Tür, zwei Minuten nach Unterrichtsbeginn, und nuschelte eine Entschuldigung, während ich den Beutel mit geübtem Schwung, schwupp, hinter die Tür in den Klassenraum warf. So eine Aktion dauerte kaum mehr als sieben Sekunden, trotzdem meldete sich mein schlechtes Gewissen. Ich hörte die Rotorblätter ohrenbetäubend laut über mir knattern und schwor dass es das allerletzte Mal gewesen war. Tief in meinem Innern wusste ich natürlich: Beim nächsten vergessenen Käsebrot wäre ich ganz sicher wieder unterwegs.

Mit den Elternabenden verhielt es sich ähnlich. Ich hatte noch keinen einzigen Termin verpasst und freute mich ehrlich gesagt auch dieses Mal darauf. Im Gegensatz zu meinem Mann. Seine Begeisterung für Elternabende hielt sich sehr in Grenzen. Ihn beschäftigte eher die Frage, weshalb sich die Termine zwangsläufig am Spielplan der Champions League orientieren mussten.

Ich hatte keine Ahnung, aber auch kein Problem damit, allein zu gehen. Denn, wie gesagt, liebe ich Elternabende. Ganz besonders die Ersten: den ersten Elternabend in der Krabbelgruppe, im Kindergarten, im Sportverein, in der Grundschule und schließlich den ersten Elternabend der Mittelstufe.

Seine Begeisterung für Elternabende hielt sich sehr in Grenzen. Ihn beschäftigte eher die Frage, weshalb sich die Termine zwangsläufig am Spielplan der Champions League orientieren mussten.

An diesen Abenden erfährt man, mit wem man es in den nächsten Jahren zu tun hat. Nirgendwo treffen unterschiedliche Interessen und emotionale Verstrickungen derart ungebremst aufeinander. Es genügte eine hochgezogene Augenbraue und ein Halbsatz wie: »Die Kinder sind eben extrem unruhig ...«, um das Pulverfass zu sprengen.

Erwartungsvoll saß ich folglich auf dem viel zu kleinen Stuhl meines Sohnes im Klassenraum. Frau Rose, die Klassenlehrerin, hatte mit den Kindern in der letzten Woche knuffige Platzkärtchen gebastelt, damit wir Eltern auf den Plätzen unserer »Großen« sitzen konnten.

Wie nett! Aber Vorsicht! Als erfahrene Elternabendteilnehmerin wusste ich, dass diese harmlose Aktion bereits erhebliches Konfliktpotenzial barg. Die Plätze in der letzten Reihe oder seitlich zur Tafel riefen oft heftige Bedenken hervor.

»Hat Lennart sich den Platz wirklich selbst ausgesucht ...?«, tönte es auch schon ungläubig.

»Also, wenn ich mir vorstelle, dass sich Anna-Lena sechs Stunden lang den Hals verrenken muss, bloß um die Tafel zu sehen ... Kein Wunder, dass sie nachmittags immer Kopfschmerzen hat.«

Neben mir faltete sich Jan-Oles Vater auf dem Stuhl zusammen. »'n abend«, nuschelte er. »Totaler Blödsinn, dieser Frontalunterricht.«

Jan-Ole kannte ich schon seit dem Kindergarten, ebenso wie seinen Vater. Er war Sozialpädagoge und Feminist (also der Vater, nicht Jan-Ole) und vermutlich deswegen auch anstelle seiner Frau zum Elternabend gekommen. Außer ihm waren nur zwei weitere Väter anwesend. Umständlich zog Jan-Oles Vater die zerknitterte Einladung aus der Hosentasche und legte einen Bleistiftstummel daneben.

Inzwischen war es kurz nach acht. Die Luft im Klassenraum war bereits stickig und ich dachte gerade darüber nach, trotz der Mücken ein Fenster zu öffnen, als Frau Rose durch ein leises, zischendes »Schschschsch...« die Aufmerksamkeit der Eltern auf sich zog. Wider Erwarten gelang ihr das auf Anhieb. Niemand sagte mehr einen Mucks und das genervte »Sind wir hier etwa im Kindergarten?« drang aus der ersten Reihe bis in die hinterste Ecke zu mir durch.

Frau Rose war selbst erstaunt über den durchschlagenden Erfolg der Zischelei und lächelte trotz des bissigen Kommentars. Sie stellte sich kurz vor und warf dann mit einem Overhead-Projektor die Top-Themen an die Wand. Noch bevor sie das Bild scharf gestellt hatte, öffnete sich die Tür und eine Frau huschte herein.

Das Handy am Ohr flüsterte sie: »Ich ruf dich wieder an ...« und murmelte dann zerknirscht: »Entschuldigung! Äh, gibt es hier Platzkarten ...? Wo muss ich denn hin?«

Frau Rose fragte nach ihrem Namen und die Frau, nun als Mutter von Timo identifiziert, huschte an ihren Platz.

Die Lehrerin wollte gerade fortfahren, da ging die Tür ein zweites Mal auf und ein Vater im Anzug, offensichtlich direkt aus dem Büro angereist, spazierte ganz selbstverständlich mit einem knappen »'n abend!« herein. Ohne Entschuldigung setzte er sich auf den erstbesten Platz neben der Tür und blickte erwartungsvoll in die Runde.

»Die Kinder haben Platzkärtchen gebastelt«, erklärte Emmas Mutter anstelle von Frau Rose. »Wir sitzen heute alle auf den Plätzen unserer Kinder.«

»Ich erwarte einen Anruf«, blaffte der wichtige Mann und sah Emmas Mutter an, als wollte er sie mit einem Happs verspeisen. Die bekam am Hals rote Flecken, erwiderte aber trotzig seinen Blick.

Diese kleine Unterbrechung nutzten ein paar Eltern, um direkt an ihre vorherigen Gespräche anzuknüpfen, während andere noch schnell ein paar SMS unter den Tischen verschickten.

Frau Rose zischelte wieder energisch und setzte dann zu einem Kurzvortrag an, der sich gewaschen hatte. Unmissverständlich machte sie uns Erziehungsberechtigten klar, dass die Ferien nun endgültig vorbei seien und ein neuer Schulabschnitt bevorstehe.

»Wir sind jetzt in der Mittelstufe und da wird von Ihren Kindern deutlich mehr Eigeninitiative und Engagement erwartet, als das in der Grundschule der Fall war.« Frau Rose blickte streng in die Runde. »Reine Anwesenheit reicht hier nicht mehr aus!«

Es war still im Klassenraum. Das Unbehagen war mit den Händen greifbar. Einige machten sich nervös Notizen und auch der Laptop in der ersten Reihe leuchtete auf.

Unerschrocken fuhr Frau Rose fort: »Erwiesenermaßen ist es nicht der unmenschliche Leistungsdruck, der die Kinder überfordert, sondern es sind die riesigen Freiräume, die man ihnen gewährt. Natürlich hängen sie lieber vor dem PC ab ... Aber es ist völlig unakzeptabel, wenn wir nach den Ferien eine volle Woche brauchen, um sie wieder zur Mitarbeit zu bewegen.« Die Lehrerin zog ein bedauerndes Gesicht. »Wir können es drehen, wie wir wollen. Die Schule erwartet eine gewisse Leistung - auch von Ihnen!«, fügte sie drohend hinzu.

Kopfschütteln und Proteste quer durch alle Reihen.

»In meinen Ohren klingt das, als sollten die Folgen einer miserablen Bildungspolitik mal wieder auf Eltern und Schüler abgewälzt werden«, meldete sich Jan-Oles Vater angriffslustig zu Wort und erntete Kopfnicken und zustimmendes Gemurmel. »Spätestens seit PISA wissen wir aber, dass es so nicht funktioniert. Studien zeigen klipp und klar, dass sich kein Kind vor zehn Uhr vormittags konzentrieren kann.«

Alle Eltern waren jetzt kaum noch zu bremsen. Es fielen Worte wie »unterbesetzt«, »überforderte Lehrerschaft« und »hammerharte Notenvergabe«. Während die Black Hawks unter uns bereits juristische Schritte in Erwägung zogen, verlangte Timos Mutter, dass man sich doch bitte schön ein Beispiel an den skandinavischen Ländern nehmen sollte. Finnland zum Beispiel.

Während die Black Hawks unter uns bereits juristische Schritte in Erwägung zogen, verlangte Timos Mutter, dass man sich doch bitte schön ein Beispiel an den skandinavischen Ländern nehmen sollte.

»Finnland ...!«, höhnte der wichtige Mann an der Tür. »Dass dort zwanzig Prozent der Schulabgänger keinen Ausbildungsplatz finden und genauso viele Jugendliche Alkoholiker sind, wissen Sie vermutlich nicht, oder?«

Den winzigen Augenblick des kollektiven Luftholens nutzte eine Mutter, um nach einem dritten veganen Gericht in der

Schulkantine zu fragen, aber irgendwie ging diese Frage im allgemeinen Tohuwabohu unbeantwortet unter.

Frau Rose ließ es noch einmal zischen und sprach unbeirrt den nächsten Punkt auf der Tagesordnung an: die Klassenfahrt nach Plön am See. Sie hatte Prospekte mitgebracht, die sie zur Ansicht reichte.

»Wir haben freien Zugang zum See«, erklärte sie und blickte dabei so stolz in die Runde, als hätte sie höchstpersönlich eine Schneise durch das Schilf geschlagen.

Da meldete sich Anna-Lenas Mutter zu Wort: »Also, wenn ich mir vorstelle, dass 23 Schüler freien Zugang zum Wasser haben ... Tut mir leid, da bekomme ich eine Gänsehaut. Wenn freier Zugang zum See, dann bitte nur mit Schwimmwesten.«

Man konnte beinahe hören, wie das Kopfkino aller Eltern anlief.

»Die Kinder sind nie allein am Wasser«, versprach Frau Rose. »Es ist immer eine Aufsicht dabei ...«

»Ihre Tochter wird mit zehn Jahren doch sicher das Seepferdchen haben!«, bellte der Anzugträger.

Anna-Lenas Mutter nickte. »Aber was ist, wenn wirklich etwas passiert? Wie schnell wird Frau Rose dann im Wasser sein?«

Jetzt schien auch Frau Rose über einen Satz Schwimmwesten nachzudenken.

»Im Klassenfahrt-Programm steht außerdem Blaubeerpflücken im Wald«, sagte ich ebenfalls besorgt.

Frau Roses linkes Auge zuckte. Sie ahnte nichts Gutes.

»Hat dabei vielleicht irgendjemand schon mal an den Fuchsbandwurm gedacht?«

Frau Rose schritt unverzüglich zur Abstimmung. Wir stimmten mit deutlicher Mehrheit für die Schwimmwesten und gegen das Blaubeerpflücken im Wald!

Was für ein Erfolg! Als Helikopter-Mutter kann man nie vorsichtig genug sein.

KAPITEL 2
Sondierung des Schlachtfeldes

Bevor man zum Kampf aufbricht, sollte man sich den Schauplatz natürlich genauestens ansehen. Wie ist das Klima, die Örtlichkeiten und gibt es dort ordentliches WLAN, damit man als Mutter oder Vater am Elternabend nicht vor Langeweile stirbt?

Auch als Lehrer sollte man für den Kampftag gewappnet sein und zumindest eine Escape-Strategie im Hinterkopf haben. Ein Rat an alle unerfahrenen Lehrer: Stellen Sie den telefonischen Weckdienst für eine bestimmte Uhrzeit ein. Zur Not können Sie so immer noch behaupten, dass Ihre Schwipp-Schwägerin just in diesem Moment einen Autounfall hatte oder Ihre Schwester in den Wehen liegt.

Für manch einen stellt jedoch schon das Erreichen des Schlachtfeldes ein Problem dar. Und auch für Erwachsene, die noch keinen Nachwuchs haben, kann ein Elternabend eine einschneidende Erfahrung sein.

PAPA ANTE PORTAS

»Hast du mir überhaupt zugehört?«

Mit einem Anflug von Verwirrung sah ich von meinem Smartphone auf. Mein Blick wanderte von den bunten Bildchen zu dem strengen Gesichtsausdruck meiner Frau. Und der war nur allzu deutlich. Jede falsche Antwort konnte ins Verderben führen.

»Äh, natürlich, Schatz.« Um ihr Misstrauen zu entkräften, setzte ich ein strahlendes Siegerlächeln auf. »Elternabend, zwanzig Uhr, kein Problem.« Ob sie bemerkte, dass ich das nur geraten hatte?

Die Sekunden dehnten sich bis zur Unendlichkeit. Dann kam die Erlösung. »Ja, zwanzig Uhr. Du weißt doch, wo die Schule ist?«

Jetzt durfte ich mir nur nichts anmerken lassen. Ein Zögern, ein falscher Blick konnte alles zum Einsturz bringen. »Klar weiß ich, wo die Schule ist ...« Ich wagte ein überhebliches Lachen.

Nichts gegen meine Frau, sie ist die Liebe meines Lebens. Manchmal aber ist sie etwas übervorsichtig. Warum sollte ich nicht wissen, wo meine Kinder zur Schule gehen?

Ich notierte mir im Geiste, den Weg nachher zu googeln. Die Mail, die gerade ankam, ließ diesen guten Vorsatz jedoch im Nirwana verschwinden.

Erst später, ich saß bereits in meinem Auto und fuhr fröhlich winkend vom Hof, kamen mir Zweifel. Oder eher dunkle

Ahnungen, die sich wie Gewitterwolken am Horizont breitmachten.

Welche Schule? Und welches Kind war es noch gleich?

Das Lächeln gefror mir im Gesicht, während ich fieberhaft darüber nachdachte.

Annalena. Klar, es musste Annalena sein. Lisa hatte ihren Elternsprechtag ja schon letzte Woche gehabt. Meine Frau war dort gewesen. Glaubte ich zumindest. Erleichtert schaltete ich in den dritten Gang, als mir eine weitere Frage durch den Kopf schoss.

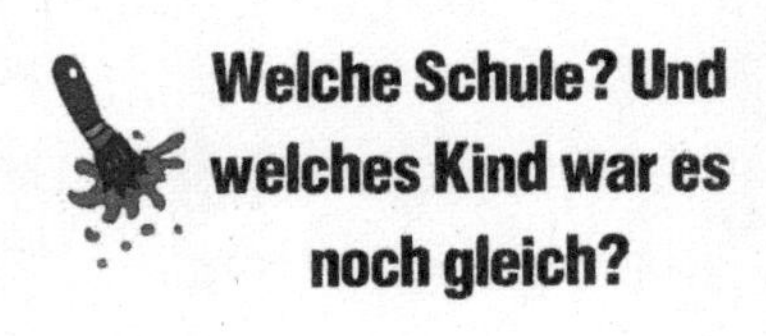

Wo ging unsere Anni eigentlich zur Schule?

Kurz spielte ich mit dem Gedanken, meine Frau anzurufen. Bestimmt saß sie bereits neben dem Telefon und wartete nur darauf, dass ich mich meldete. Einfacher wäre es schon, meinte der kleine Verräter in mir.

Ich machte ihn sofort mundtot. Ich bin ein Mann. Aber so was von. Typen wie ich haben den Eiffelturm gebaut. Die Allianz-Arena. Und die Pyramiden. Männer wie ich haben früher Mammuts gejagt, nur mit Speeren bewaffnet!

Dass als Nächstes die Couch vor meinem inneren Auge erschien, auf der ich mit einem frischen Bierchen in der einen und der Fernbedienung in der anderen Hand saß, konnte ich mir gerade nicht erklären. Ich nahm es mal so hin.

Allein schon, weil ich gerade die Ampelkreuzung erreichte, die das Ende unserer Siedlung markierte.

Mist, es war grün. Bei rot hätte ich wenigstens noch ein bisschen nachdenken können, aber so? Immer ist es grün, wenn man es überhaupt nicht gebrauchen kann. Angestrengt sah ich auf die Straße. Links oder rechts? Zumindest nicht geradeaus, da gings zum Fußballplatz. Dieser Gedanke versetzte mir einen kleinen Stich. Waren meine Jungs nicht heute dort Fußball spielen? Hinter mir tauchten Scheinwerfer auf. Zeit, eine Entscheidung zu treffen.

Spontan fuhr ich nach rechts.

Musste ich ja, denn da war schließlich Lisas Grundschule. Ich sah das Gebäude direkt vor mir, mit seinem ausgewaschenen beigefarbenen Putz. Ein schicker Flachdachbau aus den Siebzigern. Ein Heimspiel.

Nicht mehr als acht Klassenzimmer, die Gesichter waren ebenfalls immer dieselben. Würde fast wie ein Klassentreffen werden, nur mit Eltern. Zufrieden steuerte ich meinen Wagen weiter in Richtung Grundschule. War ja auch kein Problem, Lisa ging seit drei Jahren dahin. Und Annalena war auch schon dorthin gegangen.

Annalena!

Ich stieg in die Eisen. Das Auto gehorchte nur widerwillig. Mit deutlich längerem Hupen als notwendig überholte mich der Wagen, der in den letzten Minuten hinter mir hergefahren war. Idiot!

Während ich mich über diesen Rüpel und andere verkehrsgefährdende Autofahrer im Allgemeinen aufregte, wendete ich den Wagen und fuhr in Richtung Gymnasium.

Wieso musste dieses Gymnasium denn eigentlich in der entgegengesetzten Richtung liegen? Konnte man nicht einfach alle Schulen auf denselben Haufen packen? Logistisch wäre das doch viel einfacher. Und überhaupt, dann würden alle Busse in dieselbe Richtung fahren, oder nicht? Man stelle sich nur die enorme Einsparung von CO_2-Ausstoß vor!

Berauscht von meiner eigenen Genialität fuhr ich meinem Ziel entgegen. Bis mir ein Blick auf die Uhr die Sache madig machte.

19:40 Uhr.

Das hätte jetzt wirklich nicht sein müssen. Der Mammutjäger in mir legte seinen Speer, auf den er sich die ganze Zeit zufrieden gestützt hatte, zur Seite und begann sich am Kopf zu kratzen.

Zwanzig Minuten. Das konnte eng werden. Ich malte mir dennoch aus, wie ich vor diesem hässlichen Betongebäude ankäme, meinen Wagen direkt vor der Treppe parkte und nonchalant ins Klassenzimmer träte. Tatatataa, ich bin da. Wir können anfangen.

Die Erinnerung an meine eigenen Worte rief mich zurück auf den harten Boden der Tatsachen.

»Klar weiß ich, wo die Schule ist ...«

Ich verfluchte mich selbst, denn so sehr ich mich auch bemühte, mir den Weg vorzustellen, es gelang mir nicht. Alles was ich sah, war die dämliche Landstraße zur Grundschule.

So konnte das nichts werden. Ich schaute auf die Uhr.

19:43 Uhr.

Das würde knapp werden. Sehr knapp sogar. Die Richtung stimmte, da war ich mir ganz sicher. Jetzt durfte ich bloß keinen Fehler mehr machen, sonst kam ich zu spät ...

Doch ich hatte ja eine Geheimwaffe. Ein Gadget! Mein Siegerlächeln kehrte zurück. Eigentlich war ich James Bond mit meinem Smartphone. Nur ohne Smoking. Aber genauso cool. Und ich hatte ein Gerät, das mein Supertelefon in den Schatten stellte und das den legendären Waffenmeister Q vor Neid erblassen lassen würde. Mein Navi.

39,90 Euro vom Discounter. Ein Schnäppchen. Wen interessierte es da, dass die Straßenkarte von 2006 war? In aller Ruhe tippte ich die Buchstaben ins Display. Ein Kinderspiel, das bekam selbst meine Drittklässlerin hin.

G Y M A -

Nichts. Das Navi fand nichts. Da wurde mir klar, dass ich mich vertippt hatte. Ich fing noch mal an. Die nächste Einfahrt kam reichlich schnell. So schnell, dass ich nicht aufpasste und mich wieder vertippte.

G Y M N N N

Ach, daran hätte mein alter Deutschlehrer seine Freude gehabt. Setzen, sechs. Ich schaffte es gerade noch, abzubiegen, dann korrigierte ich meine Eingabe.

Die freundliche Frauenstimme, die mich immer an Miss Moneypenny erinnert, bestätigte mein Ziel.

Hervorragend, geht doch. Ich sah auf die Uhr.

19:48 Uhr.

Sollte nicht mehr weit sein. Es brauchte schon die gefühlskalte Stimme von Miss Moneypenny, um meine Zuversicht mit einem Schlag zu zerstören.

»Bitte wenden.«

Was meint sie damit? Ich war doch richtig, oder? Mein Blick richtete sich wie in Zeitlupe auf den kleinen Bildschirm. Der Pfeil log nicht. Unbarmherzig formte er ein U und zeigte in die Richtung, aus der ich gekommen war.

Mist.

Hatte da nicht irgendwo ein Mammut gelacht? Ich tat so, als hätte ich nichts gehört.

Die Folterstimme aus dem Off wiederholte sich: »Bitte wenden.« Woher wollte die das wissen? Es ging da entlang, dessen war ich mir sicher.

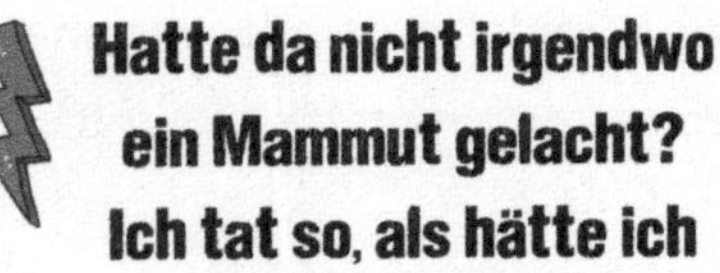

Ich fuhr in eine Seitenstraße, die mir gänzlich unbekannt vorkam. Anschließend unter einer alten Eisenbahnbrücke hindurch, die ich zum ersten Mal in meinem Leben sah.

Meine gefühlskalte Nemesis kommentierte das natürlich. »Achkrzkrz krchchchchcrrrrrr«, machte das Navi.

Ich versuchte mich an einer Reihe unverständlicher bayerischer Flüche, auch wenn das keinen Spaß machte, denn sie ignorierte meinen Wutanfall. Erst dann verstand ich sie - wie durch ein Wunder - wieder klar und deutlich.

»Bitte wenden.«

»Nein! Hast du noch nie was von einer Abkürzung gehört?« Ich schrie. Das konnte sie doch nicht kaltlassen. Aber Miss Moneypenny war unbeeindruckt. Das konnte ich auch sein.

James Bond hätte sich niemals so behandeln lassen, niemals. Mit eiserner Miene gab ich Gas.

Der Weg endete abrupt. Die Schlammpiste vor meinem Kühler war nicht der Nürburgring. Ich musste erneut in die Eisen steigen.

19:53 Uhr.

Jetzt oder nie, ich setzte alles auf eine Karte. Mein Auto röhrte und schepperte. Ich quälte es weiter. Die Reifen schlitterten nach vorn, wie durch ein Wunder hielt ich den Wagen auf der Straße. Das wird nicht gut ausgehen, nie und nimmer.

»Bitte wenden.« Ich hörte es nur gedämpft durch den Schleier der Anstrengung hindurch. Das Auto fuhr weiter, Meter für Meter. Plötzlich war da wieder Teer unter meinen Reifen. Und Lichter, jede Menge Lichter.

Vor mir erhob sich ein graues Ungetüm aus Beton. Das Gymnasium. Ich war da! Meine Souveränität kehrte zurück. Die Worte »Sie haben Ihr Ziel erreicht« gingen mir runter wie Öl. Das war doch gar nicht so schwer gewesen, man musste den Papa nur machen lassen. Passt auf, ihr Mammuts und Moneypennys, jetzt komme ich!

Mein Stimmungshoch hielt bis zu dem Moment, in dem ich erkannte, dass der Parkplatz gesperrt war. Wie konnte man nur einen Parkplatz sanieren, wenn er gerade gebraucht wurde?

Mist, Mist, Mist.

So eine Baustelleneinfahrt war doch auch nichts anderes als ein Parkplatz, oder? Sollten die anderen doch an der Straße parken, ich nahm den direkten Weg. Vor der Tür zu stehen, das sparte Zeit.

Im Gebäude kam das wahre Problem ans Tageslicht. Irgendwie sahen alle Gänge gleich aus. Ich hatte eine vage Erinnerung daran, wo ich hinmusste. Schließlich waren wir doch am ersten Schultag der fünften Klasse dabei gewesen. Ich vergaß meinen würdevollen Gang und hetzte los durch die Flure dieser Schule, die mir vorkam wie ein Labyrinth.

Vielleicht sollte ich jemanden fragen? Aber da war niemand.

Damals, als ich noch die Schulbank drückte, da gab es einen, der immer da war. Ich sah ihn noch vor mir. Seine vertraute Silhouette, leicht gebeugt, wie ein General nach der Schlacht, der nach Deserteuren sucht. Ein Scharfrichter im Lehrerkostüm.

Der Bruckner.

Der Albtraum meiner Schuljahre, ein Mann, vor dem sich selbst der Hausmeister Herr Bert - oder war es Herbert? - auf dem Klo versteckte. Der in Ermangelung von Gesprächspartnern regelmäßig mit den Schaukästen und den Säulen sprach und der Abiturienten zum Heulen brachte, weil sie ihr Pausenbrot nicht aufgegessen hatten. Genau dieser Bruckner.

Warum war der nicht hier, wenn man ihn ein Mal im Leben brauchte?

Wie der Geist einer verblassenden Erinnerung schwebte der alte Lateinvokabelinquisitor direkt auf mich zu.

19:58 Uhr.

Das Phantom musterte mich von Kopf bis Fuß. »Du schon wieder«, sagten seine Augen und: »Wie immer zu spät.«

Völlig verdutzt rannte ich weiter, floh vor meiner eigenen Planlosigkeit und diesem Lehrergespenst einen der Gänge entlang. Immer weiter, tiefer in das finstere Labyrinth aus Türen und vollgekritzelten Zeichenblättern. Offensichtlich die talentfreie Zone dieser Schule. Endlich, endlich erkannte ich die Treppe wieder. Ja, da musste es sein. Ich rannte die Stufen hoch, nahm drei auf einmal. Dann war ich da.

Ich platzte in das Klassenzimmer.

Nie zuvor hatte ich so erschreckte Gesichter gesehen. Klar, man wird nicht jeden Tag beim Yoga gestört und mein Auftritt war wohl so heftig, dass mehrere der Damen abrupt ihre Position veränderten und in einem Atemzug vom Baum zum fallenden Stein mutierten, wobei sie natürlich durch die Nase ein und durch die Nase auch wieder ausatmeten.

Mit hochrotem Kopf zog ich mich zurück. Nein, das war gewiss nicht das Klassenzimmer unserer Anni. Das nicht. Ich lief weiter, rannte durch die Gänge und schaute hinter Türen. Entweder waren die Räume dahinter leer oder irgendeine Verschwörung aus Volkshochschulkurs und Selbsthilfegruppe tagte dort. Es war zum Heulen. Ich checkte meine Uhr.

20:04 Uhr.

Fieberhaft fing ich an zu rechnen. Wie alt war dieses Kind eigentlich? In welche Klasse ging es? Minuten verstrichen, ich arbeitete mich Tür für Tür voran, bis es mir siedend heiß einfiel. Sechste Klasse, Anni ging in die sechste Klasse. Das machte es leichter, ich suchte nach den Türschildern.

20:12 Uhr.

Das Schild verkündete mir: 6a. Fast war ich ein bisschen gerührt. Ich war da. Ich war wirklich da. Noch einmal atmete ich tief ein, dann öffnete ich die Tür.

Das Klassenzimmer war dunkel.

Ich fasste es nicht. Dunkel. Ich war ganz allein. Unsicher sah ich noch einmal aufs Türschild. Tatsache, 6a.

Da klingelte mein Handy. Ich stand kurz vor dem Zusammenbruch. Natürlich war es meine Frau, wer sonst? Wie sollte ich ihr all das erklären, mein Zuspätkommen, der leere Klassenraum, wie? Ich brachte kein Wort heraus.

»Hat es schon angefangen?« Ihre Stimme klang freundlich, ganz ohne den spöttischen Unterton, den ich erwartet hatte.

Die leeren Stühle und Tische waren einfach nur deprimierend. »Nö«, presste ich heraus.

»Ach, Schatz?«, sagte sie. »Wenn du schon da bist, dann trag Lisa doch gleich für die Theatergruppe ein, ja?«

Es gibt Tage, da ist einem Mann das größte Mammut egal. Da will man nur noch eins: auf die Couch. Und zwar so schnell wie möglich.

DER EX-HOLGER UND DIE 4A

Holger ist weg. Als ich am letzten Donnerstag nach Hause kam, hatte er all seine Sachen gepackt und war zu seiner neuen Flamme Ina gezogen. Ina, wie ich allein diesen Namen hasste! Ina-Traumfrau, blond, schlank, hübsch - und zu allem Überfluss auch noch klug, wie ich mir insgeheim eingestehen musste. Bei ihr wohnte also nun meine große Liebe, mit der ich die letzten fünf Jahre zusammen gewesen war, mit der ich alt werden wollte, der ich bedingungslos vertraut hatte. Kurz: der Mann, mit dem ich freiwillig meine Lieblingsschokolade geteilt hatte - und das will wirklich etwas heißen!

Ich bin 38 Jahre alt, von Beruf Architektin, habe rote Haare, viele Sommersprossen und bin pummelig. Und zwar nicht pummelig in Form von den mickrigen zwei bis drei Kilo zu viel, mit denen schlanke Frauen so gern kokettieren. Sondern pummelig im Sinne von rund. Rundherum rund. Und das liegt an der Lieblingsschokolade, Sie wissen schon. Bis vor ein paar Tagen hatte ich einen tollen Mann an meiner Seite: Holger. Oder besser Ex-Holger, wie ich ihn seitdem nenne.

Die letzten Tage waren furchtbar: Donnerstag habe ich versucht, meinen Liebeskummer zu ertränken. Doch die Unmengen von Prosecco machten mich nur weinerlich und bescherten mir am nächsten Tag erbärmliches Kopfweh. Freitag habe ich versucht, diesen blöden Kummer herunterzuschlucken. Doch selbst zwei Tafeln meiner Lieblingsschokolade haben nicht geholfen – der Ex-Holger saß mir weiterhin unverdaut im Magen.

Ein Extremshopping-Ausflug mit meiner besten Freundin Emmi am Samstag hat auch nichts Positives bewirkt, im Gegenteil: Nichts hat mir gepasst, ich sah immer aus wie eine Litfasssäule, in deren Schatten sich eine Großfamilie zum Picknick treffen könnte. Schrecklich.

Am Sonntag habe ich dann einfach alles zusammen probiert, indem ich vor dem Teleshoppingkanal meine Lieblingsschokolade mit Prosecco herunterspülte. Ohne Erfolg, es war sinnlos. Der Ex-Holger war noch immer in meinem Kopf.

Am Montag saß ich verquollen und unglücklich in der S-Bahn auf dem Weg zur Arbeit, als mein Blick auf eine Anzeige in der Zeitung fiel, die der Mann gegenüber las, ein Workshop: »Weg mit dem Trennungsschmerz – so finden Sie zurück in ein glückliches Leben!« Veranstaltungsort war die Grundschule bei mir um die Ecke. Beginn 19 Uhr.

Prima, dachte ich mir, bevor ich wieder das einsame, heulende Elend kriege, gehe ich doch lieber dorthin. Gemeinsam jammern hilft bestimmt.

Der ganze Arbeitstag war wenig produktiv und grässlich, ich hätte auch gleich zu Hause bleiben können: Zuerst motzte ich meinen Lieblingskollegen unbegründet an, dann verbrannte ich mir beim Mittagessen an der fettigen Kantinen-Lasagne den Gaumen und abends verteilte ich noch den Inhalt einer Kaffeetasse quer über meinen Schreibtisch.

Nach Feierabend ging ich kurz nach Hause, um mein Glück in einem großen Becher Chocolate-Crisp-Ice zu suchen. Doch bis zum Grund des Bechers war nicht das kleinste Fitzelchen zu finden. Großer Mist!

Nach Feierabend ging ich kurz nach Hause, um mein Glück in einem großen Becher Chocolate-Crisp-Ice zu suchen.

Um 18:30 Uhr brach ich auf in Richtung Grundschule, schließlich wollte ich einen guten Platz beim Workshop erwischen: nicht ganz vorne, damit ich nicht aktiv mitmachen musste, und auch nicht mittendrin, sondern besser strategisch klug am Rand, damit ich bei extremer Langeweile halbwegs dezent den Saal verlassen konnte.

Kaum hatte ich die Grundschule erreicht, hatte ich die Raumnummer auch schon wieder vergessen. Doch als ich über den Flur lief, hörte ich nur aus einem Raum Stimmengemurmel - das musste er sein.

Beherzt öffnete ich die Tür - und ein Haufen Menschen in meinem Alter blickte mich verwundert und erwartungsvoll an.

»Hallo und guten Abend! Oh, Sie haben schon angefangen, sorry, ich bin zu spät!«, sagte ich mit hochroter Birne und steuerte den einzigen Stuhl an, der noch frei war. Der stand natürlich mitten im Raum! Es war ein Kinderstuhl mit einer ziemlich niedrigen Sitzfläche, die viel zu klein war für mein nicht gerade zierliches Hinterteil. So was Peinliches, da kam ich zu spät zu dieser Jammerrunde und musste mich auch noch vor der versammelten Mannschaft auf diesen winzigen Stuhl falten.

Die Workshopleiterin, eine Frau Ende vierzig, guckte mich streng über ihre Lesebrille hinweg an und sagte: »Guten Abend, Frau ...? Schön, dass Sie auch schon da sind!«

Huch, warum diese Frau wohl meinen Namen wissen wollte? Ich antwortete kleinlaut: »Sandra. Nennen Sie mich Sandra.«

Die Frau warf mir einen skeptischen Blick zu und wandte sich dann wieder an die restlichen Erwachsenen im Raum, die sich ebenfalls alle auf die Miniaturstühle an den Miniaturtischen gezwängt hatten. Okay, ich war nicht die Einzige, die ziemlich lächerlich aussah auf diesem Zwergensitzmöbel.

»Kommen wir nun zurück zum Klima: Ich habe festgestellt, dass die Zusammenarbeit besser funktioniert. Insbesondere die Cliquenwirtschaft hat sich ein bisschen aufgelöst – das finde ich sehr positiv!«, sagte die Leiterin.

Oh, wow, eine Gruppe, die nun wirklich eine Gruppe war – das klang richtig gut. Schließlich wollte ich Ex-Holger so schnell wie möglich vergessen und in ein neues, erfülltes Leben als Single durchstarten. Ob ich aber nach diesem Auftritt wirklich mit offenen Armen aufgenommen werden würde?

Die strenge Frau wandte sich direkt an eine der Zuhörerinnen: »Frau Golida-Breckemeyer, wie ist das nun mit Anna-Johanna – hat sich ihre Beziehung zu Alexander mittlerweile verbessert?«

Sehr gut, das scheint dazu noch ein regelmäßiger Workshop zu sein, in dem sich Liebeskummeropfer und ihre Angehörigen von den Fort- und Rückschritten berichten. Super, dann bin ich hier genau richtig, um meine Schmach möglichst schnell zu verdauen. Und beim nächsten Mal nehme ich Emmi mit – meine beste Freundin kann schließlich so einiges über den gemeinen Ex-Holger berichten.

Während ich noch darüber nachdachte, antwortete die angesprochene Frau Golida-Breckemeyer: »Ja, die Lage hat sich entspannt. Im Großen und Ganzen können die zwei mittlerweile wieder etwas zusammen unternehmen, was ein Glück. Sie sind friedlich und haben sich schon zwei Wochen nicht mehr geschlagen!«

Geschlagen??? Himmel, wo war ich hier gelandet? Die Workshopleiterin hingegen lächelte zufrieden.

Dann wandte sie sich an den gut aussehenden Mann, der direkt neben mir saß: »Herr Eckl, auf Ihren Wunsch hin haben wir unser Mittagessen um ein laktosefreies Menü erweitert. Samira kann also wieder bei uns essen.«

Herr Eckl lehnte sich zurück, lächelte und sagte: »Danke, Frau Reckelmann, damit haben Sie meiner Kleinen sehr geholfen!«

Meine Gedanken spielten Pingpong: Warum nannte er seine Ex »Kleine«? Warum ging seine Ex bei Frau Reckelmann essen? Arbeitet die vielleicht in einem Frauenhaus? Herr Eckl sah jedenfalls sehr sympathisch aus, gar nicht wie einer, der seine bessere Hälfte schlägt. Doch man kann ja nie wissen!

Aber immerhin kämpft er für ein laktosefreies Essen für seine Ex-Freundin. So viel Engagement für eine Verflossene - das fand ich super!

Frau Reckelmann wandte sich an die große Runde: »Und nun, liebe Anwesende, eröffne ich die Fragerunde - haben Sie etwas auf dem Herzen? Anregungen? Dinge, die Sie mir unbedingt mitteilen möchten? Ich bin ganz Ohr!«

Eine auffällig geschminkte Mittvierzigerin meldete sich: »Frau Reckelmann, wann werden denn endlich die neuesten Forschungsergebnisse in Sachen Kinesiologie in das Lehrkonzept aufgenommen?«

Ein bodenständig aussehender Mann aus der ersten Reihe drehte sich um: »Kinä-was? Sie immer mit Ihrem neumodischen Gedöns. Können wir nicht einfach so weitermachen wie bisher? Das hat uns doch bekanntlich auch nicht geschadet!«

Die Mittvierzigerin verzog energisch ihr Gesicht: »Dass Sie nicht wissen, was Kinesiologie ist, Herr Winter, habe ich mir schon gedacht. Ich erkläre es Ihnen gern: Die Kinesiologie ist ein Körpertherapiekonzept, das davon ausgeht, dass gesundheitliche Probleme als Schwäche bestimmter Muskelgruppen sichtbar werden. Bei Ihren Mädchen sieht man zum Beispiel besonders gut, dass es Bedarf gibt!«

Nun war ich aber mal gespannt auf die Antwort von Herrn Winter - wobei ... warum hatte Herr Winter Ex-Mädchen? Führte er eine Dreiecksbeziehung? Und was hatte das mit dieser Körpertherapie zu tun?

Herr Winter reagierte wie erwartet entrüstet: »Frau Drömmer, was fällt Ihnen ein? Meine Mädchen sind total in Ordnung – was man von Ihrer Germine-Nicola nicht behaupten kann!«

»Was soll das, Herr Winter?«, fauchte die Frau zurück.

Aha, Frau Drömmer ist also lesbisch. Hätte ich gar nicht gedacht, sie sah eher aus wie eine gelangweilte Mutter, die ihre Umwelt mit den immer neuen Erkenntnissen der Pädagogik nervt. So kann man sich also täuschen – ich sollte unbedingt über meine Vorurteile und mein Schubladendenken nachdenken!

»Contenance, meine Damen und Herren«, mischte sich die strenge Frau Reckelmann ein. »Kinesiologische Therapieformen wird es bei uns nicht geben, Frau Drömmer – das können und wollen wir gar nicht leisten. Vielleicht gehen Sie mit Germine-Nicola in eine Praxis Ihrer Wahl? Und jetzt stellen Sie bitte Ihre Privatfehde wieder ein, Frau Drömmer und Herr Winter – wir haben noch mehr Punkte auf der Tagesordnung!«

Die beiden warfen sich noch ein paar tödliche Blicke zu, dann war Ruhe. Mein Hirn arbeitete auf Hochtouren: Was hatte die Kinesiologie mit Trennungsschmerz zu tun? Gab es hier eventuell eine neue Therapie für mich? Ich notierte mir in Gedanken, dass ich das zu Hause sofort googeln müsse.

»Frau ... Sandra, richtig?«, wurde ich nun direkt angesprochen. »Haben Sie Fragen an mich oder an diese Runde? Wir haben Sie hier noch nie gesehen. Zu wem gehören Sie eigentlich?«

»Zu Holger«, stotterte ich. »Und eigentlich bin ich hier, weil ich ihn schnellstmöglich vergessen möchte – jetzt, wo er weg ist!«

Entsetzt drehten sich alle zu mir um: »Weg?«

»Wo ist er denn hin? Und warum?«

Was für blöde Fragen – natürlich war er weg! Genauso wie die »Kleine«, wie Germine-Nicola, die »Mädchen« oder wie eure anderen Ex alle heißen. Zumindest haben wir uns nicht geschlagen wie Anna-Johanna und Alexander!

»Ja, Holger ist weg. Ich kam am Donnerstag nach Hause und da hatte er seine Sachen gepackt!«

Eine Frau aus der hinteren Ecke mischte sich ein: »Aber wo ist er denn hin? Am Freitag war er doch noch hier!«

»Was, Holger war hier? Hier in dieser Schule? Warum das denn?«, fragte ich verwirrt.

Frau Reckelmann ergriff das Wort: »Natürlich war Holger hier, wenn er unentschuldigt gefehlt hätte, hätte ich Sie sofort angerufen!«

»Aber woher haben Sie meine Telefonnummer? Und überhaupt ... woher kennen Sie Holger eigentlich? Ich verstehe gerade gar nichts mehr!«, stotterte ich.

Plötzlich fing Herr Eckl laut an zu lachen, so herzlich und ansteckend, dass sich niemand im Raum entziehen konnte – alle giggelten und lachten dann lauthals mit. Dabei guckten sie sich fragend an, als wüsste niemand so richtig, worum es nun gerade ging. Nur ich verstand die Welt nicht mehr – waren die denn alle komplett verrückt geworden? Da saß ich auf einem Zwergenstuhl inmitten von vor Liebeskummer irre gewordenen Verlassenen, die mit laktosefreier Körpertherapie die Zusammenarbeit mit ihren Ex verbesserten, um Cliquenbildung zu vermeiden und nicht im Frauenhaus zu landen – ich musste das nicht verstehen.

Nachdem Herr Eckl sich wieder einigermaßen beruhigt und die Tränen aus den Augen gewischt hatte, sagte er zu mir: »Sandra, richtig? Lassen Sie mich raten, Sie wollten zu diesem Trennungsworkshop-Dings, stimmts?«

»Ja«, erwiderte ich genervt. »Und was ist daran bitte so komisch?« Mittlerweile war mir alles egal, noch peinlicher konnte es einfach nicht werden.

Herr Eckl fing wieder an zu kichern: »Sie sind auf dem Elternabend der Klasse 4a gelandet – der Workshop findet danach statt!«

»Wahas?« Ich fing an, hysterisch zu kichern. »Das hier ist gar nicht die Jammergruppe gegen Liebeskummer?«

»Nein, ich bin die Klassenlehrerin der 4a und das sind die Eltern der Schüler und Schülerinnen«, stellte sich die auf einmal gar nicht mehr so strenge Frau Reckelmann vor. »Dann ist Holger auch nicht Ihr Sohn, sondern Ihr Ex!«

»Ja, der Ex-Holger, und ich wollte hier eigentlich mit anderen Verlassenen an meiner hoffentlich bald wieder glücklichen Zukunft arbeiten«, seufzte ich.

Herr Eckl grinste mich an. »Ich habe eine Idee. Eigentlich wollte ich im Anschluss zum Workshop gehen wie jede Woche, der Babysitter ist schließlich schon da und passt auf meine Tochter Samira auf. Doch heute möchte ich Sie lieber zum Essen einladen – nach diesem Schreck! Sind Sie dabei?«

Tja, und was soll ich sagen: Herr Eckl, also Thomas, und ich hatten einen wunderbaren Abend. Und gleich am nächsten Tag hatten wir den nächsten wunderbaren Abend - dieses Mal bei ihm zu Hause, mit seiner niedlichen Tochter. In die Schule bin ich das nächste Mal mit beiden gemeinsam zum Sommerfest gegangen. Ohne Trennungsschmerz. Und ohne Holger in Gedanken. Holger, wer war das noch gleich?

KAPITEL 3

Die Wahl der Waffen

Bei der Wahl der Waffen müssen Lehrer ganz besonders umsichtig vorgehen. Denn nichts ist schlimmer, als am Ende eines langen Schultages ohne die passende Antwort auf den Vorwurf einer Mutter dazustehen. Ansonsten könnte man in der nächsten großen Pause schon den Brief eines Anwaltes in seinem Fach vorfinden. Oder gleich eine Vorladung vors Gericht.

Auch als Elternteil müssen Sie bewaffnet sein für den Kampf gegen die allseits verbreitete Unfähigkeit des Lehrers, der die Genialität des Nachwuchses meist verkennt. Weshalb Sie alle Diktate selbst nach übersehenen Rechtschreibfehlern kontrollieren und diese dann als korrigierte PDF-Datei an den Lehrer schicken sollten. So können Sie ihn in gewisser Regelmäßigkeit auf seine Inkompetenz in Sachen Rechtschreibung hinweisen, was, gerade wenn Ihr Kind zwischen zwei Noten stehen sollte, durchaus hilfreich sein kann. Denn wenn der Lehrer schon nicht die deutsche Rechtschreibung beherrscht, wie kann er da über die Kompetenz eines Kindes entscheiden? Hm?

Die Lehrer wissen mittlerweile jedoch um die Tricks der Eltern. So wird kein Elternabend mehr ohne Spickzettel gehalten, mithilfe dessen sie Fakten, Statistiken und Analysen präsentieren können, um ihre Lehrmethoden zu bestätigen. Dumm nur, wenn man diesen zu Hause vergisst ...

Und dank des Internets kann man den Lehrer heutzutage vierundzwanzig Stunden am Tag belästigen. Worüber sich die Pädagogen ganz besonders freuen ...

SPICKZETTEL

»Probleme gibt es nicht, nur Herausforderungen.« Nun ja, diese Lebensweisheit mag ihren Wahrheitsgehalt haben, doch hin und wieder zweifelte ich daran. Und insbesondere bei Elternabenden.

Klar, die haben wir alle schon mitgemacht. Oder besser durchgemacht. Der Übergang ist irgendwie fließend.

Normalerweise ging ich ganz entspannt ins Klassenzimmer, setzte mich zu den anderen und hörte mir an, was es dieses Jahr wieder so gab. Insgeheim hoffte ich, dass der Abend nicht durch ach so wichtige Nachfragen in die Länge gezogen wurde und nach einem kurzen Plausch mit den anderen Eltern machte ich mich schnell wieder auf den Heimweg. Wie alle anderen auch!

Doch diesmal war das anders.

Ich betreute an unserer Grundschule die Kinder nach dem Unterricht und gehörte damit jetzt offiziell zu den ANDEREN. Deshalb saß ich jetzt unruhig an unserem Esszimmertisch, meine Kinder spielten friedlich in ihren Zimmern und vor mir lag der leere Block. Und meine persönliche Herausforderung an diesem Tag war der bevorstehende Elternabend der Mittags- und Nachmittagsbetreuung.

Diesmal würde ich mich nicht bequem zurücklehnen können, sondern musste selbst was sagen! Ob ich wollte oder nicht.

Doch wie würden die Eltern reagieren, wenn mir nicht viel mehr gelang, als meinen Namen zu stammeln?

Am besten fing ich ganz einfach an.

»Liebe Eltern«, hörte ich mich sagen. Oder hieß es »Miteltern«? Oder vielleicht »Gäste«? Am ehrlichsten wäre vermutlich »Leidensgenossen«.

»Viele kennen mich ja, für die anderen stelle ich mich kurz vor ...« Rhabarber, Rhabarber, Rhabarber. »Normalerweise sitze ich ja bei euch, heute allerdings ...«

Mist. Je länger ich darüber nachdachte, desto sinnloser kamen mir meine eigenen Worte vor. »Ich mache die Betreuung seit bla, es sind täglich circa bla, bla, bla Kinder ...« Das ist alles so, so langweilig!

Also. Was könnte ich den Eltern über die Betreuung ihrer Kinder erzählen?

Ich brauchte etwas anderes. Eine Vorstellungsrunde. Genau, das machte Spaß, jeder sagte etwas, man bekam schon mal ein paar Minuten rum und die Anspannung schwand. Und schwupps waren auch schon die Kolleginnen der Nachmittagsbetreuung dran. Genau so würde ich es machen.

Doch als mir einfiel, dass der Rektor heute Abend vor mir an der Reihe war, war die Idee schon geplatzt. Sicher machte er die Vorstellungsrunde. Er war ja nicht blöd und wusste, wie man Zeit schindet.

Hmmm.

Ich trommelte mit meinen Fingern auf dem Papier herum, bis so etwas wie eine Melodie herauskam.

Was sollte ich nur sagen?

Basteln ist gut. Ausleben der kindlichen Kreativität. Das machten wir oft mit den Kindern. Basteln ging immer.

»Die Handarbeit dient der Förderung der Feinmotorik und der gestalterischen Grundkompetenzen …«

Vor meinem inneren Auge sah ich, wie ich mich verzweifelt über einen Tisch streckte, um zu verhindern, dass der Wasserbecher umfiel. Horrorszenarien flackerten vor mir auf, fleckige Kleider, verstreute Bügelperlen, die man mit verklebten Fingern zurück in die Schachtel fummeln musste. Zwanzig kleine Gesichter waren auf mich gerichtet und beobachteten jede Bewegung.

Vielleicht sollte ich das Basteln lieber erst später bringen.

Der Block sah mich vorwurfsvoll an. Seine leeren Kästchen wirkten trostlos.

Ich schrieb: »Anwesenheitsliste.«

So. Ein Anfang war gemacht.

»Liebe Eltern, am Anfang jeder Betreuung steht die Anwesenheitsliste.«

Ich sah mich, wie ich souverän Häkchen für Häkchen setzte, alle Kinder brav und adrett vor mir. Ja, so sollte es sein.

Doch die Realität war ein Pulk von hinausstürmenden Kindern, die ihren Bus erreichen wollten und unter denen man nach jenen suchte, die leider wieder einmal vergessen hatten, dass sie noch bleiben mussten.

Oder der Sitzkreis. Das passt schon besser. Schnell schrieb ich es auf, um dann wieder ins Stocken zu geraten. Was konnte ich dazu großartig erzählen?

»Wir setzen uns zu Beginn in einen Kreis, sodass ich kontrollieren kann, ob alle Kinder da sind.« Vor meinem inneren Auge sah ich die verschiedensten Variationen eines Kreises. Es gab ovale Kreise, mancher war auch ein bisschen rechteckig, andere wiederum formvollendet rund. Sitzkreis heißen sie alle. »Also in irgendeine geometrische Figur. Kann mal ein Ei sein oder auch eine Acht. Dann besprechen wir, was heute gemacht wird ... vielleicht gehen wir auf den Ritterspielplatz, um ...«

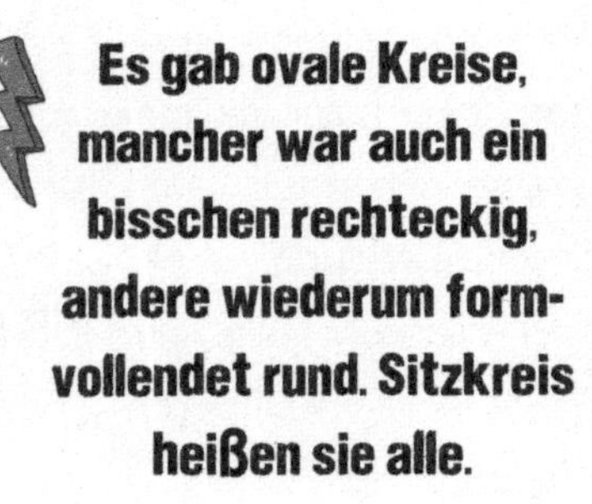
Es gab ovale Kreise, mancher war auch ein bisschen rechteckig, andere wiederum formvollendet rund. Sitzkreis heißen sie alle.

... die Fahrradfahrer zu erschrecken? Das hatte schon was.

»Äh, um den Kindern Gelegenheit zu geben, sich dem Freispiel zu widmen. Das alles ist natürlich klaren Regeln unterworfen ...«

All die Ritter und Prinzessinnen hatten völlig unterschiedliche Auffassungen darüber, wie man »richtig« Burg spielt. Dabei hatte ich wohl eher die Rolle des Drachen - das mit dem Feuerspucken bekam ich mithilfe von Tabasco vielleicht noch gerade so hin ...

Ich schielte auf meinen Spickzettel. Nein, da stand noch immer nicht mehr drauf. Leider.

»Die Abholung der Erstklässler ...«

Ja, das war ein Thema. Für Erwachsene war so etwas ja einfach. Man ging in ein Gebäude, verschaffte sich einen Überblick und suchte dann mithilfe von Schildern und Türnummern den Weg. Doch so ein kleiner Fratz von etwa eins zwanzig Körpergröße hatte da wohl eine ganz andere Sicht auf die Dinge. Nicht nur, dass die Türen knapp doppelt so groß waren wie er, überall sprangen auch noch andere Kinder herum, große Kinder, die wie die Wahnsinnigen zum Bus rannten. Dass es ein Abenteuer sein konnte, sich in so einem großen Gebäude ganz allein zurechtzufinden, das war für uns Erwachsene natürlich kaum vorstellbar. Für die Kinder war es einfach nur Realität. Nicht ohne Stolz notierte ich mir den Begriff »Selbstständigkeit«.

Nur dass ich mich gerade ganz anders fühlte, hilflos. Vielleicht konnte ich mir in diesem Punkt noch etwas von den ABC-Schützen abschauen?

»Konflikte«, schoss es mir durch den Kopf. Jawohl, Konflikte lösen, das war auch ein guter Punkt.

Ein guter Teil meiner Betreuungsarbeit lag darin, einen guten Umgangston für alle zu finden und die zahllosen Probleme zu bewältigen. Das schrieb sich leicht, war aber doch immer eine kleine Herausforderung. Mal war es der Kickerball, dann das unfair verlorene Spiel oder der Strich auf der

Zeichnung, den ein anderer gemacht hatte. Probleme, so ähnlich wie in der UN-Vollversammlung, nur eben etwas kleiner.

Aber Erziehung, das geht nicht über Nacht, und sagt nicht ein afrikanisches Sprichwort: »Für die Erziehung eines Kindes braucht es ein ganzes Dorf«? Oder eben die Pädagogen.

Was noch?

»Sternenliste und Motivation«, schrieb ich aufs Papier.

Genau, denn wer beteiligte sich schon gern am Aufräumen? Aber Ordnung musste sein und war ganz nebenbei auch ein wichtiges pädagogisches Ziel. Wenn das bei meinem Mann nur auch funktionierte. Der war leider völlig immun gegen Sternenlisten und Ordnungsdisziplin. Vielleicht sollte ich ihn mit Gummibärchen belohnen? Oder doch lieber mit Fußball und Bier?

Ich schweifte ab ...

Etwas fehlte noch bei meinen Notizen. Etwas, das mir wichtig war. Nur, dass ich nicht drauf kam.

Mein Blick wanderte über unser Bücherregal. Während ich die Buchrücken überflog, ärgerte ich mich über mich selbst: »Jetzt mach mal vorwärts, die Kleinen möchten noch vorgelesen bekommen.«

Genau das war es: das Vorlesen.

Es gab kaum etwas, mit dem man die Kinder so begeistern konnte wie mit dem Vorlesen. Es war so ein schönes Gefühl, wenn man die Kleinen im Kreis versammelt hatte – oder in einer Art rundem Dreieck? –, das Buch auf den Knien lag und man vor den staunenden Augen den Titel der Geschichte vorlas.

Das Vorlesen war etwas ganz Besonderes, sowohl für die Kinder als auch für mich. Nicht etwa, weil es da um Buchstaben und Wörter ging. Oder um das Rezitieren. Sondern weil man in den gespannten Gesichtern der kleinen Zuhörer genau beobachten konnte, wie die Geschichten lebendig wurden. Nicht selten kamen Wortmeldungen, die bezeugten, wie die Kinder die Geschichten miterlebten. Wie zum Beispiel bei der Hexe mit dem nervigen Bruder: »Mein Bruder nervt auch immer so«, oder: »Der Goldschatz ist aber mehr als zehn Euro wert, oder?«

Gerade deshalb war das Vorlesen mein kleiner Höhepunkt des Tages. Mit diesen schönen Erinnerungen beendete ich meine Arbeit am Spickzettel.

Ein Blick auf die Uhr genügte, um mich zu beunruhigen. Glücklicherweise kam mein Mann nach Hause und übernahm das Vorlesen. Schnell noch ein Gutenachtkuss für die Kinder, schon musste ich los.

Es dauerte nicht lange, bis ich vor der Schule parkte.

Die Ersten, die ich auf dem Schulhof traf, waren die »Raucher«. Wir unterhielten uns, alle waren entspannt. Natürlich wurde auch geschimpft.

»Wie lange das wohl wieder dauert?«

Ich lachte, sagte aber nicht, dass das möglicherweise auch von mir abhing. Wenn ich ins Stottern kam, dann konnte es schon ein bisschen länger werden. Nun ja, wir würden sehen ...

Ich ertappte mich dabei, dass ich, ganz anders als sonst, noch draußen blieb, obwohl ich gar nicht rauche.

Die Zeiger rückten unweigerlich vorwärts.

Beim Hineingehen sah ich unseren Rektor mit seiner Gitarre. Ob er uns zum Mitsingen auffordern würde? Klar machte das den Kindern Spaß und ohne singenden Rektor wäre unsere Schule nicht dieselbe. Aber die Eltern, heute Abend? Und die Kolleginnen aus der Nachmittagsbetreuung? Ich war schon auf die Gesichter gespannt.

Vielleicht gab es auch einen Allgemeinwissenstest? Nach dem Motto: »Das hätte Ihr Kind gewusst!« Alles war möglich an so einem Abend. Sogar, dass ich die Seiten wechselte. Doch es war alles halb so schlimm, schließlich war ich gut vorbereitet: Ich hatte meinen Spickzettel. Juhu! Und was für einen! Damit konnte gar nichts mehr schiefgehen.

Nachdem der Rektor selbstverständlich die Vorstellungsrunde zum Zeitschinden genutzt hatte, war ich an der Reihe. Es war ein bisschen unangenehm, als sich alle Augen auf mich richteten.

Vorne angekommen räusperte ich mich, schlug meinen Block auf – und gleich wieder zu.

Ich hatte das Blatt mit den Notizen auf dem Tisch liegen lassen.

Meine einzige Waffe lag zu Hause.

TAFEL-MANTRA

»Ich bin groß, stark und mächtig in meiner Energie, und keine andere Fremdenergie aus allen Ebenen kann mich berühren.« Dreimal wiederholte ich meinen persönlichen Schutzzauber, wie ich ihn nannte, und mit jedem Mal sprach ich ihn lauter in die leere Küche. Damit bewaffnete ich mich für den bevorstehenden Elternabend. Meine Freundin Susi würde gleich hier sein. Ich rannte eilig zum Spiegel und umrandete mein linkes Auge mit Eyeliner, doch da klopfte es auch schon an der Tür. Susi kam immer ein bisschen zu früh.

Ohne ihr Drängen hätte ich mich vor jedem Elternabend gedrückt. Mit ihr zusammen machte es hingegen fast schon Spaß. Auf eine merkwürdige Art und Weise. Nun, manchmal. Ich ließ es mir trotzdem nicht nehmen, ihr als Alternative einen netten Abend bei Tee und Keksen in meinem Wohnzimmer anzubieten. Und obwohl ich ein Leuchten in ihren Augen entdeckte, erinnerte Susi mich an meine elterlichen Pflichten und ich gab brav nach.

Es schien einem kosmischen Gesetz zu unterliegen, dass wir zwei stets einen bereits randvollen Klassenraum betraten. Dabei hatten wir schon etliche Male mit der Abfahrtszeit experimentiert. Fünf Minuten früher, zehn Minuten früher, zwölf Minuten früher. Egal wann wir losfuhren, immer wenn wir ankamen, saßen bereits Dutzende Eltern an ihrem Platz und beobachteten mit Argusaugen, wie wir uns auf die viel zu kleinen Stühle quetschten. Vielleicht war der ein oder andere Blick auch wertend, was an unserem Beinah-Zuspätkommen liegen mochte oder an meinem einen geschminkten Auge, das mir gerade mit Schreck wieder einfiel, das Susi aber als harmlos einstufte. Wenn ich jetzt versuchte, die schwarzen Striche heimlich wegzuwischen, würde ich die Schminke wahrscheinlich über die gesamte Gesichtshälfte verschmieren, also ließ ich es lieber sein und streckte mich würdevoll.

Es funktionierte, mein Schutzzauber wirkte. Solange ich meinen Mund hielt. Wie ich es mir jedes Mal vornahm, bis ich nicht mehr anders konnte und doch etwas hinterfragen musste. Mal war der Grund mein sträflicher Hang zur Überbehütung, mal meine unverzeihliche Ignoranz, zum Beispiel dann, wenn ich als Einzige nichts von der bevorstehenden Deutscharbeit, der Fahrradprüfung oder dem Ausflug ins Museum wusste. Heute fiel es in Kategorie eins.

Ich wagte, mich zu erkundigen, ob es eine Aufsichtsperson gebe, die die Kinder bei ihrer Rallye auf Föhr begleite. Ein gequältes Stöhnen drang von irgendwoher an mein Ohr. »Ich bin groß, stark und mächtig in meiner Energie ...«, dachte ich schnell, doch ich glaubte mir selbst kein Wort. Stattdessen interpretierte ich das Getuschel um mich herum: Die hysterische Glucke hat gesprochen. Sie kann ihr Kind nicht mal allein auf einer Nordseeinsel herumlaufen lassen. Sie ist ja so unentspannt!

»Om Asatoma Sat Gamaya«, sang ich im Stillen ein Mantra, das ich bei irgendeiner Yogafortbildung gelernt hatte. Ich konnte mich überhaupt nicht an die Bedeutung der Worte erinnern. Womöglich war es Sanskrit für »Alle meine Entchen«, aber es spielte auch keine Rolle. War doch nichts dagegen einzuwenden, wenn ein paar Enten auf dem See schwammen. Das war allemal besser, als wenn sie aufgescheucht am Ufer herumflatterten oder beim Marsch über die Straße plattgefahren wurden.

Eine der ganz coolen Mütter, die ihr Kind schon früh allein in die Innenstadt gelassen hatte und zudem auch noch doppelt so groß war wie ich, grinste mich hämisch an.

»Ich mag Enten«, verkündete ich grinsend und zuckte mit den Schultern, dabei vibrierte das Mantra wie von selbst weiter durch meine Knochen. Susi stupste mich von der Seite an, weil ich wirres Zeug redete. »Das muss so sein, du bist Autorin«, sagte sie manchmal. Es war so nett von ihr, dass sie mich trotzdem immer wieder mitnahm.

»Enten?«, fragte Frau Hausmann, die junge Klassenlehrerin.

»Ich meine Amrum«, korrigierte ich mich schnell. »Ich mag Amrum.« Susi kicherte leise. Frau Hausmann dagegen sah mich zweifelnd an. Die wirkte immer so zentriert, ganz bei der Sache. Das musste sie natürlich sein und ich beneidete sie gewiss nicht um ihre Aufgabe, einer Horde von kritischen Eltern, die sowieso alles besser wussten, Rede und Antwort zu stehen. Im Moment jedoch las ich in ihrem Gesicht eher Sorge um mich und meine Enten.

Zum Glück meldete sich ein Vater aus der ersten Reihe zu Wort. Das wurde aber auch Zeit. Ich hatte mich schon gewundert, was heute mit ihm los war. Auf seine Wortmeldungen war doch sonst immer Verlass. Sein Kreuz unter dem schimmernden Jackett war so breit, dass er einen Großteil der Tafel verdeckte. Bevor er sprach, machte er ein paar Morsezeichen mit seinem sündhaft teuren Füller auf seinem sündhaft teuren Timer. Ich versuchte gerade den Code zu erraten, da fiel auch schon die Frage, auf die alle gewartet hatten: »Kann man schon etwas über den Leistungsstand der Kinder sagen?«

Hatten Susi und ich nicht beim letzten Elternabend geplant, diese Frage einmal vor ihm zu stellen? Nur um ihn zu verwirren? Herr Leistungsstand meinte sicher den Tenniskurs, der vor zwei Wochen im Wahlpflichtprogramm begonnen und somit exakt zweimal stattgefunden hatte.

»Nun, dafür ist es noch etwas zu früh«, behauptete Frau Hausmann vorsichtig. Herr Leistungsstand war enttäuscht.

»Mehr Hausaufgaben!«, forderte er nun, als wollte er sich für die unbefriedigende Antwort rächen. Ehe Frau Hausmann sich dazu äußern konnte, erhielt der Vater Verstärkung.

»Genau. Die Kinder lernen ohnehin nicht genug!«, schallte es von rechts. Dann von vorne: »Wie sollen sie so je auf dem internationalen Arbeitsmarkt mithalten können?« Auch hinter mir regte sich jemand auf: »Unsere Kinder werden höchstens zum Spargelstechen gut sein, wenn sie in den Hauptfächern nicht mehr aufbekommen.«

»Weniger Hausaufgaben!«, meldete sich da die erste Stimme der Opposition. »Wie sollen sie denn noch mehr schaffen?«, fragte die zweite. »Unsere Kleinen haben sowieso zu viel Stress!«

Das ließen die Pro-Hausaufgaben-Eltern nicht auf sich sitzen.

»Das ist doch eure eigene Schuld. Dann müsst ihr eben die Verabredungen streichen!« Die Diskussion begann.

»Hallo? Sie sollen ja auch noch Freizeit haben!«

»Ach was, dafür ist im Erwachsenenalter Zeit genug.«

Es wurde lauter, heftiger. Susi lehnte sich seufzend zurück und auch ich hielt mich lieber raus. Ich übte mich doch nicht jahrelang im Yoga, um mich dann in eine verbale Hausaufgabenschlacht zu stürzen und am Ende wieder das Falsche zu sagen. Nein, da übte ich lieber das Lächeln. Lächeln soll ja immer helfen, bei Schmerz, Trauer und Ungeduld. Anfangs noch oberflächlich und erzwungen, ging es irgendwann ins Gewebe über, sodass sich die Muskeln, die sich zuerst weigerten, schließlich ihrem Schicksal ergaben, bis auch das Gehirn es endlich kapiert hatte: Ich lächele, also bin ich fröhlich. Susi lächelte mit, aus irgendeinem Grund konnte sie das auch ohne Übungen.

»Wir hätten doch lieber einen Tee bei dir trinken sollen«, flüsterte sie mir zu.

»Liebe Eltern, es wird in der Hinsicht erst mal keine Veränderung geben«, erstickte Frau Hausmann das Stimmengewirr und winkte den Mathelehrer Herrn Kettner zu sich. »Sie können mich gern einzeln anmailen, falls Sie den Eindruck haben, dass

Ihre Kinder unter- oder überfordert sind.« Mit flinken Bewegungen schrieb sie ihre E-Mail-Adresse an die Tafel und diverse Stifte kopierten sie kratzend auf Papier. Gebeugt schleppte sich Frau Hausmann zu der nächsten Sitzgelegenheit.

»Kommen wir nun zu einer wichtigen Neuerung«, übernahm Herr Kettner, der sich mit Brille und Kreide bewaffnet hatte. Ich hielt den Atem an, so wie alle anderen Elternteile, die sich an diesem Abend freiwillig hierher begeben hatten.

»Ich erkläre Ihnen nun die neue Methode der Subtraktion in der Überschlagsrechnung.«

»Neu? Was stimmt denn mit der alten nicht?«, fragte eine Mutter vor mir und sprach mir damit aus der Seele.

»Ja, eben. Bloß nicht irgendwas Neues«, sagte ein Ehepaar synchron, das stets zu zweit erschien. Herr Kettner begann zu schwitzen. Hatten seine Haare vorher auch schon so fest am Kopf geklebt? Die schmalen Schultern schoben sich in die Höhe, so weit, dass die Yogalehrerin in mir zu ihm eilen und sie nach unten drücken wollte. Alles wird gut, sagte ich im Kopf zu ihm, nur durch die Nase atmen. Ganz tief und lang. Als ob er mich auf der Metaebene gehört hätte, atmete er einmal tief ein und aus und sagte dann: »Weil die Schulbehörde es so will und weil es einfacher ist. Weil die neue Methode viel logischer ist als die alte.«

Entsetzen. Skepsis. Stille.

»Na, wenn es die Noten verbessert«, meinte Herr Leistungsstand schließlich und bald waren sich alle einig, dass wir uns zum Wohl der Kinder bemühen sollten, uns die neue Methode einzuverleiben.

Dies gestaltete sich jedoch schwieriger als gedacht. Susi und ich kapierten gar nichts. In der Reihe vor uns wurde tuschelnd darüber gestritten, wer nun was zuerst rechnen und aufspalten müsse. Mein Tischnachbar konnte die Zahlen an der Tafel nicht erkennen. Er beugte sich wild nach rechts und links und rutschte dabei immer näher zu mir herüber. Musste das sein? Als ob es nicht reichte, dass man beim Minusrechnen keine Eins mehr unten hinschreiben durfte, schrammte der Typ auch noch am äußeren Rand meiner Aura herum. Ich fühlte mich total bedrängt.

Als ob es nicht reichte, dass man beim Minusrechnen keine Eins mehr unten hinschreiben durfte, schrammte der Typ auch noch am äußeren Rand meiner Aura herum.

»Liebe Eltern, bitte! Das ist zu laut. So kann mich die Hälfte von Ihnen gar nicht verstehen«, flehte Herr Kettner die Plaudertaschen in der Fensterecke an.

»Also, ich melde mich schon die ganze Zeit!«, protestierte der Banker nahe der Tür. Angeblich hatte er in den letzten zwei Jahren ein Vermögen mit seinem Job gemacht.

»Na und? Du wirst doch wohl mit Zahlen zurechtkommen, oder nicht? Jetzt bin ich erst mal dran. Ich bin Gärtner.«

Susi, die nichts so leicht aus der Ruhe bringt, knallte ihren Stift auf den Tisch und kapitulierte. »Ich guck mir das morgen in Ruhe zu Hause an.«

Herr Kettner jedoch gab nicht auf. Er war entschlossen, uns Eltern erst aus dem Gebäude zu lassen, wenn wir begriffen hatten, was unsere Kinder schon seit Wochen beherrschten. So saßen wir weiterhin auf den harten, kleinen, bösen Stühlen. Diejenigen, deren Beine länger waren als meine, klemmten ihre Knie unter den Tischkanten ein, bis sie blau werden mussten.

Irgendwann verknotete ich meine Finger und probierte es mit dem Mudra für Konzentration. Half nichts. Eine Viertelstunde später waren alle up to date, nur ich hatte die Zeit viel, viel sinnvoller genutzt und mir eine spannende Verfolgungsszene für meine neue Geschichte ausgedacht. Mit dem Gefühl, etwas Tolles geschafft zu haben, erhob ich mich. Am besten tippte ich meine Einfälle sofort zu Hause ins Notebook. Erst als Susi mich am Jackenzipfel zurück nach unten zog, fiel mir auf, dass alle anderen noch saßen.

»Wir brauchen jetzt etwas Hilfe von euch allen«, drohte unsere neue Elternsprecherin mit einem Blick zu mir und setzte sich mit ihrem Forderungskatalog auf den leeren Stuhl von Frau Hausmann. Ich hatte gar nicht bemerkt, dass sie gegangen war. Als ich mich umsah, stellte ich fest, dass die Hälfte der Anwesenden mich empört musterte.

»Kuchen, Würstchenverkauf, Aufbau, Abbau, Bastelaktion, Kostümreparatur, Aufräumen der Pausenhalle, Ausmisten der Kaninchenställe ...«

Warum guckten jetzt eigentlich alle zu mir? Jahrelang war ich Elternsprecherin gewesen, hatte alles mitorganisiert, Kuchen gebacken, Gespräche geführt, Yogakurse gegeben, Lesegruppen geleitet. Seit ich gekündigt hatte, war das anscheinend alles vergessen.

Ich war nämlich groß, stark und mächtig in meiner Energie und keine Aura aus allen Mantren konnte meine Enten berühren!

Aber obwohl es mich reizte, würde ich das niemandem vorrechnen. So läuft es beim Yoga nicht. Kein Vorhalten, kein Eigenlob, stattdessen Großzügigkeit und Toleranz. Also ertrug ich die vorwurfsvollen Blicke, weil ich mich nicht freiwillig für eine der Aufgaben meldete. Ich war nämlich groß, stark und mächtig in meiner Energie und keine Aura aus allen Mantren konnte meine Enten berühren!

»Manche haben es ja wohl nicht nötig«, murmelte eine Mutter vor mir und schoss Blitze aus ihren himmelblauen Augen auf mich ab.

»Die meint nicht dich«, beteuerte Susi, die genau wusste, dass ich schnell egozentrisch wurde und alles auf mich bezog.

Als die Aufgaben endlich verteilt waren, wurden wir entlassen. Mütter, Väter und Lehrer grinsten selig, weil sie nun ein halbes Jahr Ruhe vor Veranstaltungen wie dieser hatten.

Einige der Eltern blieben am Schultor stehen, um zu rauchen und zu lästern, andere düsten in Windeseile davon. Ich dagegen sammelte noch um die acht Mützen und diverse einzelne Handschuhe ein und passierte vollbeladen den Schulkorridor.

»Geht es Ihnen gut?«, fragte Frau Hausmann im Vorbeigehen. Sie war bestimmt sauer, weil ich mich seit meiner letzten Manuskriptabgabe so wenig engagiert hatte.

Doch, doch, versicherte ich, der nahende Abgabetermin nehme mich nur derart ein, dass ich mir keine Freiwilligenarbeit aufbrummen könne. »Manchmal weiß ich einfach nicht, wo mir der Kopf steht«, gestand ich ein.

Frau Hausmann spitzte den Mund und sagte: »Ich hätte da eine Idee.«

»Wirklich?«, frage ich auf Erlösung hoffend. Sie nickte.

»Versuchen Sie es doch mal mit Yoga.«

TWINSET

»Sag mal, kann ich so gehen?«, fragte ich und schritt wie eine Topmodel-Kandidatin, für die Heidi garantiert schon in der ersten Castingrunde kein Foto hatte, im Wohnzimmer hin und her. Statt modelmäßiger High Heels trug ich flache, graublaue Ballerinas, dazu ein braves Strick-Twinset in Mauve und einen Haarreif aus tannengrünem Samt.

Judith rückte ihre stylishe Hornbrille zurecht, kniff kritisch die Augen zusammen und schürzte die feuerrot geschminkten Lippen. »Warum hisst du nicht gleich die weiße Flagge, Fräulein Hasenfuß?«

»Frau Hasenkamp, bitte sehr«, tadelte ich meine Mitbewohnerin automatisch wie einen meiner aufsässigen Grundschüler.

»Zu brav?«, fragte ich eilig hinterher.

»Nicht, wenn du einen Elternabend in den Fünfzigerjahren abhalten würdest, Sabrina. Aber im Jahr 2014 wirst du buchstäblich mit Schuhen und Strümpfen untergehen.«

Na toll. Und so was nennt sich Motivationstrainerin!

»Mal angenommen, ich wäre die Mutter deines vorlautesten Schülers. Und nun stell dich vor.«

Die Motivationstrainerin will mir eine Lektion erteilen? Umso besser. Eine Coachingstunde bei Judith war eigentlich unbezahlbar und zu ihren Kunden gehörten überwiegend Top-Manager. Unerfahrene Grundschullehrerinnen kamen im Normalfall nicht in den Genuss. Doch Judith und ich sind beste

Freundinnen, seit wir denken können. Vielleicht könnte ich ihre wertvollen Tipps, die sich schon oft bei Bewerbungsgesprächen, Aktionärsversammlungen oder Krisenmeetings bewährt hatten, zur mentalen Vorbereitung auf den Elternabend anwenden.

»Hallo, ich bin Sabrina Hasenkamp, die neue Klassenleiterin der 2c. Ich heiße Sie herzlich willkommen zu ...«

»Ähem!«, unterbrach mich Judith schockiert. »Ebenso gut könntest du sagen: ›Ich bin eine blutige Anfängerin und habe überhaupt keine Ahnung, bitte zerreißen Sie mich nicht in der Luft ...‹«

Das musste ich einsehen und lachte.

»Okay. Verrate mir, wie ich es besser hinkriege.«

Zuallererst überredete meine Freundin mich zu einem anderen Outfit. Graue Businesshose, weiße Hemdbluse, tomatenroter Lederblouson, dazu farblich passende Pumps – natürlich aus Judiths Kleiderschrank. Die Haare steckte sie mir zu einem strengen Dutt zusammen.

»Jetzt sehe ich aus wie eine Karrieretussi«, kommentierte ich verzweifelt mein Spiegelbild.

»Die Eltern müssen dich respektieren. Und jetzt will ich deine Vorstellung noch mal hören. Und bitte sag das Wort Klassenleiterin so, als meintest du: Heldin!«

Judith war wohl komplett übergeschnappt!

»Heldin? Ich bin Grundschullehrerin.«

»Und das ist eine tolle Sache! Wo kämen wir hin in einem Land, in dem niemand lesen, schreiben und rechnen könnte?

Du solltest stolz auf deinen Beruf sein, Sabrina, und das auch ausstrahlen, als wärst du ... sagen wir ... Astronautin. Oder Nobelpreisträgerin.«

»Astronautin? Ich?« Das wurde ja immer absurder.

»Du wirst sehen, das hilft!«, behauptete Judith und deutete auf die Uhr: »Musst du nicht langsam los?«

Verdammt. Jetzt war noch nicht einmal mehr Zeit, mich wieder umzuziehen. Es blieb mir nichts anderes übrig, als in diesem Aufzug in meinen rostigen, alten Käfer zu steigen und in Richtung Schule zu knattern.

Der Klassenraum der 2c war zur Hälfte gefüllt. Ich war ein klein wenig enttäuscht, aber von meinen Kolleginnen wusste ich, dass fünfzig Prozent ein guter Schnitt war. Was die Lautstärke betraf, die bereits herrschte, sehnte ich mich durchaus nicht nach einer Steigerung. Entschlossen betrat ich den Raum. Die Hoffnung, dass die Gespräche der hier Versammelten nun verstummten und man mich respektvoll begrüßte, schwand nach wenigen Sekunden. Kein Mensch beachtete mich. Ein Blick auf die Uhr verriet mir, dass es erst drei Minuten vor acht war, also beschloss ich, bis zum offiziellen Beginn so zu tun, als müsste ich dringend irgendwelche wichtigen Papiere sortieren. Ich setzte mich ans Lehrerpult, packte meinen Kalender, einen Stift sowie einige Notizzettel aus und schob sie mit gespielter

»›Ich bin eine Heldin‹«, sagte ich mir und glaubte mir selbst kein Wort.

Konzentration hin und her. »Ich bin eine Heldin«, sagte ich mir und glaubte mir selbst kein Wort.

Als mir dieser Aktionismus zu blöd wurde, faltete ich entschlossen die Hände auf dem Tisch und versuchte herauszufinden, welches Elternteil zu welchem Kind gehörte. Die stämmige Enddreißigerin mit den herausgewachsenen blonden Strähnen könnte die Mutter von Marvin sein, der unfassbarerweise Fan der Serie *Frauentausch* war - Trash-TV der übelsten Sorte mit einem Sendetermin, der weit jenseits des Sandmännchens liegt. Gleich neben ihr saß ein Herr mit ernster Miene. Ob der zum lachen wohl in den Keller ging? Wenn das nicht Annalouisas Vater war, fraß ich einen Besen. Annalouisa bekam Geigenunterricht, seit sie vier war, und lernte in ihrer Freizeit Mandarin.

Drei stark geschminkte Frauen - zwei davon mehrfach gepierct, die andere mit blau gefärbten Haaren - lachten gerade über einen Scherz, den ein Cordhosen-Träger gemacht hatte. Schwer zu sagen, wessen Eltern sie waren.

Es war zwei Minuten nach acht. Noch immer hatte mich niemand beachtet. Ich räusperte mich dezent. Vergebens. Ich räusperte mich lauter. Immer noch keine Reaktion. Gerade als ich aufstand, um laut »Dann würde ich gern mal anfangen!« zu brüllen, huschte eine kleine, quirlig wirkende Frau mit roten Korkenzieherlocken herein.

»Sorry, bin ein bisschen spät, musste daheim noch diverse Dramen schlichten«, kicherte sie und nahm Platz. Sofort erstarben sämtliche Gespräche und alle starrten mich erwartungsvoll an.

Das kam mir jetzt aber ein bisschen plötzlich.

»Ähm, tja, dann mal guten Abend und herzlich willkommen, ähm, zum ersten Elternabend der 2c im neuen Schuljahr«, stammelte ich. Na, großartig! Ich klang schlimmer, als mein Twinset-Outfit vorhin aussah. Wie gut, dass Judith das nicht mitbekam, die würde die Hände über dem Kopf zusammenschlagen. Reiß dich zusammen, Sabrina!

»Mein Name ist Frau Hasenkamp und ich freue mich darauf, Ihnen heute ...«

Weiter kam ich nicht.

»Wo ist denn bitte schön Frau Hecker-Schönlein? Man hat uns versprochen, dass ein Lehrerwechsel für unsere Kinder erst im nächsten Schuljahr ansteht.«

Das war die Korkenzieherlockenfrau.

»Entschuldigung, dass ich mich nicht vorgestellt habe«, ergänzte sie mit frostigem Lächeln. »Ich bin Leonora von Buschhof, Mutter von Annalouisa und vier weiteren Mädchen, Klassenelternsprecherin und nebenbei auch Kollegin: Ich unterrichte Latein und Sport am Hochbegabtengymnasium.«

Schockschwerenot!

Das also war die Mutter der Geige spielenden, Mandarin sprechenden Klassenbesten.

»Freut mich«, erwiderte ich so liebenswürdig, wie es mir möglich war, »und um gleich Ihre Frage zu beantworten: Frau Hecker-Schönlein erwartet ein Baby.«

»Davon hat man aber vor den Ferien noch nichts gesehen«, warf die Blauhaarige ein.

»Das mag sein, die Kollegin ist in einem recht frühen Schwangerschaftsstadium. Die Ärzte haben ihr ein sofortiges Berufsverbot erteilt, weil sie nicht genug Antikörper gegen diverse ansteckende Krankheiten hat.«

»Sie hat also die Rötelnimpfung verpeilt und verbringt ihre Schwangerschaft jetzt auf der Couch, anstatt unsere Kinder zu unterrichten«, stellte die Blauhaarige fest und schüttelte entnervt den Kopf.

Am liebsten wollte ich ihr aus vollstem Herzen zustimmen, denn wer als Lehrerin arbeitet und Familienplanung betreibt, sollte das Thema Antikörper längst geklärt haben. Die Leidtragenden waren mal wieder die Kinder.

Wobei – im Augenblick war eher ich die Leidtragende, denn die Empörung der Eltern ging, während Frau Hecker-Schönlein ohne Antikörper auf der besagten Couch lag, direkt auf mich über. Als hätte ich persönlich der werten Kollegin die Schutzimpfung versagt.

»Nun, eine Diskussion dieses Tatbestandes ist nicht zielführend, daher schlage ich vor, wir brechen sie an dieser Stelle ab«, rief ich verzweifelt. Mein Rufen wurde ignoriert. Nervös begann ich, auf und ab zu stöckeln. Ich verfluchte die roten

Pumps. Ich verfluchte Judiths komplettes Outfit. Nicht genug, dass diese Verkleidung kein bisschen half, mir hier Respekt zu verschaffen, sie war auch noch unbequem. Ich fühlte mich unwohl in meiner Haut, in diesen Klamotten und in diesem Klassensaal.

Ach, hätt' ich doch nur etwas Gescheites gelernt. Gärtnerin, zum Beispiel. Von Pflanzen, die nervige Diskussionen anfingen, hatte ich noch nie gehört. Oder Motivationscoach, so wie Judith. Da verdiente man einen Haufen Geld und das alles für superblöde Tipps, die nicht funktionierten. Wie lächerlich: Als ob es auch nur das Geringste bewirken könnte, wenn ich mir vorstellte, ich sei Astronautin.

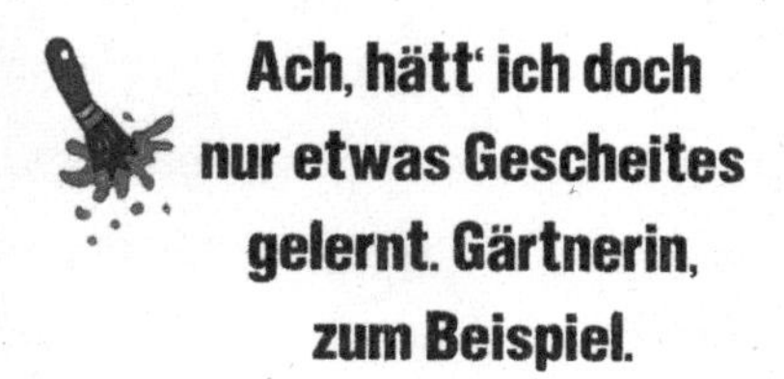

Stille im Saal.

»Was meinten Sie damit?«, fragte der Cordhosen-Träger.

Wovon in aller Welt redete er bloß?

»Sie sagten irgendetwas über eine Astronautin«, sagte die Stämmige mit den herausgewachsenen Strähnchen.

Das durfte doch nicht wahr sein! Ich musste wohl laut gedacht haben. Schnell, ich brauchte eine Eingebung.

»Ähm, na ja, das ist so ein Projekt«, improvisierte ich. »Nach den Herbstferien entwickeln wir gemeinsam ein Theaterstück zum Thema: Ich bin Astronaut. Dazu kommen Unterrichtseinheiten in Sachkunde zu den Himmelskörpern und in Sport üben wir einen Raketentanz ein.«

Raketentanz, Grundgütiger! Was redete ich da bloß?

Ich musste mich bremsen, bevor die Fantasie noch ganz mit mir durchging und ich womöglich behauptete, mit meiner zweiten Klasse in Mathe Textaufgaben zum Thema Lichtgeschwindigkeit lösen zu wollen.

»Offen gesagt: Mir ist es piepegal, wie Sie meinem Marvin den Stoff beibringen. Fassen Sie sich bitte kurz, schließlich habe ich gleich noch einen Anschlusstermin.« Das war der humorlose Typ im Businessanzug, den ich vorhin fälschlicherweise für den Vater der hochbegabten Annalouisa gehalten hatte. Dabei ist sein Sohnemann der Trash-TV-Junkie. So kann man sich irren.

Ich wollte zu einer Antwort anheben, da mischte sich auch die Korkenzieherlockenfrau ein: »Also wirklich, Astronaut. Was für ein maskulines Rollenklischee. Damit können sich Mädchen doch gar nicht identifizieren«, beklagte sich Leonora von Buschhof.

»Ähm ...«, machte ich hilflos und suchte fieberhaft nach einer klugen Erwiderung. Doch bevor mir etwas einfiel, kam mir eine der gepiercten Mütter zur Hilfe.

»Was heißt hier maskulines Rollenklischee? Warum sollten Mädchen keine Astronautinnen werden? Das ist ja wohl das Letzte!«

Zustimmendes Gemurmel. Nur der humorlose Anzugträger presste verärgert die Lippen zusammen. Und die Korkenzieherlockenfrau schwieg beleidigt.

»Wunderbar, dann sind wir uns ja einig«, lächelte ich. »Wenn ich recht informiert bin, waren die Elternvertreter nur für ein Jahr gewählt. Es stehen also Neuwahlen an. Gibt es Kandidaten? Vorschläge?«

Die Korkenzieherlockenfrau zuckte zusammen. Es würde ihr doch wohl niemand das Amt streitig machen?

Was folgte, war die typische Ruhe nach dieser Ämterfrage. Alle starrten vor sich auf den Boden. Ein triumphierendes Lächeln breitete sich auf Leonora von Buschhofs Gesicht aus. Sie atmete tief ein und wollte gerade den Arm heben, um sich selbst vorzuschlagen, als die Blauhaarige aufstand.

»Ich würde das gern machen.«

Spontan erhob sich auch der Cordhosen-Träger.

»Den Stellvertreterposten könnte ich dann übernehmen.«

Die Korkenzieherlockenfrau ließ den Arm sinken. Sie hatte die Schlacht verloren, noch bevor sie angefangen hatte.

Von ihr hatte ich erst mal keine scharfen Schüsse zu befürchten. Vielleicht war ich doch eine Heldin? Grinsend teilte ich die Wahlzettel aus. Die Absätze von Judiths roten Stöckelschuhen klapperten fröhlich auf dem Linoleumboden. Ich beschloss, meine Freundin zu einem echten Weiberabend einzuladen. Wir könnten Cocktails trinken (Blue Moon, was sonst), Astronautenkost futtern, uns *Barbarella* ansehen und anschließend feierlich mein Twinset verbrennen.

KAPITEL 4:

Macht, Ideologie und Territorialkämpfe

Wie in jedem Krieg geht es auch auf dem Schlachtfeld Elternabend darum, neue Gebiete zu erobern und die Macht auszudehnen. Insbesondere, was die Gestaltung und Vermittlung des Unterrichtes angeht, mit dem die Eltern eigentlich immer unzufrieden sind.

Beide Parteien - Lehrer sowie Eltern - sind davon überzeugt, dass sie für die richtige Ideologie einstehen. Weshalb auch für jede noch so kleine Winzigkeit bis zum bitteren Ende gekämpft wird, nur damit klar ist, wer der Profi ist, wenn es um die Aufzucht und Pflege der Brut geht.

Wohin dieser Kampf führen kann, das wissen Eltern und Lehrer zu berichten.

KLASSENFAHRTEN

Der Wind peitschte den Regen gegen die Windschutzscheibe meines alten Volvos. Hinter mir lag ein langer Tag. Ich war um sechs Uhr früh aufgestanden, hatte Frühstück gemacht, meine Tochter zur Bushaltestelle gefahren, wo wir nur die Rücklichter des Busses gesehen hatten, und hatte daraufhin meine Tochter direkt zur Schule gebracht. Danach war ich mit dem Hund hinausgegangen, hatte das Haus gesaugt, Essen gekocht (der Geruch von Linsensuppe am Morgen ist ein Killer), Zettel mit Herzchen und Gebrauchsanweisung zur Hundefütterung (»Nur die halbe Dose«) geschrieben und geduscht. Weil keine Zeit gewesen war, noch groß über meine Garderobe nachzudenken, hatte ich die schnelle Variante schwarz zu schwarz gewählt, kurz den Hund getätschelt und war mit Schleimspuren seiner überschäumenden Freude am dunklen Jackett zur Arbeit gefahren. Dort hatte ich Konferenzen beigewohnt, der Tochter am Telefon verbal die Tränen getrocknet und per Fernhilfe ihren Computer wieder zum Laufen gebracht, am Nachmittag schnell zwei Mohrrüben und einen Schokoriegel gegessen, die Kollegen zur Eile angetrieben, um den Arbeitsplatz dann doch nicht früher, sondern später als üblich zu verlassen.

Durch den Regen starrend, träumte ich nun von meiner karierten Schlafanzughose, dem Sofa und einer Pizza. Vor mir lagen jedoch fünfzig Kilometer, etwa dreizehn Ampeln, eine Autobahn, diverse Dorfstraßen und am Ziel die Hölle.

»Entschuldigung«, murmelte ich pflichtschuldig und huschte nach hinten in die letzte Reihe, wo ich früher schon am liebsten gesessen hatte. Aus dem Augenwinkel nahm ich die Armee der mich mit Blicken zurechtweisenden Eltern wahr. Ihre Mundwinkel zuckten vor Empörung, weil ich diesem Event mit meiner Unpünktlichkeit die höchste Priorität abgesprochen hatte.

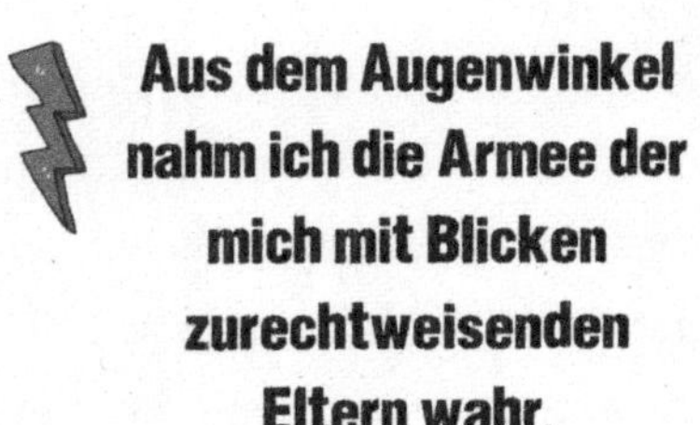

Die Lehrerin räusperte sich und sprach weiter. Das Protokoll musste dank meiner Unpünktlichkeit eine andere Mutter führen. Das Klingeln eines Handys schreckte die Gesellschaft erneut auf. Alle drehten sich um und suchten nach dem Ignoranten, der vergessen hatte, sein Mobiltelefon abzustellen. Natürlich ich. Zerknirscht lächelte ich in die Runde. Das Display verriet mir, dass es meine Tochter war. Wahrscheinlich wollte sie nur wissen, wann ich wieder nach Hause kam. Ich hauchte so leise wie möglich »Hallo, warte mal kurz« ins Telefon und drückte mich schuldbewusst wieder an den Stühlen vorbei zur Tür, die ich möglichst behutsam hinter mir ins Schloss zog. Es war natürlich nichts Schlimmes passiert, aber das lang gezogene, einsame »Wannkommstdu?« zog mir das Herz zusammen. Ein paar tröstende Worte später quetschte ich mich wieder, verfolgt von ungehaltenen Blicken, durch die Stuhlreihen an meinen alten Platz.

Sie wollten die Kinder mit fünfzig Euro Taschengeld und Handyverbot auf Klassenfahrt in die Großstadt schicken. Mittags müssten sich die Jugendlichen selbst mit Nahrung versorgen. Fünf Tage standen auf dem Programm. Jetzt war ich diejenige, die empört in die Runde blickte. Nur fünfzig Euro? Und wieso Handyverbot? Eine Mutter glänzte mit einer spaßfreien Rechnung, der zufolge ihre Laura-Maria mittags maximal eine Kinderpizza und eine Fanta verzehren und sich mit etwas Glück am Abend noch ein Wasser leisten könnte.

Und das Handy? Alle Anwesenden sprachen ihrer eigenen Nachzucht jeglichen verantwortungsbewussten Umgang mit dem technischen Gerät ab und meinten, die süchtelnde Brut vor sich selbst beschützen zu müssen. Ich hielt mein brodelndes Inneres unter Verschluss, war aber fassungslos angesichts dieses Eingeständnisses der Unfähigkeit und des mangelnden Vertrauens fast aller anwesenden Eltern. Nur der Mann vor mir wagte ein verstohlenes Kopfschütteln. Ein Verbündeter. Er drehte sich um und als sein Blick bei mir landete, rollte ich leicht mit den Augen. Er lächelte.

Die Mehrheit beschloss, dass alle Handys eingesammelt und auf Verlangen, jedoch nur für einen Anruf nach Hause, wieder ausgehändigt werden könnten. Ich entschied, meiner Tochter das alte Handy aus meiner Gerätesammlung zur offiziellen Abgabe mitzugeben, damit sie ihr eigenes Handy wie gewohnt bei sich tragen konnte. Sie konnte sehr gut damit umgehen und es bestand keine Suchtgefahr. Selbstverständlich würde ich ihr auch mehr als fünfzig Euro mitgeben. Dieser heimliche Protest war nach meinem Empfinden noch nicht einmal ziviler Ungehorsam.

Nächster Punkt auf der heutigen To-do-Liste: Die Kinder sollten zwei halbe Tage zur freien Verfügung haben, um die Stadt auf eigene Faust zu erkunden. Wie cool! Zwei Nachmittage frei in Berlin! Meine Begeisterung währte nur eine gefühlte Hundertstelsekunde.

Ob die Lehrer zu faul seien, sich um ein kulturelles Programm zu kümmern, entrüsteten sich einige. Warum denn kein gemeinsamer Besuch des Checkpoint Charlie vorgesehen sei?

Die Lehrerin, die mein vollstes Vertrauen genoss, antwortete mit leiser Stimme. Es werde eine Rallye geben, die auch eine Frage zum Checkpoint Charlie beinhalte. Ebenso zum Kanzleramt. Im Normalfall müsse jeder diese Stationen ablaufen, um die Fragen zu beantworten.

»Das machen die doch nie. Die lungern in den Geschäften herum und schreiben dann irgendwas auf den Zettel«, entrüstete sich eine Frau in der ersten Reihe, die sich wahrscheinlich wünschte, ihre 15. Diät hätte besser funktioniert.

Eine Mutter meinte gar, alle Mädchen gingen dann ausschließlich shoppen.

»Mit fünfzig Euro, die fünf Tage für Essen und Trinken reichen müssen?«, fragte ich zynisch und schnaubte. Die Meute drehte sich zu mir um und attackierte mich mit scharfen Blicken. Das Tier in mir war geweckt, zum ersten Mal, seit ich diese Zumutung ertragen musste. Diese Zumutung, die sich Elternabend nennt und der ich bereits viel zu viel Zeit - kostbare Lebenszeit - gewidmet hatte. Doch nun war meine Geduld am Ende. Stoisch hatte ich sie ertragen: die Welchen-Rand-soll-das-Heft-haben-Eltern, die Warum-hatte-mein-Sohn-keine-Jacke-an-Mütter und die Da-muss-man-doch-mal-was-machen-Väter. Doch jetzt hatte ich genug.

Stoisch hatte ich sie ertragen: die Welchen-Rand-soll-das-Heft-haben-Eltern, die Warum-hatte-mein-Sohn-keine-Jacke-an-Mütter und die Da-muss-man-doch-mal-was-machen-Väter.

Bebend vor Wut erhob ich mich und umklammerte den Tischrand. Das angetrocknete Kaugummi unter der Tischplatte, das sich direkt an meinen Fingernagel geheftet hatte, schüttelte ich unwirsch ab. Das mintgrüne Ding landete auf dem Tisch neben mir. Mit zusammengekniffenen Lippen angelte die Frau, auf deren ordentlich ausgebreitetem Ringblock es nun klebte, ein Taschentuch hervor und beseitigte es mit spitzen Fingern. Das Tier in mir brüllte. Ob denn keiner mehr Vertrauen in sein eigenes Kind habe. Nicht alle Mädchen dächten mitten in Berlin ausschließlich an Modeketten.

Vielleicht an Jungen, mit denen sie vor dem Brandenburger Tor oder an der Spree herumhängen konnten. Aber nicht an Blusen, die den Taschengeldrahmen von fünfzig Euro sowieso sprengten. Da kauften sie sich lieber ein Bier. Und ja, ich gönnte es ihnen. Unsere Kinder waren bereits Jugendliche. Wir verlangten von ihnen, nach zwölf Jahren das Abitur abzulegen, wollten ihnen offiziell zugestehen, dass sie anschließend in die große Welt zögen, um dort Verantwortung zu übernehmen. In einem Beruf, von dem sie im Moment noch nicht ansatzweise ahnten, dass er irgendwann der ihre sein würde. Weil sie erst sechzehn waren, oder noch jünger, die armen Früheingeschulten und Klassen-Überspringer, deren Eltern sie für überintelligent hielten. Wir konnten nicht mehr am Klettergerüst stehen, um unsere Kleinen aufzufangen, falls einmal ein Schritt danebengehen sollte. Wieso trauten sie ihren Kindern nichts, aber auch gar nichts zu? Diese Kinder sollten gefälligst in der Lage sein, nach zwölf Schuljahren einen Beruf zu wählen, den sie den Rest ihres Lebens schön fänden, aber in Berlin durften sie kein Handy benutzen. Obwohl ein Handy zu ihrer Welt gehöre und die Mütter, die ihre Kinder vor der Handysucht bewahren wollten, den Tag damit verbrächten, ihre Kinder auf Facebook zu stalken.

Eigentlich war ich ein ruhiges Wesen. Zurückhaltend. Friedlich. Doch jetzt hatte sich mein Tier losgerissen und es war noch nicht fertig.

»Sicher«, sagte ich, »es wird immer mal ein paar Ausreißer geben. Solche, die zu viel Wodka trinken und dann nach Hause geschickt werden müssen. Aber sollten wir ihnen das schon im Vorfeld unterstellen? Könnte es nicht auch sein, dass unsere Kinder sich einfach verantwortungsbewusst verhalten, sich eine schöne Zeit in Berlin machen, die Atmosphäre der Stadt einsaugen?? Deren Kultur? Deren Lebensfluss? Müssen sie dafür unbedingt ein Nonstop-Programm haben und mit einem Taschengeld-Minimum von vornherein so behindert werden, dass sie es gar nicht erst wagen, ein Lokal zu betreten? Und dürfen sie nicht vielleicht sogar eine Fotonachricht mit dem Handy nach Hause schicken, auf der das Brandenburger Tor zu sehen ist? Oder der Checkpoint Charlie?«

Drohend sah ich direkt in die weit aufgerissenen Augen der anderen Eltern. Dann sank ich erschöpft zusammen.

Der Vater vor mir klatschte in die Hände, laut und in Zeitlupe.

»Was soll ich denn jetzt in das Protokoll schreiben?«, meldete sich die Übereifrige zu Wort.

In meinen Ohren rauschte es. Mein Kreislauf war kurz vorm Kollabieren. Ich hörte die etwas zu hohe Stimme einer Mutter sagen, dass ihre Tochter sicher keinen Alkohol trinken werde, aber die anderen ... Das Tier in mir wollte gerade wieder hervorbrechen. In diesem Moment spürte ich eine kühle Hand auf meiner Schulter, die sanft an mir rüttelte. Eine tiefe Stimme redete beruhigend auf mich ein. Es war die des Mannes, der neben mir im Bett lag. Offensichtlich hatte ich im Schlaf gesprochen. Ich war schweißgebadet.

»Du musst da nicht mehr hin«, sagte er. Im fahlen Mondschein der Nacht sah ich seine Silhouette. »Deine Tochter hat Abitur.«

WER AM LÄNGEREN HEBEL SITZT ...

»Was war das?« Ich presste das Handy fest an mein Ohr. Das konnte er nicht ernst meinen, oder?

»Schatz, versteh mich bitte nicht falsch.«

Ich konnte selbst durchs Telefon seine Hundeaugen sehen. Und das ganz ohne Skype. Nur um sicherzugehen, fragte ich ihn: »Das ist nicht dein Ernst, oder?«

»Liebling«, säuselte er, »lass dich davon nicht nervös machen. Doch ich habe es aus zuverlässiger Quelle, wirklich.«

»Moment mal, Alf.« Wenn ich nicht schon gesessen hätte, dann hätte ich jetzt Platz nehmen müssen. »Das hier ist mein Job. Die Kinder sind alle gleich ...«, begann ich meinen Gerechtigkeitsvortrag.

Er lachte. Zumindest tat er so. »Das hat doch nichts mit den Noten zu tun. Ich will doch nur, dass du ein bisschen freundlich zu der alten Schachtel bist. Du weißt schon.«

Irgendwie fühlte ich mich so, als hätte ich gerade einen Staubsauger aufgeschwatzt bekommen.

»Alf!«, versuchte ich mich zu wehren.

Sein Kichern brachte mich aus dem Konzept.

»Das ist doch nicht zu viel verlangt, oder? Nur ein bisschen nett sein. Ist doch kein Problem für dich, das weiß ich.«

Offenbar lebte mein Mann in einem Paralleluniversum. Wusste er denn nicht, dass meine Schüler mich hinter meinem Rücken als »die Axt« betitelten?

Alf fuhr unbeeindruckt fort: »Sei einfach freundlich, wenn die Sekretärin von Stadtrat Fischer heute zum Elternsprechtag kommt.«

»So wie immer?«, fragte ich nicht ohne Hintergedanken.

Er schluckte. Ich kannte ihn gut genug, um zu wissen, dass er die Falle witterte. Er änderte seine Taktik.

Offenbar lebte mein Mann in einem Paralleluniversum. Wusste er denn nicht, dass meine Schüler mich hinter meinem Rücken als »die Axt« betitelten?

»Fischer leitet das Baudezernat. Kannst du dir vorstellen, was das für unseren Bauantrag heißt? Wir können die Garage umbauen!«

»Wir.«

»Ja klar, wir«, erwiderte er beharrlich und auch ein wenig stolz. Der Umbau war sein aktuelles Projekt. Und das hatte bestimmt nichts damit zu tun, dass sich Alf schon seit Jahren ein Billardzimmer wünschte.

»Mal schauen.«

»Die Garage, Schatz. Es geht um die Garage.«

Ich gab mich geschlagen. Nicht wegen des blöden Billardzimmers, sondern weil ich keine Lust hatte, das finstere Gesicht meines Mannes allabendlich zu ertragen. Manchmal fragte ich mich, warum Eva den Apfel nicht einfach gegen Adams Kopf geworfen hatte. Das hätte Jahrtausende voller Missverständnisse verhindern können.

»Wie heißt sie?«, fragte ich so ruhig wie möglich.

»Wer?«, fragte der Mann, den ich angeblich geheiratet hatte. Ich sollte mich vielleicht doch noch mal vergewissern, ob auf der Heiratsurkunde der richtige Name stand.

»Die Sekretärin.«

»Ach die.« Es wurde ruhig am anderen Ende. »Keine Ahnung.«

»Alf!«, entfuhr es mir und ich fühlte mich in dieser Sekunde ein bisschen wie besagte Axt.

»Ist doch nicht so wichtig, oder? Du kannst sie auch einfach fragen ...«

Dank dieses geistreichen Vorschlags wurde mir klar, dass es besser war, das Gespräch zu beenden. Es wurde Zeit, sich auf die Elternsprechstunde zu konzentrieren. Nur schweiften meine Gedanken immer wieder ab. Zum Baudezernat und der Sekretärin von Herrn Fischer.

Aber wer sollte das bitte schön sein? Wer aus dem Baudezernat hatte ein Kind in einer meiner Klassen?

Ein unangenehmes Kribbeln breitete sich über meinen Rücken aus und ich spürte einen deutlichen Druck in der Blasengegend. Ich konnte nicht verleugnen, dass mir ein bisschen schlecht wurde.

Für jeden normalen Bürger war das Baudezernat ein ebenso überflüssiges Amt wie jedes andere. Nicht so für Alf. Und in seinen Augen hing nun alles einzig und allein von mir ab.

Im Geiste ging ich die Kinder durch, die ich unterrichtete. Wenn ich vom elitären Anspruch des Bauamts ausging, dann konnte ich einige Kandidaten in jedem Fall schon mal von meiner Liste streichen.

So saß ich in meiner Zelle, pardon, dem kleinen »Büro« am Ende des Kellers direkt neben dem Heizungsraum. Man hatte mich extra für den Elternsprechtag in Isolationshaft geschickt, damit ich weitab von der Öffentlichkeit auf das nächste Verhör warten konnte. Oder die Hinrichtung. Je nachdem, wer kam. Baudezernat ...

Wahrscheinlich deckte die Genfer Konvention so etwas wie Elternsprechtage nicht ab. Ganz sicher sogar. Ich hatte mal von einem Kollegen gehört, der nach einem Elternsprechtag für mehrere Monate in die Psychiatrie gehen musste.

Das konnte ich mir glatt vorstellen.

Ganz ruhig bleiben, einfach tief ein- und ausatmen. Wie war das gleich noch einmal mit der yogischen Wechselatmung? Durch die Nase ein- und durch den Po wieder ausatmen? Vielleicht sollte ich noch mal austreten?

Wie war das gleich noch einmal mit der yogischen Wechselatmung? Durch die Nase ein- und durch den Po wieder ausatmen?

Ein rascher Blick auf die Uhr machte diese Hoffnung zunichte. Es war zwei Minuten vor 18 Uhr und das hieß, dass gleich der Startschuss für die Elternrallye fiel.

Möglicherweise sollte ich einfach ein Schild heraushängen: »Nur für Mitarbeiter des Baudezernats.«

Noch ehe ich den Gedanken in die Tat umsetzen konnte, klopfte es schon an meiner Tür. Verdammt.

Ein kleiner Mann mit runder Brille kam herein.

»Guten Abend«, sagte ich. War die Sekretärin vielleicht ein Er?

Er nuschelte etwas, das ich nicht verstehen konnte.

»Mein Name ist Sophie Bergmann. Ich unterrichte Deutsch.« Die meisten kannten mich nur unter dem Spitznamen. Sie wissen schon.

Wieder nuschelte er etwas. Angestrengt lauschte ich dem, was eigentlich Worte sein sollten. Hey, ich war ja nicht doof, oder? Klein, rundlich, nuscheln? Auf diese Beschreibung passte doch nur einer - der Johannes. Wie der Vater, so der Sohn. Wenn es einen Schüler gab, der Division für eine Krankheit hielt, dann war es dieser hypochondrische Junge. Dieser Mann konnte nicht vom Bauamt sein, er sah auch gar nicht aus wie ein Sekretär. Eher wie ein Steuerprüfer.

Also begann ich zu erzählen. Dass der Junge unaufmerksam sei, dass er sich nicht richtig konzentriere und dass er dringend einen Besuch beim Logopäden brauche. Ebenso sein Vater. Das Letztere dachte ich lieber nur.

Der Mann hörte sich alles brav an, bis ich fertig war. Dass er dabei schaute wie ein Filly-Pferdchen zu Besuch bei Micky Maus irritierte mich nur ein bisschen.

»Aber ich denke, dass Johannes das Zeug zu einem guten Schüler hat, auch in Deutsch«, schloss ich mein Urteil ab.

Die Stirn in Falten gelegt, erhob sich der Mann. Noch einmal versuchte er mir etwas mitzuteilen und bemühte sich um jede Silbe. Dabei benahm er sich, als hätte er es mit einer Schwachsinnigen zu tun.

»Wer-ist-Jo-han-nes?«

Es traf mich wie ein Schlag ins Gesicht.

»Dann sind Sie nicht Herr Gäbler?«

Er schüttelte seinen runden Kopf.

»Ich wollte eigentlich zu Frau Buhlmann.«

Ausgerechnet zu der Buhlmann mit ihrer Leibeserziehung. Sadomaso in Reinform. Ich wünschte dem Mann, der nicht der Vater von Johannes Gäbler war, viel Glück. Auch wenn das bei der Buhlmann nicht viel helfen würde.

Kaum war mein erster Besucher verschwunden, sah ich auf die Uhr. Drei Minuten nach sechs. Wieder zu knapp, um aufs Klo zu gehen. Verdammter Mist. Aber wenigstens Zeit genug, um mir noch so eine Pleite zu ersparen. Ich stand auf und ging schnell zur Tür. Vorsichtig lugte ich hinaus. Der Flur war leer. Die weißgetünchten Steine wirkten irgendwie kahl, lediglich die PVC-Rohre an der Decke sorgten für etwas Abwechslung. Das hier war kein Schulhaus, sondern ein Labyrinth, ein Geisterhaus, das Hotel aus *Shining.* Zumindest kam es mir im Moment so vor. Es fehlte nur noch, dass sich der Graf von Monte Christo mit dem Löffel in seinen klammen Fingern an mir vorbeischleppte.

Neben der Tür standen zwei Stühle und an einer Pinnwand darüber hing eine Liste. Selten in meinem Leben habe ich eine derartig deprimierende Liste gesehen. Bis auf zwei gekritzelte Namen war sie völlig leer.

»Schubert«, entzifferte ich den ersten Eintrag. Darunter, zwei Zeilen tiefer und damit etwa zehn Minuten später, stand »Hebler«. Na gut. Immerhin zwei Besucher, das war besser als nichts. Einer von den beiden würde hoffentlich diese Sekretärin sein. Alles, was ich jetzt tun konnte, war warten.

Nur wäre es viel einfacher gewesen, wenn mich der Ruf der Natur nicht so unter Druck gesetzt hätte. Allein das Wort Druck genügte, damit ich mich unwohl fühlte. Die nächste Toilette befand sich im Erdgeschoss. Mit etwas Glück konnte ich es schaffen, bis zum Termin mit den Schuberts wieder da zu sein. Egal, ich musste es versuchen.

Da brummte mein Handy.

Immer musste man sofort rangehen, auch wenn man wusste, dass es unnötig war. Denn eigentlich war es niemals wichtig. Genauso wenig jetzt. Es war lediglich eine SMS. Natürlich von meinem Mann.

»Schon da gewesen?«

Natürlich, er interessierte sich nur für sein Billardzimmer.

»Nein«, tippte ich und kaum, dass die Nachricht verschickt war, hörte ich auch schon das unverkennbare Geräusch von Stöckelschuhen auf dem Steinboden. Die Frau, die mir langsam entgegenkam, war mehr als nur ein bisschen overdressed. War das etwa Frau Schubert? Hochsteckfrisur, jede Menge Schminke und ein viel zu enges Kleid. Ein derber Kontrast zu mir in meiner durchgerockten Jeans und dem ausgeleierten Pulli.

Ich streckte mich. Was da auf mich zukam, hatte definitiv Dezernatsniveau.

Die Frau blieb direkt vor mir stehen. Sie präsentierte ihre viel zu großen Zähne mit einem Lächeln, dann strich sie den nächsten Namen in der Liste durch, nur um ihn drei Zeilen tiefer wieder einzutragen. »Ich muss noch mal zu Englisch. Würde es Ihnen was ausmachen, vorzugehen?«

Brav nickte ich. Auch wenn mir gerade klar wurde, dass sie mich mit einer Mutter verwechselte.

»Diese Lehrer haben doch alle keine Ahnung von unseren Kindern. Bin ja mal gespannt, was die mir erzählen will.« Schon stöckelte sie davon.

Mehr als nur ein bisschen verwirrt sah ich ihr hinterher. Wenn das die Mutter von Jens Schubert war, dann kam der aufmerksame Junge gewiss nach dem Vater.

Ich blickte wieder auf die Uhr. Noch mehr als 15 Minuten dank der Verschiebung. Ich spurtete los in Richtung Treppenhaus. Die Gesichter der Menschen, an denen ich vorbeihastete, waren mir egal. Endlich erreichte ich die Toilette. Mit einem strahlenden Lächeln packte ich den Türgriff.

Besetzt! Das konnte doch nicht wahr sein ...

Während ich überlegte, wie lange ich warten konnte, brummte erneut mein Handy.

»Hoffe, du hast nicht zu viel Stress«, stand da geschrieben.

Ich antwortete: »Noch keine Sekretärin da.«

Dann machte ich mich auf den Rückweg. Gerade noch rechtzeitig kam ich in meiner Zelle an, um die nächste Besucherin zu begrüßen.

»Sind Sie nicht Frau Bergmann?«

Ich nickte freundlich und bat sie, sich zu setzen. Was sie auch tat. Die Frau schien freundlich zu sein, wenn auch zurückhaltend. Sie war mittleren Alters und wirkte irgendwie gemütlich. Der Liste nach war es Frau Hebler. Da tat es mir leid, denn Steffen war alles andere als ein leichter Fall.

»Ihr Junge ist nicht gerade einfach ...«, versuchte ich das Gespräch in Gang zu bringen.

Dass sie verständnisvoll nickte, war mir Bestätigung genug. Das ist gut so, als Mutter sollte sie ihn schließlich kennen, oder?

Ich holte weit aus, erklärte ihr die pädagogische Wichtigkeit von Konsequenzen und warum wir den Kindern nicht erlauben konnten, in die Trinkflaschen ihrer Mitschüler zu pinkeln. Mit jedem Zwischenfall, den ich Frau Hebler gegenüber erwähnte, nickte sie noch ein bisschen heftiger und ihr Kopf neigte sich ein Stück mehr gen Boden.

Sie tat mir so leid, dass ich beinahe meine überfüllte Blase vergaß.

»Aber seine Noten sind doch gut?«, warf sie ein.

»Na ja«, gab ich zu bedenken. »Die blauen Briefe relativieren das natürlich etwas. Wir können im Nachhinein auch nicht mehr sagen, bei wie vielen Arbeiten der Junge mithilfe seines Handys geschummelt hat.«

Die arme Frau wurde aschfahl. »Blaue Briefe?«

Ich stutzte. »Haben Sie die nicht bekommen?« Die Axt, da war sie schon wieder.

Deutlich sah ich die Tränen, die sich in den Augenwinkeln der überforderten Mutter sammelten. »Er ist doch so ein guter Junge ...«, stammelte sie.

Ja, ja, die Nummer mit dem guten Jungen hatte er echt drauf.

»Keine Sorge.« Ich nahm ihre Hand, denn nun kam der härteste Teil.

»Unsere Schulpsychologin hat bereits eine Verhaltensstrategie entwickelt, um Ihrem Jungen zu helfen.«

Dieser Satz leitete das Ende ein. Frau Hebler brach in Tränen aus und ich kramte nach einem Taschentuch. Dabei achtete ich nicht auf das brummende Handy in meiner Tasche. »Wir kriegen das schon hin mit Steffen ...«, sagte ich, um sie zu beruhigen.

Da wurde es still in dem kleinen Zimmer. Die Tränen versiegten und die Frau sah mich etwas böse an.

»Steffen? Welcher Steffen? Ich bin die Mutter von Jens Schubert.«

Das saß. Das war einfach nicht mein Tag. Die gekritzelten Namen auf der Liste erschienen vor meinem inneren Auge. Wer sollte das auch lesen können? Dagegen sah die Handschrift der Kinder aus wie gedruckt. Nach gefühlten eintausend Entschuldigungen meinerseits verließ mich Frau Schubert wieder. Deutlich zufriedener als noch vor ein paar Minuten.

Draußen wartete ungeduldig Frau Hochsteckfrisur. Als sie mich erkannte, verflog ihr strenger Gesichtsausdruck.

»Sind Sie die Mutter von Steffen Hebler?«, fragte ich vorsichtshalber.

Sie nickte, ehe sich die Maske der Selbstsicherheit in ihrem Gesicht erneuerte.

»Das hat ja ziemlich gedauert«, lamentierte sie.

Ich zwang mich, freundlich zu lächeln. »Arbeiten Sie nicht im Baudezernat?«

Das steigerte ihre Verwirrung nur noch mehr. »Für Herrn Dr. Dr. Fischer«, sagte sie nicht ohne Stolz.

Wenn die Axt mit ihr fertig war, würde sie weinend aus dem Zimmer kriechen. Es gab kein besseres Druckmittel als einen ausgewiesenen Problemschüler.

»Für Steffen läuft doch alles gut in der Schule?«, fragte sie. »Keine Sorge«, sagte ich der echten Frau Hebler. »Ich bin gleich zurück.« Mit diesen Worten schlenderte ich zufrieden in Richtung Toilette. Das brummende Handy schaltete ich aus. An manchen Tagen passt einfach alles.

BILDUNG HIN ODER HER

Nervös blickte ich auf die Uhr und seufzte.

18.50 Uhr.

Mein Mann und ich saßen im Auto und ... standen im Stau. Das lag daran, dass wir uns mitten im Feierabendverkehr mit Hunderten anderer Autos gleichzeitig durch die Innenstadt quälten, was für sich genommen schon bescheuert genug war. Seit Wochen wurden hier neue Rohre verlegt und man fiel buchstäblich von einem Loch ins nächste. Zentimeter für Zentimeter ruckelte unser Auto an den rot-weiß-gestreiften Warnbaken der Baustelle vorbei, die mir wie Mahnmale vorkamen. Die Ampel sprang von Gelb auf Rot. War sie überhaupt grün gewesen? Es kam mir nicht so vor. Mit einem Ruck blieben wir stehen. Wieder flog mein Blick zur Uhr.

18.52 Uhr.

Um 19 Uhr sollte der Elternabend am Gymnasium unserer Tochter beginnen. Und wir mussten noch auf die andere Seite der Stadt. Wieder verließ ein tiefer Seufzer meinen Mund.

»Ich kann doch auch nichts dafür«, entschuldigte sich mein Mann mit einem gequälten Seitenblick. »Ich habe extra heute Morgen zu meinem Chef gesagt, dass ich spätestens um sechs los muss. SPÄTESTENS! Aber in dem Meeting heute Mittag hat er wieder endlos lange gefaselt. Und dann musste ich noch das Angebot für diesen neuen tschechischen Kunden fertig machen.«

Bei Stefan war immer alles brandeilig, egal ob die Kunden nun tschechisch oder chinesisch sprachen. Stefans Chef musste öfter als Sündenbock herhalten, wenn mein Mann abends mit Verspätung aus der Firma kam und wir deshalb lange nach der Verwandtschaft zu einer Geburtstagsfeier erschienen. Ich hasste es, immer die Letzte zu sein und nur noch den Platz in der hintersten Ecke abzukriegen. Die heute Morgen von ihm sehr dezent eingeworfene Frage, ob ich nicht allein zum Elternabend gehen könne, hatte ich geflissentlich überhört. Schließlich war Simone auch sein Kind und wenn wir uns schon das Sorgerecht teilten, dann bitte auch die Elternabende. Wäre ja noch schöner! Deshalb presste ich meine Lippen aufeinander und sagte lieber gar nichts mehr.

Eine Viertelstunde und mindestens zehn Stoßseufzer später ließen wir die Innenstadt endlich hinter uns und fuhren in den höher gelegenen Stadtteil, in dem das Gymnasium lag, das unsere Simone seit ein paar Jahren besuchte. Schon fünfhundert Meter vor der Schule drängelten sich die Autos so dicht wie Ölsardinen in der Dose. Natürlich hatten sämtliche Klassen zur selben Zeit Elternabend. Seufz! Wir parkten ziemlich verboten auf einer mit weißen Streifen markierten Fläche und ich schickte ein Gebet gen Himmel, dass sich heute Abend keine Politesse mehr in diese Gegend verirrte. Beim anschließenden Hindernislauf über Schlaglöcher und Pfützen verlor ich fast meine neuen High Heels. Warum hatte ich die auch ausgerechnet heute Abend angezogen? Weibliche Eitelkeit eben. An der Treppe zur Schule waren meine Lieblinge von Dreck und Wasser schon total versaut. Völlig außer Puste und wütend über meine eigene Blödheit riss ich die gläserne Eingangstür des Gymnasiums auf.

19.22 Uhr.

Der Elternabend hatte sicher längst angefangen und Simones Klassenlehrerin Frau Liebermann erzählte gerade von der geplanten Studienfahrt ihrer zehnten Klasse nach Paris.

Simone hatte null Bock auf die französische Hauptstadt, auf den Eiffelturm, den Louvre und das Savoir-vivre an der Seine. Sie hatte nicht mal Französischunterricht.

»Viel zu kompliziert«, hatte sie erklärt, als sie zu Beginn der siebten Klasse lieber Spanisch statt Französisch als zweite Fremdsprache wählte. Und Paris? »Warum fliegen wir nicht nach London?«, hatte sie gemotzt. »Da ist es viel cooler und man kann auch viel besser shoppen.«

19.24 Uhr.

Stefan und ich hasteten in Richtung Treppe. Simones Klassenzimmer lag im dritten Stock. Ich nahm zwei Stufen auf einmal und mein Herz raste, als würde ich einen Marathon laufen - und das in High Heels. Nassen High Heels, wohlgemerkt.

»Renn doch nicht so, Mensch«, keuchte Stefan hinter mir. »Dann kommen wir eben noch eine Minute später, das macht den Kohl auch nicht fett.«

»Ich hasse Kohl«, zischte ich.

Dann standen wir vor Raum 332. Leise Stimmen drangen durch die Tür. Ich hörte gerade Frau Liebermann sagen: »Da haben Sie recht, Herr Michels. So sehe ich das auch.«

Ach Gott, der Michels war auch da. Er war der Vater von Marius, dem Streber der Klasse, und er war Staatsanwalt. Weshalb man sich in seiner Gegenwart auch immer wie auf der Anklagebank fühlte.

Stefan öffnete die Tür des Klassenzimmers. Das Gespräch brach ab und alle Augen richteten sich auf uns.

»Ach, Frau und Herr Seelig! Guten Abend.« Demonstrativ glitt Frau Liebermanns Blick zur Uhr über der Tafel.

19.27 Uhr.

»Na, besser spät als nie, nicht wahr?«, flötete sie mit hoher Stimme, als kämen wir zur Chorprobe in die Kirche, und lächelte breit, wobei sie ihre überdimensional großen Schneidezähne entblößte. Ich fragte mich jedes Mal, wie die Frau ihren Mund schließen konnte. Aber das musste sie wohl nicht, denn Frau Liebermann sprach gern und viel und eigentlich immer. Die leuchtend roten Streifen ihrer hellgrauen Bluse erinnerten mich an die Warnbaken der Innenstadt-Baustelle.

Hektisches Stühlerücken setzte ein. Heute Abend waren ziemlich viele Eltern da. Gab es etwas besonders Wichtiges zu besprechen? Hatte ich die Tagesordnung auf der Einladung überhaupt gelesen?

Ich ließ mich auf den Stuhl fallen und streckte meine schmerzenden Füße von mir. Stefan und ich saßen ausgerechnet neben dem Ehepaar Michels, was ich eigentlich hatte vermeiden wollen. Im Gegensatz zu ihrem Mann war Frau Terhagen-Michels ein verhuschtes Mäuschen, das den Mund nur aufmachte, um ihrem vor Testosteron triefenden Gatten zuzustimmen.

»Wie Ihnen Ihre Kinder bestimmt erzählt haben, planen wir in diesem Jahr eine Studienfahrt nach Paris. Darauf freuen wir uns alle schon sehr«, fuhr Frau Liebermann fort.

Alle? Stefan und ich wechselten einen raschen Blick. Frau Liebermann meinte wohl, dass sie selbst sich auf Paris freue. Sie unterrichtete außer Deutsch auch Französisch und Geschichte.

»Wir werden das Angenehme mit dem Nützlichen verbinden«, setzte Frau Liebermann nach, strahlend vor Glück wie ein französisches Atomkraftwerk. »Also die französische Sprache mit der reichhaltigen Kultur der Seine-Metropole. Diese Reise soll schließlich etwas zur Bildung der Schüler beitragen, nicht wahr?«

Aha! Ob ihre Schüler die französische Sprache auch so angenehm fanden wie sie? Ich war mir da nicht ganz sicher. Für mich klangen Frau Liebermanns Ausführungen so, als könnten wir Eltern unseren Kindern überhaupt keine Bildung vermitteln und ihre Schüler verarmten ohne diese Studienfahrt geistig und kulturell. Ich wollte protestieren, aber Stefan warf mir mal wieder einen warnenden Blick zu.

»Genau meine Meinung«, pflichtete Herr Michels bei. »Einen Tag lang im Louvre Geschichte und Kultur einzuatmen, ist jedenfalls besser für die Jugend, als sich nächtelang in technodröhnenden Diskotheken rumzudrücken.«

Frau Liebermann fischte einen Stapel Blätter von ihrem Pult und reichte sie der Mutter, die ihr am nächsten saß, damit sie sie weitergab.

»Studienfahrt nach Paris« stand da. Darunter fanden sich circa 35 Punkte, die Simones Klasse in den fünf Tagen in Paris abarbeiten sollte. Generalstabsmäßig durchgetaktet, von »7.00 Uhr: Aufstehen« über »7.45 Uhr: Frühstück« bis hin zu »22.00 Uhr: Nachtruhe« war für jeden der fünf Tage wirklich nichts vergessen worden. Dazwischen lagen Besuche in diversen Museen und Kirchen, eine Flussfahrt auf der Seine und am vierten Tag das Highlight der Reise: ein Besuch auf dem Eiffelturm. Eine Stadtrallye durch Paris gab es auch, mit »anspruchsvollem« Quiz zu allerlei Sehenswürdigkeiten und einem »tollen Reise- und Sprachführer zu Frankreich« als Hauptpreis für den Gewinner. Na dann, herzlichen Glückwunsch! Das Programm dieser Reise hätte genauso gut von einem Oberfeldwebel für seine Bundeswehr-Einheit stammen können. Die Themen »Spaß« oder gar »Shoppen auf den Champs-Élysées« waren auf dieser Studienfahrt jedenfalls nicht vorgesehen. Simone tat mir jetzt schon leid.

Das Programm dieser Reise hätte genauso gut von einem Oberfeldwebel für seine Bundeswehr-Einheit stammen können.

»Unfassbar«, murmelte Stefan mir ins Ohr, »die armen Kinder.«

»Tschappo, Frau Liebermann«, hörte ich Herrn Michels neben mir rufen.

Tschappo ... Was? Ich grinste still in mich hinein. »Chapeau!«, sollte das wohl heißen. Die Studienfahrt nach Paris brauchte Herr Michels anscheinend dringender als die 10a. Aber der Herr Staatsanwalt ließ sich nicht beirren: »Das ist mal ein Reiseprogramm mit einem Mehrwert an Bildung und Kultur. Das lobe ich mir.«

Sein Mäuschen nickte heftig und in mir stieg Wut auf über so wenig Verständnis für 15- bis 16-jährige Jugendliche. Doch ich kam nicht dazu, diesem Ignoranten von einem Vater meine Abscheu ins Gesicht zu schleudern, denn in diesem Moment wurde die Tür des Klassenzimmers aufgerissen. Ein Mann Mitte fünfzig mit Halbglatze und Bierbauch unterm Karohemd stürmte den Raum.

»Ich grüße Sie, meine Damen und Herren«, legte er gleich los. »Mein Name ist Löffler und ich unterrichte Mathematik in der 10a. Leider gibt es in der Klasse einige Baustellen zu bearbeiten, aber das wissen Sie sicher. Sie kennen Ihre Sprösslinge ja besser als ich.«

Ach richtig, Herr Löffler! Er war nicht unbedingt ein Sympathieträger. Jedenfalls war mir der Kerl beim letzten Elternabend schon unangenehm aufgefallen, als er sein Abiturzeugnis (Gesamtnote Eins Komma irgendwas) mitgebracht und uns Eltern mit stolzem Grinsen unter die Nasen gehalten hatte.

Herr Löffler hatte mit dem Finger auf sein Zeugnis getippt und erklärt: »So ein Zeugnis wollen Ihre Kinder in zwei Jahren natürlich auch gern in der Hand halten. Aber nicht alle werden das schaffen, das kann ich Ihnen flüstern. Denn dazu gehört eine Menge Disziplin, die einige aus dieser Klasse ganz offensichtlich nicht haben. Vor allem nicht in Mathematik.«

»Kotzbrocken«, nannte Simone Herrn Löffler meist und seit er den Matheunterricht in ihrer Klasse übernommen hatte, war ihre Note von einer guten Drei auf eine schlechte Vier gerutscht. Wahrscheinlich war sie auch eine von seinen »Baustellen«. Ich konnte mich gerade nicht entscheiden, wen der beiden Herren ich mehr verabscheute, den Michels oder den Löffler.

Herr Michels nickte dem Mathelehrer zu: »Meine Rede, Herr Löffler. Ohne Disziplin bringt man es heutzutage nicht weit im Leben, vor allem, wenn es später mal um die guten Jobs geht. Das predige ich unserem Marius schon seit Jahren.«

Herr Löffler war voll in seinem Element: »Damit kann man nicht früh genug anfangen. Zum Glück hatte mein Sohnemann das schnell kapiert. Der hat in der Oberstufe jeden Tag zusätzlich zwei bis drei Stunden gebüffelt. Aber nicht, weil wir ihn dazu gezwungen hätten. Nein, weil er das unbedingt so wollte. Am Ende hatte er ein Spitzenabitur in der Tasche, summa cum laude, und jetzt studiert er Jura an einer Elite-Uni. Man will schließlich die optimalste Ausbildung für seine Kinder.«

Herr Michels klatschte so freudig in die Hände wie die Rentner bei Helene-Fischer-Konzerten.

Mein Magen rotierte und bittere Galle blubberte in meiner Speiseröhre nach oben. Jura! Natürlich, was denn sonst? Dieses Mal war Stefans mahnender Blick machtlos und ich funkelte Herrn Löffler wütend an.

Herr Michels klatschte so freudig in die Hände wie die Rentner bei Helene-Fischer-Konzerten.

»Zwei bis drei Stunden zusätzlich jeden Tag? Das ist doch nicht normal. Was haben Sie dem armen Jungen denn ins Essen gemischt? Die Kinder sollten doch ein bisschen Spaß in ihrer Jugend haben und nicht nur Schulwissen in sich hineinstopfen. Der große Stress kommt schon noch früh genug, wenn sie ins Berufsleben einsteigen. Und irgendwann gehts dann los mit Burn-out und solchen Geschichten. Und das alles nur wegen dieses ewigen Erfolgsdrucks. Das kann doch nicht gesund sein.«

Im Klassenzimmer wurde es mucksmäuschenstill. Herr Löffler setzte ein süffisantes Lächeln auf und Herr Michels blitzte mich von der Seite an: »Sie waren wohl nicht auf dem Gymnasium, Frau Seelig? Oder?«

»Äh ... nein«, stotterte ich. »Realschule.«

Herr Michels stieß einen undefinierbaren Laut aus, der mich an das Grunzen eines Wildschweins erinnerte.

»Na ja, jeder muss eben nach seiner eigenen Vorstellung selig werden.«

Ich wusste nicht, ob ich lachen oder wütend schreien sollte. Aber Michels holte tief Luft und sprach sofort weiter: »Wie Sie vielleicht aus den Medien erfahren haben, verehrte Frau Seelig, fehlen unserer Wirtschaft aufgrund des demografischen Wandels jede Menge gut ausgebildeter Fachkräfte. Ingenieure, Akademiker, Führungskräfte. Sie verstehen?«

Ich nickte. Die Zeitungen waren schließlich voll davon.

»Ein guter Freund von uns ist Professor an der Universität. Er beklagt sich dauernd darüber, dass die Abiturienten, die zu ihm kommen, zu schlechte Noten und zu wenig Wissen mitbringen, vor allem in den naturwissenschaftlichen Fächern. Die Konkurrenz aus dem Ausland, meist aus Asien, ist viel besser auf die Herausforderungen unserer Zeit vorbereitet. Und das liegt mit daran, dass die deutschen Jugendlichen nur noch an Spaß interessiert sind beziehungsweise von zu Hause nichts Besseres lernen.«

Dieser Michels war einfach unglaublich. Ich rang gerade nach Worten, als Frau Terhagen-Michels' eisiger Blick von meinem Gesicht meinen Körper entlang bis hinunter zu meinen total verdreckten High Heels glitt. Mit einem Schmunzeln auf den Lippen schlug sie ihre Beine übereinander, die in silbern-glänzenden High Heels mit leuchtend roten Sohlen steckten, natürlich absolut makellos und nagelneu. Am liebsten wäre ich sofort im Linoleumboden des Klassenzimmers versunken.

Mathelehrer Löffler setzte schon wieder an: »Ach ja, die Studienfahrt nach Paris. Sehr schön. Dann kann ich Ihnen gleich mitteilen, dass ich die zweite Lehrkraft sein werde, die die Klasse 10a auf dieser Reise begleiten wird. Ich habe dieses Programm zusammen mit Frau Liebermann ausgearbeitet.«

Während ich gegen eine beginnende Ohnmacht ankämpfte, setzte Frau Liebermann ein begeistertes Lächeln auf. »Das war ein großes Vergnügen, nicht wahr?«, hauchte sie. Herr Löffler lächelte ebenso strahlend zurück.

Konnte es noch schlimmer kommen für unsere Tochter?

Eine gute Stunde später saßen Stefan und ich wieder im Auto. Meine Fußsohlen brannten wie brodelnde Lava in den ramponierten High Heels, auf denen ich durch den strömenden Regen stöckeln musste. Vielleicht hätte ich die sündhaft teuren Schuhe doch nicht kaufen sollen? Aber in ihrem jetzigen Zustand konnte ich sie unmöglich in den Laden zurückbringen.

Im Gegensatz zu mir hatte Stefan auf der Heimfahrt glänzende Laune: »Tschappo!«, rief er lachend und bog nach rechts ab in Richtung Innenstadt und Baustelle. »Das war ein Elternabend, so ganz nach meiner Faschohn.«

Obwohl meine Wut auf Herrn und Frau Michels und diesen Kotzbrocken Löffler noch nicht abgeebbt war, fiel ich in sein Gelächter mit ein.

»Genau, diese Terhagen-Michels sollte ihrem Mann mal einen Französischkurs an der Volkshochschule schenken und der Löffler müsste selbst als Mathelehrer wissen, dass man optimal nicht mehr steigern kann.«

Zehn Minuten später zuckelten wir wieder an den rot-weiß-gestreiften Warnbaken vorbei. Auf einmal kam der Verkehr vor uns ins Stocken und Stefan trat voll auf die Bremse.

»Was ist denn jetzt passiert?« Ich verrenkte mir fast den Hals, um trotz Regen und Dunkelheit etwas erkennen zu können. Eine protzige, schwarze Limousine war mitten in die Baustelle gekracht und hatte mehrere Warnbaken umgerissen, die kreuz und quer auf der Straße lagen. Das linke Vorderrad des Wagens hing über dem Abgrund und er drohte im nächsten Moment in das tiefe Loch zu stürzen. Die Warnlichter blinkten hektisch. Ein Ehepaar mittleren Alters stand neben dem Auto im Regen. Die Frau stakste auf silbernen High Heels unbeholfen durch den Baustellendreck. Juhu! Es gab sie also doch, die ausgleichende Gerechtigkeit.

Stefan schaute mit frechem Grinsen zu mir herüber und wir waren uns auch ohne Worte einig: Beim Autofahren halfen selbst das beste Abitur samt summa cum laude und das »optimalste« Jurastudium nichts.

LATERNE, LATERNE ...

Der Traum vom Landleben, von der Idylle in der Pampa, vom Duft nach Heu und Mist ..., ganz einfach, von einer Welt, in der alles noch in Ordnung ist - so sieht man uns Dorfbewohner und wird dafür von Stadtmenschen gern mal belächelt.

Und ja, es stimmt, alles in bester Ordnung. Zumindest wollte uns das die Klassenlehrerin Frau Schnell gerade mit ausladenden Gesten klarmachen.

Elternabend der ersten Klasse, Dorf-Grundschule, 21.17 Uhr:

Frau Schnells Gesicht wechselte von zartrosa- über kirsch- zu tomatenrot. Der Grund der Aufregung war das anstehende Martinsfest und die hochkochenden Emotionen der Eltern.

»Meine Lieben, es ist alleees guuhuuut!«, flötete sie und schlug die Augen nieder.

»Aber es hieß schon immer Martinsfest und dieses ganze Gedudel von wegen, dass sich niemand ausgeschlossen fühlt, ist für den Arsch!«, brüllte Herr Klein und machte sich damit groß. Ich lehnte mich zurück. Die Holzlehne drückte in mein Kreuz. Kein Wunder, diese Stühle waren für Sechsjährige und nicht für 36-Jährige gemacht. Mein Kugelbauch drückte an das Pult. Im achten Monat schwanger auf einem Zwergensitzmöbel zu hocken, war echt kein Honigschlecken. Ich stöhnte.

Mein Stöhnen wurde missinterpretiert.

»Sehen Sie, Lenas Mama ist auch unserer Meinung«, sagte Frau Klein und tätschelte lächelnd die wulstige Hand ihres aufgebrachten Mannes. Ich schüttelte vehement meinen Kopf und hob abwehrend die Hand. Der Tisch wackelte bedenklich mit. Ich blickte auf die Uhr: 21.22 Uhr ... das konnte noch dauern. Ein weiteres Stöhnen unterdrückte ich lieber. Frau Schnell hüstelte und trat von einem Storchenbein aufs andere. Ich hätte ihr gern zehn Kilo rübergeschickt. Am besten direkt von meinem Bauch. Das Gemurmel im Klassenzimmer wurde immer lauter. Eltern konnten das ja genauso gut wie ihre Sprösslinge. »Bitte. Bihihitte! Ruhe!«, kreischte Frau Schnell. »Voriges Jahr gab es das erste Mal ein Sonne-Mond-und-Sterne-Fest. Und es wurde gut angenommen!«, überbrüllte sie das Tuscheln.

Es wurde still.

»Aber es gab gleichzeitig den Martinsumzug des Kindergartens«, wandte eine Mama ein. »Ich hab meinen Leo dort mitgehen lassen und das mache ich dieses Jahr wieder so. Sonne-Mond-Dingsbums, das hat doch nichts mit unserer Kultur zu tun!« Ihr Prachtbursche besuchte schon das zweite Mal die erste Klasse und somit hatte seine Mutter Erfahrung mit der ganzen Laternengeschichte. Frau Schnell schnappte nach Luft

Ihr Prachtbursche besuchte schon das zweite Mal die erste Klasse und somit hatte seine Mutter Erfahrung mit der ganzen Laternengeschichte.

und nach Argumenten. »Ich verstehe Sie ja, Herr und Frau Klein, Frau Mistelbach, aber unsere Welt verändert sich nun einmal und wir haben vermehrt andersgläubige Kinder an der Schule. Darauf müssen wir eingehen. Das verstehen Sie doch sicher ...«

»Nein«, keifte Frau Klein und die eine Hälfte der anwesenden Eltern schüttelte, die andere Hälfte nickte mit dem Kopf. Ich kicherte. Wahrscheinlich waren es die Hormone. 21.31 Uhr: Mein Kichern mutierte zum Lachanfall.

»Frau Weger? Alles in Ordnung?«, fragte mich die Lehrerin. »Natürlich. Ich finde die ganze Sache nur zum Lachen!«, antwortete ich. »Nix ist da zum Lachen. Aber auch gar nix!«, schrie Leos Mama. »Ja, dafür ist die ganze Angelegenheit zu ernst. Wo kommen wir denn hin, wenn plötzlich irgendwelche Himmelskörper unseren lieben, heiligen Martin vertreiben? Sollen wir dann vielleicht auch gleich Weihnachten umtaufen ... in Tannenbaumfest oder Ostern in Eierfest, oder was? Wir sollten unser christliches Erbe wertschätzen«, entrüstete sich Frau Rüdiger, worauf ich nur noch mehr lachen musste. Immerhin war sie es, die das bestimmt hochchristliche Halloween bei uns im Ort erst so richtig eingeführt hatte, weil es gut fürs Geschäft war - ihr Geschäft wohlgemerkt, in dem neben Leberkäsesemmeln, Milch und anderen Dingen des Alltags im Herbst auch gern Faschingskostüme verkauft wurden. »Was gibts da schon wieder zu kichern? Ich stimme mit Frau Rüdiger überein«, kommentierte nun wieder Frau Klein.

Ich atmete tief ein und aus. Das Sitzen auf diesem Stuhl löste noch vorzeitige Wehen aus. Es zog sowieso schon so seltsam. Ich setzte mich auf den Tisch. Alle starrten mich an. »Also mal ehrlich. Was ist das wirklich Wichtige am Laternenfest?«, fragte ich leicht genervt.

»Eine gute Frage, doch wohl die Kinder, oder?«, antwortete Frau Schnell prompt.

Alle nickten und mehrere brummten ein »Ja« in den Raum.

»Die Laternen!«, rief jemand.

»Die Lieder.«

»Das Wirtshaus danach!«

»Ja, das Wirtshaus danach!«

»Das gemütliche Essen. Das Bier!«

»Die Gans. Mhmmm.«

Plötzlich gab es jede Menge Wortmeldungen und irgendwie redeten alle nur von der Zeit nach dem Martinsumzug. »Und wenn wir gleich sagen, es soll einfach einen Lichterzug zum Dorfwirt geben? Das gefällt jedem, egal welcher Glaube«, sagte Frau Rüdiger, ganz Geschäftsfrau. »Genau, und die Martinskinder können dann ihr Bühnenstückchen im Wirtshaus aufführen. In der Kirche ist es sowieso nur kalt und alle werden krank.«

»Und die anderen sollen ihren Sternen-Mond-Tanz auch dort zeigen, oder?«

»Und der Pfarrer? Der Pfarrer?«, warf Frau Klein hysterisch in den Raum.

»Der Pfarrer hat voriges Jahr schon gesagt, er mache den ganzen Zirkus nur uns zuliebe und wegen des Gänsebratens mit. Dann bekommt er eben ein besonders großes Stück im Wirtshaus. Diese ewigen Diskussionen sind nun mal nichts für einen 87-Jährigen«, beschwichtigte Frau Schnell.

»Na dann, Lichterzug zum Dorfwirt! Ist doch pri... Scheiße!«, kreischte ich. Wasser spritzte auf den Boden. Ich hielt meinen Bauch. 21.42 Uhr: Dieses Mal konnte ich mein Stöhnen nicht hinunterschlucken. Uuhhhhh! Mir traten die Tränen in die Augen. Warum platzte diese doofe Fruchtblase ausgerechnet jetzt? Wo ich doch mit meiner kleinen Frage gerade für den Dorffrieden gesorgt hatte?

Ich keuchte. Alle liefen um mich herum wie die aufgescheuchten Hühner. Leos Mutter hantierte schon mit ihrem Handy herum. Gleich würde der Krankenwagen kommen, sagte sie immer wieder beruhigend.

Das Laternenfest erschien plötzlich unwichtig und unbedeutend in Anbetracht der großen Wasserlache am Boden. Ich war stolz auf mich. Und auf meinen Bauch.

Wir hatten das Laternenfest gerettet. Eine neue Feierlichkeit war geboren! Und so ein Lichterzug zum Dorfwirt ... diese kulturelle Offenheit mussten die uns in der Stadt erst einmal nachmachen.

ÜBERFLIEGER?

Der Klassenraum leerte sich. Ich war glücklich und erleichtert, endlich war die Elternversammlung vorbei. Ältere Kollegen hatten mich gewarnt: Wenn es um die Empfehlung für die gymnasiale Oberstufe geht, verstehen Eltern keinen Spaß.

Im Vorfeld dieser Versammlung hatte ich mit dem Direktor der Schule, Herrn Müller, gesprochen. Der hatte mir noch einmal ganz explizit erklärt, dass es bei der Empfehlung erstrangig um die Zensuren und nicht um die Berücksichtigung von besonderen Faktoren wie den Tod des heiß geliebten Meerschweinchens, das letzte verpatzte Fußballspiel oder den ersten Liebeskummer ging.

»Bei uns werden alle Schüler gleich behandelt!« Das war sein Schlusssatz gewesen. Beim Verlassen des Zimmers murmelte er ein »Manche sind noch gleicher« vor sich hin. Viel Bedeutung maß ich dem allerdings nicht bei. Noch nicht.

Bisher hatte ich keine größeren Probleme mit den Eltern gehabt. Die Frage nach dem Zensurendurchschnitt konnte zu diesem Zeitpunkt sowieso noch nicht beantwortet werden. Aber das verstanden die Eltern sicher. Sonderfragen, wie es sich etwa verhielte, wenn ein Schüler nach dem Schuljahr in ein anderes Bundesland wechselte, konnte ich ebenfalls beantworten. Doch bei dem Bildungschaos, das in Deutschland zwischen den einzelnen Ländern herrschte, erwartete zum Glück auch niemand eine endgültige Antwort darauf.

So gesehen war alles gut gelaufen und ich packte zufrieden meine Sachen auf dem Lehrertisch zusammen, als ich es hinter mir rascheln hörte.

»Herr Bahl, können wir Sie bitte sprechen?« Ruckartig drehte ich mich um. Vor mir stand ein Ehepaar, doch da ich die Klasse gerade erst übernommen hatte, war ich nicht sicher, zu welchem Schüler die beiden gehörten. Zumal sie mir bei Klassenfahrten, Wandertagen oder anderen Veranstaltungen nicht durch Anwesenheit aufgefallen waren.

»Herr Wieck?«, vermutete ich dennoch.

»Professor Wieck«, korrigierte mich mein Gegenüber.

Wie hatte ich das nur vergessen können?

Schnell rief ich mir die Einzelheiten zu ihrem Sohn Alexander ins Gedächtnis. Viel war es nicht, denn er war in jeder Beziehung ein unauffälliger Schüler. Seine Leistungen waren in meinen Fächern bestenfalls mittelmäßig und von den Kollegen hatte ich auch nichts Herausragendes gehört. Aus Lehrersicht hatte ich jedoch keinen Grund zu klagen. Ich bat die Eltern, Platz zu nehmen und setzte mich selbst an den Lehrertisch.

»Wie kann ich Ihnen helfen?«, versuchte ich, so normal und unvoreingenommen wie möglich zu klingen.

»Es geht um die Empfehlung für das Gymnasium«, kam Professor Wieck gleich zur Sache. »Wir gehen davon aus, dass Alexander aufs Gymnasium gehen wird.« Seine Frau nickte.

Na klar, daher wehte der Wind!

»Wie ich schon sagte, die Empfehlungen werden erst dann ausgesprochen, wenn das nächste Zeugnis vorliegt. Vorher kann ich keine Aussagen treffen.«

»Natürlich verstehen wir das«, lenkte Professor Wieck ein. »Wir wollen nur sicher sein, dass keine Probleme auftreten. Sie verstehen?«

Natürlich verstand ich! Sein Sohnemann musste natürlich das Abitur machen. Etwas anderes war undenkbar.

»Wie schätzen Sie denn Alexanders Leistungen ein?«, wollte Professor Wieck nun wissen. Als sein Mathematiklehrer hätte ich darauf sofort antworten können, aber eine innere Stimme warnte mich, vorsichtig zu sein.

»Alexanders Leistungen sind durchaus zufriedenstellend.« Das stimmte sogar.

»Was heißt ›zufriedenstellend‹?«, entgegnete Professor Wieck.

Ich sollte noch viel mehr auf meine Wortwahl achten. Es deutete sich an, dass die Einschätzungen von Alexanders Eltern *sehr* stark von meinen als Lehrer abwichen.

»Nun, Alexander hat eben keine größeren Schwierigkeiten. Er ist kein Problemschüler. Im Gegenteil: Er hat zufriedenstellende Leistungen und zeigt auch kein auffälliges Verhalten. Zudem zeigt er Fleiß bei den Hausaufgaben, ist immer gut vorbereitet und bemüht, dem Unterricht zu folgen.« Ich hoffte, so einige positive Worte gefunden zu haben.

Die beiden Eltern sahen sich einen Moment lang an. Dann ergriff seine Mutter das Wort.

»Ich bin Psychologin und arbeite in dem Bereich der Hochbegabungen.«

Das hatte mir gerade noch gefehlt. Ich stellte mich dumm, in der Hoffnung, so das Schlimmste zu verhindern.

»Ich verstehe ..., aber wie ich schon sagte, Alexander zeigt wirklich kein auffälliges Verhalten, über das man sich Sorgen machen müsste.«

Das war offensichtlich keine gute Antwort gewesen. Vielsagend sahen sich die Eltern an.

»Ist Ihnen nie in den Sinn gekommen, dass Alexander sich im Unterricht langweilen könnte, weil er hochbegabt ist? Sehen Sie sich doch nur die Originalität seiner Deutscharbeiten an«, forderte mich Frau Wieck auf.

»Natürlich, Alexanders Interpretation der Rechtschreibung, ja der deutschen Sprache insgesamt ist schon als sehr originell zu bezeichnen«, antwortete ich, ohne groß nachzudenken.

Sie sahen mich etwas entgeistert an und fragten, wie das zu verstehen sei. Okay, da war ich wohl etwas zu weit gegangen, aber Alexanders Aufsätze waren in der Tat sehr ›originell‹. Insbesondere, da er gern englische und italienische Vokabeln in seine Deutschaufsätze einfließen ließ. Ich beschrieb den beiden meine Beobachtungen, worauf sie einen sichtlich ruhigeren Gesichtsausdruck bekamen.

»Das ist ganz normal«, bemerkte Frau Wieck. »Alexander wird mehrsprachig erzogen. Da wir selbst sehr gut Englisch und Italienisch sprechen, versuchen wir natürlich, ihm diese Sprachen auch zu vermitteln.«

Mein vorsichtiger Einwand, ob es nicht vielleicht besser wäre, wenn sich Alexander zuerst einmal auf das Deutsche konzentrierte, taten sie als eine veraltete und längst überholte pädagogische Methode aus den Siebzigerjahren ab.

Langsam verstand ich Alexander immer besser. Der Arme. Das waren genau jene Eltern, vor denen man uns schon im Studium gewarnt hatte. Selbst erfolgreich im Beruf (zumindest in ihren Vorstellungen) und deshalb felsenfest davon überzeugt, dass ihr Kind nicht einfach nur *normal* sein kann. Offenbar betrachteten sie Alexanders Durchschnittlichkeit als eine Beleidigung ihres eigenen Intellekts. Natürlich konnte nur mein Kleingeist daran schuld sein, dass das »Genie« von Alexander noch nicht entdeckt und entsprechend gefördert wurde.

Natürlich konnte nur mein Kleingeist daran schuld sein, dass das »Genie« von Alexander noch nicht entdeckt und entsprechend gefördert wurde.

Ich versuchte, die Situation zu entschärfen.

»Bis zu den Empfehlungen für das Gymnasium ist ja noch jede Menge Zeit. Und ich denke, dass momentan nicht viel dagegen spricht, Alexander auf das Gymnasium zu schicken.« Ich wollte nach Hause. Und zwar sofort!!! »Ich kann der Entscheidung des Lehrerkollegiums allerdings nicht vorgreifen.«

Professor Wieck und seine Frau nickten verständnisvoll. Vielleicht waren sie ja doch einsichtiger als gedacht?

»Ich sehe, wir beginnen uns zu verstehen«, bemerkte Herr, Entschuldigung, natürlich Professor Wieck. »Wir werden den Kontakt zur Schule intensivieren.«

Der Gedanke ließ mich erschaudern und ich schickte schnell ein Stoßgebet zum Himmel: »Aber bitte nicht zu mir!«

Die Wiecks verabschiedeten sich von mir und verließen den Klassenraum. Erleichtert ging ich nach Hause und hoffte, dass das Thema damit erledigt sei.

Zur Sicherheit bat ich jedoch am nächsten Tag um einen Termin beim Direktor. Schon beim Eintreten in sein Büro bemerkte ich ein leichtes Grinsen auf seinem Gesicht. Mit einer kurzen Geste bot er mir einen Stuhl an und lehnte sich selbst entspannt zurück.

»Nun, wie war Ihre Elternversammlung? Gab es Probleme?« Sein Grinsen wurde noch etwas breiter. »Ich nehme an, dass Sie das mathematische Genie von Alexander Wieck nur unzureichend gefördert haben oder betraf es Deutsch?«

Ich war baff. »Sie wissen Bescheid?«

»Nun, das war das Erste, womit ich mich heute Morgen beschäftigen musste.«

Sofort wollte ich mich entschuldigen, aber der Direktor winkte ab.

»Wissen Sie, ich wollte Sie im Vorfeld nicht beeinflussen, gewisse Erfahrungen muss man einfach selbst machen. Schon in der ersten Klasse hat es mit der Familie Wieck angefangen. Damals hieß es, das Essen in der Schule sei nicht ›biologisch‹ genug und die Kinder könnten sich folglich nicht adäquat entwickeln. Im nächsten Jahr war es das musikalische Talent von Alexander, das wir nicht erkannt und entsprechend gefördert haben. Im Jahr darauf klagte Herr Wieck, dass unsere Anforderungen im Sportunterricht ›inhuman‹ seien. Na ja, und offenbar hat es in diesem Jahr ihre Fächer erwischt.«

Ich war etwas verwirrt. Was sollte ich nun tun?

»Gar nichts. Nur eine Bitte: Wenn Familie Wieck sich erneut bei Ihnen nach der Empfehlung für das Gymnasium erkundigt, signalisieren Sie ihnen, dass es von unserer Seite keine Probleme geben wird.«

»Ich kann der Empfehlung des Lehrerkollegiums doch nicht vorgreifen.«

»Sie können!«, beruhigte mich der Direktor. »In wenigen Monaten wird Alexander die Grundschule mit Erfolg abschließen und aufs Gymnasium gehen. Die Kollegen werden dem ganz sicher uneingeschränkt zustimmen.« Ich nickte nur und wollte gerade gehen, als der Herr Direktor mir noch hinterher rief: »Die Anwaltskosten der Schulbehörde belaufen sich dank der Familie Wieck übrigens schon auf einen nennenswerten Betrag. Und wenn Wieck gegen die Bewertung der Schule klagt, dann könnte das noch mal richtig teuer werden. Meist ist es meine Arbeitszeit, die dabei draufgeht. Deshalb vertraue ich darauf, dass Sie mit den Eltern klarkommen.«

Nachdenklich verließ ich das Büro.

Am Abend saß ich vor meinem Computer und wollte mir ein Bild von Alexanders Eltern machen. Ich gab ihre Namen bei Google ein. Wie sich herausstellte, arbeiteten beide am Pädagogischen Seminar. Frau Dr. Wieck war Mitarbeiterin der Hochbegabtenförderung (die Uni hatte eine Spezialklasse, in der die echten Überflieger betreut wurden) und Herr Professor Wieck leitete den Bereich Bildungsphilosophie und Wissenschaftstheorie. Kein Wunder also. Wahrscheinlich hatte er gerade erst wieder einen Artikel darüber gelesen, bei wie vielen Kindern heutzutage nicht das ganze, besondere Potenzial erkannt wurde!

Ich ging auf den Balkon und starrte in die Nacht. In der Tat schien Alexander ein ganz besonderes Talent zu haben, und zwar das, seine Eltern und ihre guten Ratschläge zu ignorieren und sich, obwohl seine Eltern alles dafür taten, ihn zu einem arroganten, verwöhnten Arschloch heranzuziehen, ganz stinknormal zu entwickeln. Und dabei auch noch sympathisch zu bleiben.

Aber in einem Punkt hatten sie recht: Ich sollte Alexander wirklich mehr fördern. Vielleicht mit einer guten, altersgerechten Musik-CD von Cro. Oder einer Karte für den neuen Muppets-Film oder noch besser: einer Videokonsole. Ich glaube, in meinem Keller müsste noch eine sein ...

LÄUSE!

Eine beliebige Grundschule in einer deutschen Stadt im Frühherbst. Es war schon dunkel und die Luft leicht bissig vor Kälte. Mehrere Erwachsene strebten über den vor Nässe glänzenden Schulhof zum Elternabend. Darunter auch meine Wenigkeit. Leider.

Da dieser Teil der Stadt noch vor nicht allzu langer Zeit ein sozialer Brennpunkt gewesen war, der aber unversehens zu einem hippen Stadtteil mutierte, war die Elternschaft gemischt.

Die Lampe am Haupteingang brannte wieder. Der Hausmeister, den sich die Schule mit einer weiteren Schule teilte, wurde auch endlich dazu angehalten, die Bierflaschen-Scherben aus der Sandspielfläche zu entfernen. Das Klettergerüst war immer noch gesperrt und mit Absperrbändern umwickelt. (Die Spenden der Eltern flossen bisher nicht in ausreichender Höhe, um die abgerissenen Klettergriffe zu ersetzen.) Die Kinder fanden die Absperrbänder beim Klettern zum Glück nicht allzu nervig.

»Ja, also ...«, fing die junge Lehrerin an und wartete, bis das letzte Stühlerücken, die letzten verzweifelten Blicke auf die Smartphones, der letzte Austausch über die Gesundheit der Schwiegermutter und die letzten skandalösen Berichte über die unfähigen Gymnasiallehrer der älteren Geschwister erstorben waren.

»Unser erstes Thema heute ist ...« Die Lehrerin wurde rot und fing an zu stottern. »Läuse.«

Aufstöhnen. Allgemeines Geraschel. Beine-Übereinanderschlagen.

»Danach gehen wir zu etwas anderem über, das Ihnen auch auf der Seele brennt«, bot uns die Lehrerin schnell an und wurde wieder rot. »Einige hier haben sich über die Unterrichtsmethoden von Frau Steyner beschwert.«

Im Hintergrund wurde heftig getuschelt.

Die Lehrerin straffte sich.

»Wer schreibt heute das Protokoll?«

Stille. Sie versuchte, ein Augenpaar einzufangen, was erwartungsgemäß nicht gelang. Alle betrachteten in Ruhe ihre Fingernägel. Schließlich meldete sich eine Mutter. Die Mutter mit den dünnsten Nerven. Die Mutter, die sich immer meldete. Zum Glück.

Die Lehrerin nickte ihr freundlich zu und sagte dann: »Die Direktorin hat alle Kollegen gebeten, das Läusethema noch einmal anzusprechen. Wie Sie wissen, hatten wir heute das Gesundheitsamt hier, weil wir die Läuse gar nicht mehr loswerden«, erklärte sie und fuhr eilig fort: »Sie hatten ja alle unterschrieben, dass wir die Köpfe Ihrer Kinder untersuchen lassen dürfen.«

Die Elternschaft nickte kollektiv. Niemand mochte Läuse. »Also, gruselig, wie die so von Kopf zu Kopf fliegen«, flüsterte mir eine Mutter mit schwarz gefärbten Haaren und deutlich gebräunter Gesichtshaut zu.

»Läuse fliegen doch nicht, die haben doch keine Flügel«, antwortete eine künstlich blonde Mutter mit auffälligen Perlen in beiden Ohrläppchen.

»Was weiß ich, wie die Viecher sich fortbewegen. Dann springen sie eben!«

»Aber Läuse sind doch keine Flöhe!«

»Das weiß ich selbstverständlich. Schließlich habe ich auch studiert, Frau Doktor ... Frau Doktor ...«

»Hardenberg. Die Mutter von Leander.«

»Also unsere Läuse konnten aber fliegen«, mischte sich eine fröhliche, rundliche Rötliche ein.

»Marianne, bleib mir wech mit deinen Läusen«, kicherte ihre Freundin.

»Ich habe doch gar keine!«

»Warum sagst du dann ›unsere Läuse‹?«

»Weil die auf unseren Köpfen letztes Jahr fliegen konnten. Das hat Henning genau gesehen!«

»Ach, ist Ihr Mann ein lice-watcher? So ähnlich wie bird-watcher, Sie verstehen?«, witzelte ein Herr in Aigle-Gummistiefeln und dunkelbrauner Wachsjacke.

Ich beneidete ihn um seine warme Jacke. Dem Hausmeister war es nicht gelungen, die Nachtabschaltung der Heizung zu überlisten. Es war kalt. Sehr kalt. Und ich trug ein viel zu dünnes Wolljäckchen.

»Nee, ich ... ich glaube ..., das verstehe ich nicht. Jedenfalls auf der Glatze meines Mannes sind die nicht gelandet. Da sieht man mal, sag ich zu meinem Mann, da sieht man mal, wozu so eine Glatze gut ist. Nicht, Henning?«

Henning sagte kein Wort.

Eine Frau in einer dicken Norwegerjacke (mit Loch unter der Achsel, was sie aber offensichtlich noch nicht bemerkt hatte) seufzte. »Schon wieder die Läuse. Ich habe meine beiden täglich untersucht. Täg-lich. Und immer, wenn man denkt, das Problem hat sich erledigt, hat man schon wieder so einen Elternbrief in der Mappe!«

»Kann man da nicht ... wie hieß das Zeug noch gleich ... Agent Orange einsetzen? Um das Problem ein für allemal loszuwerden? Am besten in allen Schulen gleichzeitig?«, schlug der Herr in Wachsjacke vor.

»Agent Orange? Dit ist doch dit Entlaubungsmittel!«, mischte sich Henning ein.

»Ja - sagte ich doch! Entlausungsmittel!«

»Ent-laub-ungs-mittel. Dit macht einen Baum ratzfatz blätterfrei. Die Blätter liegen dann alle am Boden und können sich nicht mehr bewegen.«

»Sie wollen unsere Kinder doch nicht etwa entlauben? Das kann nicht Ihr Ernst sein!«, rief die Blonde.

»Selbstverständlich nicht. Ich wollte sie nur ent-lau-sen.«

»Ja, dann: DDT?«, half Henning weiter und grinste.

»Wie bitte?«, fragte eine Mutter und Ärztin entsetzt.

»DDT. Noch nie davon gehört? Bringt alle Insekten zuverlässig um die Ecke.«

»Ja, und die Kinder gleich mit, Johannes. Du liebe Güte!«

»Also ich benutze nur Mayonnaise«, schaltete sich eine sehr energische Frau ein, die wirkte, als sei sie hauptberuflich Glucke. Solche Typen waren mein ganz spezieller Favorit.

»Was? Redet ihr über Eiersalat?«

»Nein, wir sind immer noch bei den Läusen.«

»Bist du verrückt? Fütterst du die auch noch?«

»Läuse fressen Mayonnaise?«, fragte ich, weil mich das ausnahmsweise wirklich interessierte, und stellte mir dabei vor, wie eine Laus an meiner Pommes rot-weiß knabberte.

»Läuse fressen Mayonnaise?«, fragte ich, weil mich das ausnahmsweise wirklich interessierte, und stellte mir dabei vor, wie eine Laus an meiner Pommes rot-weiß knabberte.

»Na ja, sie fressen eigentlich Blut. Obwohl - so zum Nachtisch ...«, sagte die Ärztin zweifelnd.

»Nein. Wir benutzen die Mayonnaise, um die Läuse zu entfernen. Nicht um sie zu füttern.«

»Wie denn das? Fliehen die entsetzt, wenn du Mayonnaise auf Mirabellas Kopf tust? Weil sie die nicht mögen?«

»Nein. Sie ersticken.«

»So wenig mögen die Mayonnaise?«, fragte ich. Dann wurde das wohl nichts mit der Läuse-Pommes-Show.

»Ach, deshalb hat Jonathan in Mirabellas Nähe immer so Hunger auf Pommes«, sagte der Herr in der Wachsjacke und grinste breit.

Mirabellas Mutter wendete sich beleidigt ab, die anderen diskutierten weiter.

»Und was nimmst du?«, wandte ich mich an die Ärztin, die es ja schließlich wissen musste.

»Ein konventionelles Kopfgift.«

»Also, das kann ich nicht mehr. Diese ganze Chemie bringt uns noch alle früh ins Grab.«

»Du kaufst für Klara-Sophie ja sowieso nur im Bio-Supermarkt ein. Gibt es denn auch Biogift? Irgendwo bei Mondschein geerntet?«

»Selbstverständlich. Es gibt ja auch natürliche Insektenvertilgungsmittel. Zum Beispiel Chrysanthemen«, sagte die Bio-Mutter von Klara-Sophie.

»Das sind doch Blumen, oder?«, fragte die Mutter mit der löchrigen Norwegerjacke zweifelnd.

»Ja. Eben. Giftige Blumen. Aber mit natürlichem Gift.«

»Sehr beruhigend. Und was macht ihr mit den Kuscheltieren?«, fragte die Norwegerjacke.

Allgemeines Stöhnen, Ächzen und Seufzen.

»Und mit der ganzen Wäsche!?«, warf eine Mutter ein.

»Gefrierschrank«, teilte Mirabellas Mutter allen mit. »Wir tun alles in den Gefrierschrank. Die Kleider, alle Kuscheltiere. Einfach alles. Zwei Wochen lang.«

»Wat? Wat habt ihr denn für einen riesigen Gefrierschrank? Stopft ihr da janze Schweine rein oder wat?«

Mirabellas Mutter antwortete nicht.

»Und was macht ihr, wenn ihr die Kuscheltiere und so da hineinstopft, so lange mit dem ganzen Schwein?«, hakte Klara-Sophies Mutter nach.

»Wir sind Vegetarier!«

»Und die janzen vegetarischen Pizzas und vegetarischen. Pommes, wo kommen die dann hin?«, erkundigte Henning sich interessiert. »Is' dann bei euch immer Party? Läuseparty mit Pizza und Pommes?«

»So etwas essen wir nicht«, zischte Mama Mirabella.

»Und wozu habt ihr dann den Riesengefrierschrank?«, wunderte ich mich.

»Na, dit ist doch einfach: für die Bettwäsche und die Kuscheltiere natürlich.«

Mirabellas Mutter stand beleidigt auf und setzte sich zu einer anderen Gruppe.

»Aber eigentlich«, Klara-Sophies Mutter senkte die Stimme, »eigentlich wissen wir doch alle, woher die Läuse kommen, oder?«

Schweigen. Verschämte Blicke.

»Das ist etwas unfair, oder?«, flüsterte die Ärztin.

»Hat sie nicht ... sechs Kinder oder so?«

»Sieben, soviel ich weiß.«

»Wie soll sie denn auch gegen diese Läusemassen ankommen?«, fragte die Ärztin. »Ich meine: auf acht Köpfen!«

»Wieso acht?«

»Ihre Kinder und sie selbst natürlich.«

»Und – ihr Mann?«

»Na komm, tu doch nicht so, als ob du das nicht weißt! Der ist doch schon lange weg.«

Die Frauen sahen sich an.

»Vielleicht sollten wir mal zu ihr nach Hause gehen und alle bei der Entlausung helfen«, schlug Klara-Sophies Mutter vor.

»Sie haben doch gesagt, das Gesundheitsamt sei heute hier gewesen«, meldete sich ein großer Vater mit Nickelbrille. »Welche Kinder waren denn überhaupt verlaust?«

Die Gespräche verstummten. Alle Blicke lagen auf der Lehrerin. Die aber wand sich.

»Das würde ich doch lieber mit den betroffenen Familien selbst besprechen.«

»Also nun haben wir schon alle unterschrieben, da wollen wir es auch wissen!«

»Allein schon, damit die Kinder sich nachmittags nicht verabreden, solange das Läuseproblem besteht«, rief die Mutter von Mirabella.

»Ach, ich dachte, Ihre Tochter hätte sich ohnehin nie mit der Liedke-Tochter verabredet, wie heißt sie noch gleich?«, fragte Klara-Sophies Mutter spitz.

»Mi-schelle?«, flüsterte der Herr mit der Wachsjacke.

»Heißt die Kleine wirklich Michelle?«, wunderte sich eine Mutter ganz leise. Mir schwirrte der Kopf und ich wollte nur eins: nach Hause.

Plötzlich öffnete sich die Tür und eine Frau mit roten Wangen und grauen Wuschelhaaren kam eilig herein.

»Entschuldigung, meine Kleinste hat Fieber ..., ich musste warten, bis die Nachbarin nach Hause kommt.«

»Natürlich, selbstverständlich Frau Liedke. Wir haben noch nicht viel besprochen. Setzen Sie sich doch. Da hinten ist noch ein freier Platz.«

Frau Liedke hastete durch den Raum und setzte sich auf den letzten freien Stuhl.

»Wo waren wir gerade?« Die Lehrerin ließ verwirrt ihren Blick durch den Raum schweifen.

»Läuse«, sagte der Herr mit den Gummistiefeln.

»Müssen wir nicht noch dringend die Diskussion um die Lehrmethoden von Frau Steyner wieder aufnehmen?«, fragte die Ärztin und warf dem Herrn mit den Gummistiefeln einen intensiven Blick zu.

»Nun lenken Sie nicht ab. Wir haben die Läuse noch nicht erledigt«, erwiderte Mirabellas Mutter energisch.

»Erlegt, wollten Sie wohl sagen.«

Es folgte ein böser Blick, ein sehr böser.

»Erledigt oder erlegt – wie Sie wollen. Nur können wir vielleicht damit fortfahren?«

Die Lehrerin geriet ins Stottern.

»Ja ... äh ... jedenfalls sollten dringend alle Eltern noch einmal auf den Köpfen der Kinder nachsehen und einige Kinder werden vom Gesundheitsamt benachrichtigt ...«

»Warum?«

»Weil sie erst wieder in die Schule kommen dürfen, wenn sie nissenfrei sind«, flüsterte die Lehrerin und sah mich an.

»Etwa wir?«, platzte es aus mir heraus.

»Das darf ich nicht ...«

»Ja genau, wer ist hier betroffen?«, fragte die Ärztin fordernd.

»Hier sollen keine Kinder gebrandmarkt werden, aber wir müssen doch wissen ...«, fand auch Mirabellas Mutter.

»Schließlich geht es doch darum, dass die Infektionskette endlich unterbrochen wird«, sagte der Herr in den schicken Gummischuhen.

Die Lehrerin richtete sich auf. »Na gut. Wie Sie wollen.«

Ihre Augen funkelten. Sie atmete tief ein und aus. Dann begann sie mit klarer, lauter Stimme zu verkünden: »Auf Mirabellas Kopf wurden zweiundzwanzig höchst lebendige Läuse gefunden, auf Jonathans Kopf witzigerweise genau die gleiche Anzahl. Leander hingen siebenundzwanzig kleine Blutsauger in den Haaren und bei Klara-Sophie hat die Ärztin vom Gesundheitsamt bei fünfunddreißig Läusen entnervt aufgehört zu zählen.«

Streitlustig betrachtete sie die Eltern.

»Und?«

»Was, und?«, fauchte die Lehrerin Mirabellas Mutter an.

»Wie viele auf Michelles Kopf?«

Die Lehrerin wirkte verwirrt. »Wer ist denn Michelle?«

»Na, Michelle. Oder Chantal. Oder wie auch immer Liedke!«

Frau Liedke zuckte zusammen.

Die Lehrerin runzelte die Stirn. »Aber Frau Liedkes Tochter heißt Vera.«

»Wie auch immer. Wie viele hatte sie denn auf dem Kopf?«

Die Lehrerin schüttelte den Kopf. Sie kramte in ihrer Tasche und zog ein Formular heraus.

»Keine.«

»Moment.« Der Herr in der Wachsjacke richtete sich auf seinem Stuhl auf. »Keine? Wollen Sie sagen, Vera-Michelle hatte keine einzige Laus auf dem Kopf?«

»Das wollte ich damit sagen.«

Schweigen.

»Ach, wir haben schon so häufig Läuse gehabt, die gehen doch in den Schulen immer um. Aber die werde ich immer sofort wieder los«, sagte Frau Liedke und zuckte mit den Achseln.

Betroffenes Schweigen.

»Immer? Sofort?«, hakte eine Mutter nach.

Frau Liedke nickte und sah sich verwundert um.

»Und ... und die Kuscheltiere? Und die Haustiere?«, fragte eine andere Mutter.

»Aber ... Läuse gehen nie auf Haustiere – die sind wirtsspezifisch«, sagte Frau Liedke erstaunt.

»Und ... und wie machen Sie das? Das Läuseloswerden, meine ich?«

Frau Liedke sah sich plötzlich von diversen Eltern umringt. Sie wurde rot.

»Also zunächst einmal untersuche ich alle Köpfe ...«, fing sie zögerlich an.

»Eigentlich ist die kleine Vera doch ganz nett«, flüsterte die Ärztin Klara-Sophies Mutter zu.

Klara-Sophies Mutter nickte versonnen. »Wir sollten sie dringend einmal zum Spielen einladen.«

Ein ganz normaler Elternabend an einer beliebigen Grundschule im Frühherbst.

MEIN SOHN, DER BODO ...

Ich weiß ja nicht genau, welcher Gott für Eltern schulpflichtiger Kinder zuständig ist. Bisher hatte er es jedenfalls gut mit mir gemeint. Jetzt allerdings war ich ziemlich sauer auf ihn. Denn zum ersten Mal hatte ich beim Streichholzziehen gegen meine Frau Claudia verloren: Um den hohen Einsatz, wer von uns beiden sich zu Jans Elternabend schleppen musste. Ja ja, Hochmut kommt vor dem Fall.

Erwartungsgemäß war ich der einzige männliche Elternteil in der Klasse. Das war schlecht für meine Strategie: hinten sitzen, freundlich lächeln, vor allem nicht auffallen und so bald wie möglich gehen. Als männliche Minderheit stach ich aber wohl oder übel heraus. Das Hintensitzen sollte auch nichts werden – die Tische waren zu einem gut kontrollierbaren Halbkreis ausgerichtet. Und das freundliche Lächeln kam wahrscheinlich ein bisschen wölfisch-bemüht rüber. Doch, wer hätte das gedacht, es nahte Rettung in Form eines zweiten Kerls, der vermutlich auch beim Hölzchenziehen verloren hatte. Oder täuschte ich mich da?

Der Kerl, der direkt auf mich zusteuerte, strahlte geradezu: »Ich bin der Arnold«, sagte er freudig, »Arnold Gutermann, und Sie?«

»Petz. Moritz Petz«, erwiderte ich, verwirrt angesichts seiner sprühend guten Laune.

»Aha!«, rief er erfreut, als hätte er ein besonders edles Wild erlegt. »Mein Sohn Bodo hat mir schon von Ihrem Sohn Jan erzählt. Und Jan darf also fernsehen, so viel er will? Und jederzeit Eis essen?«

Ich starrte Ich-bin-der-Arnold Gutermann verblüfft an. Von welchen Traumwelten hatte Jan da denn bitte schön erzählt? Ich bemühte mein Gedächtnis, ob Jan mal irgendwann von einem Bodo berichtet hatte. »Pling«, machte es. Bodo war der Strebersheriff der Klasse, der sich permanent und vor allem ungefragt überall einmischte, vorturnte und petzte, was das Zeug hielt. Und ich hatte mich schon gewundert, denn eigentlich sahen Jan solche Angebergeschichten gar nicht ähnlich. Das änderte aber nichts daran, dass er mich damit in die Bredouille gebracht hatte. Überführte ich ihn offiziell der Lüge, fiel ich ihm damit Bodo gegenüber in den Rücken. Tat ich es nicht, galt ich als verantwortungslos in Bezug auf Gesundheit und Erziehung meines Sohnes.

»Na ja, also ...«, stammelte ich, »ach, sehen Sie mal, ist das nicht Frau Hermanns, die da kommt?«, lenkte ich mit Hinweis auf die Klassenlehrerin ab. Die steuerte nämlich ungebremst auf uns zu.

»Ja, sieh mal einer an!«, rief sie erfreut, »Sie sind doch der Herr Petz, nicht wahr? Ich glaube, wir haben uns zuletzt bei Jans Einschulung gesehen, wie schön, dass Sie uns auch einmal besuchen kommen!« Sie ergriff meine Hand und schüttelte sie kräftig, während sie Arnold Gutermann mit einem kurzen Nicken abtat. Als wäre ich ein Schüler, führte sie mich zu meinem Platz (ganz vorn, sodass ich zu ihr aufblicken musste).

»Mir ist da etwas zu Ohren gekommen, Herr Petz«, legte sie los. Ob Jan tatsächlich unkontrolliert fernsehen dürfe und Eis bekomme, so viel er wolle, wollte sie wissen.

Gutermann ..., knirschte ich vor mich hin (zum ersten, aber nicht zum letzten Mal an diesem Abend). Von wem sollte sie das sonst haben? Zum Glück wurde die Hermanns gerade in diesem Augenblick von irgendeiner Mutter in Beschlag genommen.

»Gebäck?«, fragte mich derweil besagter Gutermann, und da ich abgelenkt und unkonzentriert war, griff ich mir ein Gebäckbällchen. Zu spät vernahm ich Arnolds Erläuterungen, dass es sich um rein veganes Backwerk handele, welches er in mühevoller Kleinarbeit erst heute hergestellt habe. So frisch sei es doch am besten! Obwohl - nein, doch wieder nicht, berichtigte er sich, denn im Grunde verlören vegane Köstlichkeiten nie ihre Haltbarkeit. Und ob ich auch Veganer sei oder wenigstens Vegetarier und damit immerhin, wenn auch entfernt, schon einmal auf dem rechten Weg? Aber nein, beantwortete er sich selbst die Frage - mir drängte sich der Verdacht auf, dass er keinen Gesprächspartner, sondern nur ein wandelndes Ohr brauchte -, um wieder auf das wohl bestimmt nicht vegane Eis zu sprechen zu kommen, das Jan offensichtlich ungehemmt und in ungeheuren Massen beim Fernsehgucken verschlingen dürfe. Ich musste es über mich ergehen lassen. Nicht nur, weil Gutermann sich in falsch verstandener, männlicher Solidarität neben mich gesetzt hatte. Vielmehr konnte ich schon deshalb nichts entgegensetzen, weil mir die ebenso staubtrockene wie völlig geschmacklose Köstlichkeit den Mund so zuklebte, dass ich schlicht die Zähne nicht auseinanderbekam. Und für einen Moment, ich gebe es zu, war ich ein sehr, sehr schlechter Vater, da ich mir vorstellte, wie ich einen begeisterten Jan mit Eis fütterte, bis ihm mehr als nur ein bisschen schlecht wurde. Schnell schob ich das Bild beiseite. Als Elternteil sollte man über solchen Gedanken stehen.

Gleich wieder auf Seiten meines Sohnes, wurde mir bewusst: Wenn Gutermann junior nur ein wenig wie sein Vater war, dann musste die Schule für Jan allein deshalb schon die Hölle sein. In diesem Moment verzieh ich ihm sämtliche Fernseh- und Eismärchenstunden, mit denen er wahrscheinlich versucht hatte, Bodos Neid zu erregen. Nebenbei gesagt, hätte ich darauf wetten mögen, dass ihm das gelungen war, auch wenn Bodo es wahrscheinlich entschieden abgestritten hätte. Überhaupt sollte Bodo noch Hauptthema des heutigen Elternabends sein. Nicht, dass er sich auf der offiziellen Themenliste befunden hätte.

Doch, ich mag Kinder. Ich bin schließlich nicht umsonst Kinderbuchautor. Es gibt nur wenige Kinder, die mir unsympathisch sind, aber ich achte sehr darauf, sie das auf keinen Fall merken zu lassen. Schließlich können sie nichts dafür, in der Regel sind sie halt Produkte der Erziehungsversuche ihrer Eltern.

Aber Bodo war mir nicht nur einfach unsympathisch.

Ich hasste Bodo. Von der ersten Minute an. Und ich kannte ihn nicht einmal.

»Noch etwas Gebäck?«, fragte mich Gutermann, nachdem seine Dose mit veganen Köstlichkeiten, die er hatte herumgehen lassen, unberührt zurückgekommen war. Offensichtlich kannten die versammelten Mütter seine Spezialitäten bereits und schoben gespielt freundlich lächelnd oder sehr bedauernd den Kopf schüttelnd die Dose schnell zur Sitznachbarin weiter, mit spitzen Fingern, als handele es sich um ein Stück glühende Kohle.

»Danke, nein, man solls ja nicht übertreiben«, erwiderte ich scheinbar abwesend auf Gutermanns erneute Attacke auf meine Geschmacksnerven, ganz so, als konzentrierte ich mich völlig auf den drögen Vortrag der Klassenlehrerin. Der allerdings wurde wieder und wieder mit den Worten »Mein Sohn, der Bodo, hat mir ja erzählt …« unterbrochen. Und so ging es weiter. Und weiter. Langsam wurde mir klar, weshalb die Hermannsche Begrüßung dem Gutermann gegenüber einen Hauch unterkühlt gewesen war.

Tapfer kämpfte sich die Lehrerin durch alle Themen von Klassenreise bis Klassenkasse, von Klassenzusammenhalt bis Klassenkeile für Bodo … oder war ich nur in einen Tagtraum abgedriftet? Ich hörte bereits unterdrücktes, winselndes Fiepen, sobald erneut »Mein Sohn Bodo …« erklang. Noch ein wenig später sagten alle, sobald Herr Gutermann den Mund öffnete, im Chor »Mein Sohn Bodo«, wovon er sich jedoch anscheinend noch bestätigt fühlte. Es war nicht zum Aushalten. Sekunden wurden zu Minuten, Minuten zu Stunden, Stunden zu Tagen und ich bekam Hunger. Wahrscheinlich sagt es einiges über meinen niedergekämpften Geisteszustand aus, dass ich für einen kurzen Moment daran dachte, jetzt, gleich hier und sofort mit den Gutermannschen Gebäckbällchen Suizid zu begehen. Rücksichtslos in die Dose zu greifen, mir gleich zwei, drei Bällchen in den Schlund zu schieben und dann daran zu ersticken, damit es endlich vorbei und ich erlöst wäre.

Gleichwohl – Figuren wie Gutermann, die helikopterähnlich ihre Kinder umschwirren, haben auch ihre Vorteile, wie ich in dem Moment erkannte, als es darum ging, irgendwelche Elternposten, -pöstchen und -aufgaben bei für mich ebenso undurchsichtigen wie unbegründeten Schulveranstaltungen zu übernehmen. Da warf er sich in die Bresche, als eine Mutter verlangte, dass sich auch mal ein Mann beteiligen sollte. Punkten konnte Gutermann trotzdem nicht bei mir. Ich war einzig von dem brennenden Wunsch beseelt, diesen Abend ohne schwere psychische Verletzungen über die Bühne zu bringen. Ansonsten war mir schon beinahe alles egal, als Frau Hermanns, für mich überraschend plötzlich, ankündigte, uns nun in die dunkle Nacht zu entlassen.

Ich hatte es überstanden, und ja, ich würde morgen ein T-Shirt mit dem Wort ELTERNABENDÜBERLEBENDER bedrucken lassen und es voller Stolz tragen!

Oh, holde Glückseligkeit! Das Leben hatte mich wieder! Ich hatte es überstanden, und ja, ich würde morgen ein T-Shirt mit dem Wort ELTERNABENDÜBERLEBENDER bedrucken lassen und es voller Stolz tragen! Ich schwebte wie auf Wolken, strebte, ohne auch nur im Entferntesten zu wissen, worum es heute Abend eigentlich gegangen war, der Tür zu und war beinahe schon draußen - als ich Frau Hermanns hörte.

»Herr Petz? Nur auf ein Wort, Herr Petz!«

N-e-i-n. Bitte nicht jetzt, wo die Erlösung schon in Sicht war. Ich überlegte für einen Moment, ob es möglich war, Frau Hermanns Bitte zu ignorieren.

Dann ging ich mit gesenktem Kopf und schuldbewusster Miene zurück zum Klassenpult. Seltsam, dass man selbst nach X Jahren noch immer so reagiert wie als Schüler. Und Jan ..., der tat mir plötzlich irgendwie leid. Er mag ja so seine Ecken und Kanten haben, aber im Grunde hat niemand solche tagtägliche Konditionierung verdient. Außer Bodo vielleicht. Frau Hermanns beklagte sich über Jan, der ja könne, wenn er nur wolle (was mir irgendwie sehr bekannt vorkam), aber diese Heftführung und immer vergesse er die Hälfte und neulich hätte sie ihn erwischt, wie er einen Klassenkameraden hatte abschreiben lassen und, und, und. Fast schien mir, als wollte Frau Hermanns diesem Elternabend noch einen Wortschwall gleicher Länge anhängen. Vielleicht war sie auch froh, endlich zu Wort zu kommen, ohne dass ein Arnold oder ein Bodo sich einmischte. Ich

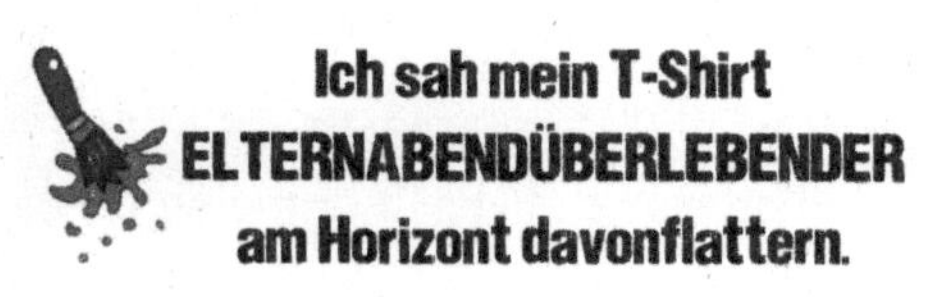

sah mein T-Shirt ELTERNABENDÜBERLEBENDER am Horizont davonflattern.

Ich hatte das alles durchgestanden, vegane Gebäckbällchen, Arnold und Bodo Gutermann, das ganze Gekrampfe und sogar die völlig sinnlose Diskussion um ein gleiches Taschengeld für alle, damit kein Sozialneid aufkäme. Nur, damit ich jetzt zum krönenden Abschluss noch mal geknechtet wurde wie in der zweiten Klasse? Von der dritten, vierten und so weiter ganz zu schweigen?

Natürlich weiß ich, dass man als Elternteil Lehrern besser nicht widersprechen sollte, da das eigene Kind das dann mindestens ein halbes Jahr auszubaden hatte, oder so lange, bis man sich beim nächsten Elternabend deutlich geläutert zeigte und zu Kreuze kroch. Trotzdem. Ich beschloss, den Spieß umzudrehen und die Hermanns in die Ecke zu drängen.

»Okay«, sagte ich besorgt, »mir scheint da ja einiges im Argen zu liegen. Andererseits, zu Hause erlebe ich Bodo – ähm, ich meine Jan – ja ganz anders. Sicherlich haben Sie doch auch etwas Positives über meinen Sohn zu sagen, oder?«

»Etwas Positives?«, fragte Frau Hermanns verwundert und fast schockiert, wie über ein unsittliches Angebot. »Aber selbstverständlich!«, erwiderte sie, als ihr dieser pädagogische Ausrutscher klar wurde.

»Und was zum Beispiel wäre das?«, insistierte ich. »Es kann doch nicht sein, dass Jan so eine Art Jekyll und Hyde ist.«

»Nein, nein, was ich zum Beispiel sehr an ihrem Sohn schätze ...«, sie grübelte, »... ist seine bemerkenswerte Sozialkompetenz. Er ist wirklich rücksichtsvoll und hat einen ausgeprägten Gerechtigkeitssinn. Er denkt durchaus mit und wenn er sich beteiligt, haben seine Beiträge wirklich Hand und Fuß ... doch, sehr sogar«, fügte sie hinzu, wie überrascht von sich selbst.

»Es freut mich, dass Sie Jan nicht nur defizitorientiert sehen«, lobte ich verlogen und Frau Hermanns strahlte.

Nein, das tue sie natürlich nicht, und so gesehen sei Jan fraglos einer ihrer angenehmsten Schüler.

Plötzlich war keine Rede mehr davon, wie man einen so verträumten und etwas verpeilten Schüler bloß mit der Brechstange in die Realität des Bodoschen Schulalltags zurückholen könne. Stattdessen machten wir Jan nun zu unserem gemeinsamen Projekt - Claudia und ich würden hier ein bisschen schubsen, Frau Hermanns dort etwas ziehen. Wir könnten auch ruhig in Kontakt bleiben, per Mail etwa - und sie versprach, uns auch von seinen Fortschritten zu berichten. Das wäre doch gelacht, einen so freundlichen Schüler nicht über die Hürden zu bekommen! Und, nur unter uns, es gehe natürlich nicht an, dass er andere abschreiben lasse - aber dass er so etwas zuließe, trotz des Risikos für ihn, spreche doch eigentlich für ihn.

Ich nahm mir vor, Jan am Wochenende zu einem extra großen Eis einzuladen. Dazu würde ich mein neues T-Shirt tragen - und natürlich darauf achten, dass ihm vom Eis nicht schlecht wird.

GEMEINSAM & KONSTRUKTIV – GUTE RATGEBER UND IHRE WIRKUNG

Unauffällig spähte ich zur Uhr über der Klassentür. Schon 21 Uhr. Wie hatte es nur so weit kommen können? Ich hatte geglaubt, an meinem ersten Elternabend bestens vorbereitet und für alles gewappnet zu sein. Aber was sollte denn auch schiefgehen? Eine nette Klasse hatte gewiss auch nette Eltern. Davon war ich überzeugt - gewesen.

Ich hatte die 3a im Sommer von Frau Schultz-Kerner übernommen, die in den Ruhestand ging. Leider bevor sie mir noch ein paar gute Ratschläge hatte geben können. Auf der Uni hatten wir natürlich alles Mögliche gelernt, von höherer Mathematik bis Fachdidaktik und Türkisch für Anfänger. Das Thema Elternabend war nicht dabei gewesen. Also machte ich mich im Netz schlau, wo ich nach kurzer Suche auf den Leitfaden *Der Elternabend - gemeinsam & konstruktiv* stieß.

Es klang alles so simpel: »Laden Sie neben den Eltern auch andere Lehrer ein, die in der Klasse unterrichten«, hieß es da. Und: »Lassen Sie die Kinder vorab einen Fragebogen ausfüllen, bezüglich dem, was sie mögen und was sie sich noch wünschen. So sehen die Eltern, dass Sie die Wünsche ihrer Schüler ernst nehmen.«

Doch die guten Ratschläge erwiesen sich in der Praxis als schwierig. »Mittwoch? Da kommt Fußball«, war eine der höflicheren Absagen meiner Kollegen. Immerhin war meine Einladung bei den Eltern auf mehr Interesse gestoßen. Kaum hatte ich sie per E-Mail verschickt, sammelten sich in meinem Posteingang die Antworten. Alle schienen allen mitteilen zu wollen, ob sie kämen, wann sie kämen, wer mit wem zusammen fahren wolle und dass jemand namens Bernd-Papa-von-Karla das Fahrrad nehme. Ich hörte irgendwann auf, die Diskussion zu verfolgen, zumal es auch um ein Begrüßungsgeschenk für mich ging. Anscheinend hatte jemand vergessen, mich aus dem Verteiler zu löschen. Gerührt beschloss ich, alle weiteren Mails mit dem Betreff »Re: Elternabend« nur noch sehr grob zu überfliegen.

Voller Vorfreude radelte ich zur Schule. Ach, es würde ein wunderbarer Abend werden, gemeinsam und konstruktiv, ganz wie es im Ratgeber stand. Doch schon zehn Minuten später war von »gemeinsam und konstruktiv« nichts mehr zu spüren.

»Namensschilder?«, zischte eine Mutter verächtlich, warf ihren adretten Pferdeschwanz nach hinten und drehte sich zu einer anderen Mutter um. »Man könnte meinen, dass sie sich die Namen unserer Kinder nach sechs Wochen merken kann.«

»Äh«, stotterte ich, während ich spürte, wie die Hitze in meine Wangen stieg. »Die Idee war, dass Sie sich auf die Plätze Ihrer Kinder setzen können.«

»Was denn? Zu zweit auf einen Stuhl?«, lachte ein hochgewachsener Mann mit dicker Brille, der gerade zusammen mit einer eher gemütlich aussehenden Frau hereinkam.

»Bernd, lass die Damen zusammen sitzen und komm zu mir nach hinten«, schlug ein sportlicher Typ vor. Er grinste mich schelmisch an. »Aber nur, wenn wir das dürfen, Frau Lehrerin.«

Etwas verlegen zuckte ich mit den Schultern. Dann war die Sitzordnung wohl freigegeben.

Nachdem alle endlich ihren, einen fremden oder überhaupt irgendeinen Platz gefunden und die neuesten Neuigkeiten, Kochrezepte und Schulgeschichten ausgetauscht hatten, konnte ich mit knapp zwanzig Minuten Verspätung meine sorgfältig vorbereitete Anwesenheitsliste herumreichen.

Endlich ging es los. Ich räusperte mich und wollte gerade zu meinen ersten, wohlüberlegten Worte ansetzen, da sprang Miss Pferdeschwanz ebenfalls auf.

»Eigentlich ist es ja die Aufgabe der Elternvertreter, zur Elternversammlung einzuladen«, übernahm sie ohne das geringste Zögern die Begrüßung und strahlte gewinnend in die Runde. Mich bedachte sie mit einem abschätzigen Blick.

Ich schluckte. Davon hatte in dem Leitfaden nichts gestanden oder hatte ich diesen Abschnitt übersehen? Um des Friedens willen setzte ich mein freundlichstes Lächeln auf, straffte meine Schultern und machte mich daran, das Kommando zurückzuerobern.

Doch Miss Pferdeschwanz neben mir ließ die Zügel nicht los.

»Ricarda, würdest du wohl das Protokoll übernehmen?«

Eine mausgraue Frau nickte beflissen und kramte Block und Bleistift hervor.

Okay, immerhin war damit die erste und undankbare Aufgabe des Protokollführers verteilt.

»Vielen Dank, Frau …«, stotterte ich nicht ganz so souverän, wie ich es vorgehabt hatte. Wer war diese Frau? Sie saß auf dem Platz von Katharina und zeigte äußerlich eine gewisse Ähnlichkeit. »… Frau Metzler?«, versuchte ich es, erntete aber einen kalten Blick.

»Schönweid. Katharina heißt Metzler, wie ihr Vater. So steht es auch auf der Klassenliste.«

Ich wäre am liebsten unter mein Pult gekrochen.

»Danke, Frau Schönweid«, sagte ich fest und versuchte, meine sicher reichlich roten Wangen zu ignorieren. »Dann begrüße auch ich Sie ganz herzlich. Wie Sie wissen …«

Eine langhaarige Mutter in selbst gestricktem Pulli murmelte etwas über »unbefugtes Einberufen der Elternversammlung« und den »üblichen Versuch seitens des Lehrkörpers, die Elternrechte zu beschneiden«.

Verwirrt faselte ich etwas Entschuldigendes und versuchte jetzt zügig, den ersten Tagesordnungspunkt anzusteuern.

Doch nun mischte sich ein Vater ein. Er war schon etwas älter als die meisten anderen und musterte mich scharf über den Rand seiner schmalen Brille. »Die Rechte der Elternvertreter stehen in der Schulordnung. Diese kann man lesen«, stellte er knapp fest.

Ein Tipp aus dem Leitfaden kam mir in den Sinn. »Bauen Sie eine Brücke zu den Eltern. Lernen Sie sich mit einem einfachen Spiel besser kennen.« Doch zum Glück nahte die Rettung schon von anderer Seite.

»Nun sei doch nicht so streng, Karl-Peter«, feixte Bernd-Papa-von-Karla aus der letzten Reihe.

Der sportliche Typ neben ihm fügte hinzu: »Wir haben die Elternvertreter für dieses Schuljahr doch sowieso noch nicht gewählt.«

Mein Herz machte einen Purzelbaum. Normalerweise bin ich nicht so stürmisch, doch in diesem Moment hätte ich den Kerl küssen können. Ich ließ es dann aber doch lieber bleiben. Er hätte es ja missverstehen können.

»Und genau das ist auch der nächste Punkt auf unser Liste«, sagte ich hoffentlich überzeugend. »Die Wahl der Elternvertreter.«

Gut, dass ich in meiner Aufregung vergessen hatte, die Tagesordnungspunkte an die Tafel zu schreiben. Wenn ich diesen Abend überleben wollte, musste die Wahl der Elternvertreterin der allerallerletzte Akt sein.

Fürs Erste in meiner Rolle als Moderatorin der Versammlung bestätigt, verlief das Treffen nun deutlich harmonischer. Um den Frieden nicht zu riskieren, verwarf ich mit leicht schlechtem Gewissen die kreativen Ideen meines Ratgebers und preschte im autoritären Frontaldialogstil durch die Tagesordnungspunkte. Ich gab die freien Tage, das Thema der Projektwoche und den Termin des Schulfestes bekannt, erinnerte an das notwendige Material für Mathe und die Organisation des Schwimmunterrichts. Es lief so gut, dass ich mich schon als Siegerin wähnte. Das hätte ich besser nicht getan.

Schmunzelnd überging ich eine kurze Unterbrechung durch Bernd-Papa-von-Karlas Freund, der nach einem lauten Summen seines Smartphones unbedingt den aktuellen Stand des zeitgleich laufenden Bundesligaspiels kommentieren musste, und stellte in Rekordzeit einen Beschluss zur Weiterführung der bereits bestehenden Klassenkasse auf. Wir bestimmten einen Kassenwart und erreichten den Punkt »Verschiedenes«.

Hier bat mich eine Mutter, darauf hinzuwirken, dass die Cafeteria statt Backwaren aus Weißmehl ausschließlich Vollkornbrötchen und Bio-Aufstriche verkaufen solle. Ich machte mir nur pro forma eine kleine Notiz und winkte das Thema durch. Tochter Charlotta war mir bereits aufgefallen, als sie den vollwertigen Inhalt ihrer Bio-Brotdose in den Mülleimer entleerte, um danach anderen Kindern ihre Süßigkeiten abzuluchsen.

Ebenso elegant konnte ich den Vorschlag einer anderen Frau abwiegeln, die Sitzordnung zu ändern und ihre Tochter Lynn, eine liebenswerte, aber notorische Schwätzerin, wieder neben ihre beste Freundin Pia zu setzen.

Es lief einfach wunderbar.

Gegen 19 Uhr wurde Miss Pferdeschwanz zu ihrer größten Freude mangels Gegenkandidaten erneut zur Elternvertreterin gewählt und überreichte mir, kaum im Amt, mit leicht gezwungenem Lächeln mein Willkommensgeschenk: einen Gutschein für einen entspannten Nachmittag in der örtlichen Sauna.

Gerührt, vor allem jedoch erleichtert, wollte ich den Elternabend im Sinne meines Ratgebers gerade beenden, als mir noch eine Kleinigkeit einfiel.

Die Umfragebögen der Kinder waren allesamt mit positiven Kommentaren, teilweise sogar mit gemalten Herzchen und Blümchen an mich zurückgegangen. Alles in allem schien ich eine Klasse voller glücklicher Kinder zu haben. Nur ein Wunsch tauchte gleich mehrfach auf. Bestimmt die Hälfte der Kinder wünschte sich einen Klassenausflug, der Spaß machen sollte. Was so viel bedeutete wie: kein Besuch im Museum! Und auch nicht in einem pädagogisch wertvollen Lernzentrum oder gar schon wieder im Planetarium. Aber das würden die Eltern sicher ganz ähnlich sehen. Schnell rief ich also in den Tumult des Aufbruchs, dass ich noch eine kleine Ankündigung zu machen hätte.

»Montag in zwei Wochen machen wir einen Wandertag. Wir fahren ins Aqualand. Ich werde Sie noch per E-Mail über den genauen Tagesablauf informieren.«

Die Bewegungen erstarrten. Alle Blicke waren auf mich gerichtet – und sie sahen nicht freundlich aus.

»Bei Frau Schultz-Kerner hatten aber alle Ausflüge einen Bezug zum Unterricht«, eröffnete Charlottas Mutter das Feuer.

Sogleich schossen weitere Beiträge wie Gewehrkugeln von allen Seiten auf mich ein.

»Soll ja kein Erholungstag für den Lehrer sein.«

»Wandertage müssen pädagogisch vor- und nachbereitet werden.«

»... gerade eine hervorragende Ausstellung zum Thema Judenverfolgung im Dritten Reich.«

Parallel zu dieser Diskussion formierte sich eine zweite Front, die das Organisatorische beratschlagte: »Wie kommen die Kinder überhaupt zum Schwimmbad?«

Es fühlte sich an, als sei ich in einen Hinterhalt von Scharfschützen geraten. Ohne Rückendeckung. Und ohne Munition.

»Hat irgendwer denn einen Rettungsschwimmerschein?«

»Sie brauchen eine Begleitperson!«

Ich kam nicht hinterher, die Fragen und Einwände zu beantworten. Es fühlte sich an, als sei ich in einen Hinterhalt von Scharfschützen geraten. Ohne Rückendeckung. Und ohne Munition.

»Wie viel Taschengeld sollen die Kinder mitnehmen?«, fragte die mausgraue Protokollführerin leise, nur um von dem älteren Herrn brüsk mit einem »Das kann doch jeder selbst entscheiden!« zurechtgewiesen zu werden.

»Ich denke, es wäre besser, wenn alle die gleiche Summe mitnehmen«, wandte ein anderer Vater ein. Kurz kam mir wieder der Ratgeber in den Sinn, der für solche Situationen die Aufteilung in kleinere, themenbezogene Arbeitsgruppen vorschlug. Doch ich hatte keine Kraft mehr, mich zwischen die Fronten zu werfen. Sollten sie sich doch alle gegenseitig zerfleischen.

Der Erste, der kapitulierte, war unser Hausmeister. Gegen zwanzig Uhr gab er es auf, mich daran zu erinnern, dass er irgendwann die Schule abschließen müsse. Stattdessen drückte er mir knurrend den Schlüssel in die Hand.

»Morgen! Vor der großen Pause. Und keine Minute später!«

Ich nickte und kauerte mich wieder in meinen Schützengraben, hinter mein Pult. Vielleicht konnte ich mich in einem unbeobachteten Moment hinausschleichen? Doch die Situation schien hoffnungslos.

Kurz vor 21 Uhr war es vollbracht und alle waren irgendwie zufriedengestellt. Zwei Euro Taschengeld wurden nach dem Vorschlag unserer neuen Elternvertreterin im Protokoll festgehalten, die Fahrt mit Bus und Bahn beschlossen und die Tatsache, dass der Sportlehrer seine Teilnahme als Begleitperson zugesagt hatte, gebührend gewürdigt.

21.10 Uhr. Ich atmete erleichtert auf.

Da wandte sich Charlottas Mutter noch einmal an mich:

»Wenn Sie bitte nur darauf achten, dass Charlotta ihr Taschengeld nicht für Süßigkeiten oder diese fettigen Pommes ausgibt. Es gibt sicherlich auch Obst zu kaufen.«

»Das werde ich nicht garantieren können«, sagte ich und wusste sofort, dass das die falsche Antwort gewesen war.

»Wollen Sie damit andeuten, dass Sie die Aufsicht über unsere Kinder überfordert?«, hakte der ältere Herr mit der Brille nach.

»Sie müssen zweimal umsteigen. Wie viele Kinder werden Sie auf dem Weg wohl verlieren?«, spottete ein Vater, den ich bislang eigentlich für sympathisch gehalten hatte.

»Zum Glück fährt der Sportlehrer mit!«

»Können Sie mir denn wenigstens garantieren, dass die Johanna um zehn Uhr dreißig ihre Medizin nimmt? Normalerweise kann sie das ja allein, aber bei einem Ausflug vergisst mein Kind schon mal die Zeit.«

»Wenn mich nicht alles täuscht, ist in zwei Wochen bereits Oktober. Es könnte kalt werden. Sie müssen unbedingt darauf achten, dass sich die Kinder nach dem Baden auch anständig die Haare föhnen, besonders die Mädchen«, forderte Anna-Lenas Mutter.

»Die Jungen aber auch!«, stellte Tobias' Mutter fest. »Der Tobias holt sich ganz schnell etwas.«

Keine Pommes für Charlotta, zehn Uhr dreißig Medizin für Johanna, Haare föhnen, alle, egal ob Junge oder Mädchen, betete ich innerlich die Liste hinunter. Und kein Kind verlieren!!! Hilfe, bekam ich das alles wirklich hin?

»Also, meine Pia ist auch sehr anfällig. Ein Frühchen«, riss mich eine stark geschminkte Frau aus meinen Gedanken. »Sie kann natürlich mitfahren, aber Sie müssen unbedingt nach dem Schwimmen mit ihr in die Sauna gehen, mindestens zehn Minuten.«

Ich nickte, ohne etwas zu verstehen.

»Dann müssen wir aber klären, wer die zusätzlichen Kosten dafür trägt«, stellte die Strickpulli-Mutti fest. »Die Sauna ist im Schwimmbadpreis nicht inbegriffen.«

»Für meine Pia zahle ich.«

»Und die Begleitperson?«

»Na, der haben wir doch gerade einen Gutschein gegeben«, tönte die Stimme unserer neuen Elternvertreterin.

Hilflos nahm ich wahr, dass die übrigen Eltern diese Lösung offenbar abnickten. Gemeinsam und konstruktiv!

»Dann wäre das ja geklärt.« Miss Pferdeschwanz sprang von ihrem Platz auf. »21.14 Uhr. Das ist doch gar nicht schlecht. Damit beende ich hiermit den Elternabend und danke euch herzlich für euer Erscheinen.« Sie nickte mir knapp zu und verließ als Erste den Raum.

Die Uhr über der Tür zeigte 21.17 Uhr. Im Klassenraum herrschte Ruhe. Eigentlich hatte mein Ratgeber zum Abschied ein gemeinsames Lied vorgesehen.

»Willkommen in der Klasse«, hatte der Sportler aus der letzten Bank auf dem Weg nach draußen noch gerufen.

Jetzt waren sie alle weg.

Erschöpft legte ich meine Füße auf das Pult und zog den Computerausdruck meines Leitfadens »Der Elternabend - gemeinsam & konstruktiv« aus der Tasche. Da, auf der letzten Seite, stand mein Lieblingstipp: »Mit einer schokoladigen Überraschung hinterlassen Sie einen süßen Beigeschmack an einem netten Abend.«

Das tat ich jetzt - und zwar ganz allein.

Eine Schachtel Pralinen später ging es mir schon viel besser. Mit vollem Mund und verschmierten Händen zerknüllte ich die ausgedruckten Seiten und warf sie zusammen mit der leeren Schachtel in den Müll.

KAPITEL 5
Der erste Schuss fällt

Endlich kann der Kampf beginnen! Doch wer wagt den ersten Schritt? Wer schickt als Erster eine anklagende Rundmail, geht zur Schulaufsichtsbehörde oder zum Jugendamt?

»Die Eltern natürlich«, sagen die Lehrer, »die halten sich doch heutzutage alle selbst für Pädagogen.«

»Die Lehrer natürlich«, erwidern die Eltern, »so herzlos und brutal, wie die heute sind. Die wollen uns unfähigen Eltern doch am liebsten gleich das Sorgerecht entziehen.«

Wir allerdings wissen: Beide Parteien tragen keine weißen Westen. Und es dauert nicht lang, bis die ersten Konflikte entstehen und der erste Schuss fällt

RECYCLING VERSUS ÄTHERLEIB

Ja, ich weiß, ich hätte es wissen müssen. Alle haben mich gewarnt. Sogar mein Friseur. Aber wenn es um die Wahl der Schule geht, ist man als Mutter eben vollkommen verblendet. Wahrscheinlich, weil man sich nicht vorstellen kann, dass das arme Kleine, das gerade eben noch mit Schnuller durchs Wohnzimmer gerobbt und für jeden korrekt ins Klo gesetzten Kackhaufen Jubelrufe eingeheimst hat, nun an diesen brutalen, von Gewalt und Cybermobbing regierten Ort gehen soll, den man nur noch aus dem *Tatort* kennt. Dabei haben wir uns solche Mühe gegeben, alles Böse und Schlechte von dem Kind fernzuhalten, selbst die Schwiegermutter durfte es nur an Weihnachten sehen. Und auf den Spielplatz ging es nur mit Sagrotan und gepolstertem Ganzkörperanzug à la *Ghostbusters*. Doch was macht der Staat? Verlangt von uns verantwortungsvollen Eltern, dass wir das Kind in den Höllenhort Schule senden, wo es weder den Po abgewischt noch bei jedem Wehwehchen dreimal über den Kopf gestreichelt bekommt.

Dabei haben wir uns solche Mühe gegeben, alles Böse und Schlechte von dem Kind fernzuhalten, selbst die Schwiegermutter durfte es nur an Weihnachten sehen.

Daher war uns sofort klar, dass, wenn das arme Kind schon in die Schule gehen muss, es bitte schön zumindest die möglichst freieste, freundlichste und friedlichste sein muss. Mit malen und Musik und so einem Zeug. Und da wir leider nicht kurzfristig nach Bullerbü oder in die Villa Kunterbunt ziehen konnten, abgesehen davon, dass dank PISA und Tiger Mom selbst dort wahrscheinlich mittlerweile ein anderer Wind weht, blieb uns nur eine Alternative: Waldorf.

Ja, Sie haben genau richtig gelesen. Das sind diese Schulen, in denen immerzu von Astralkörpern, Feen, Zwergen und anderen natürlichen Himmels- und Erdenwesen geredet wird. Und nein, die Kinder lernen dort nicht als Allererstes ihren Namen zu tanzen, sondern genauso wie überall lesen, schreiben und rechnen. Und nochmals: Ja, die Kinder dürfen sogar im Unterricht fernsehen. Ja, selbst Pommes mit Ketchup gibt es inzwischen dort auf den Sommerfesten zu essen, aus dem Bio-Supermarkt, versteht sich. Doch das ist mittlerweile sogar an jeder Schule in Stuttgart, Freiburg oder dem Prenzlauer Berg Standard.

Beim ersten Elternabend traf ich noch völlig euphorisiert von dem Fakt, einen Platz an dieser begehrten Schule bekommen zu haben, ein. Um gleich als Erstes festzustellen, dass Wimperntusche, Lipgloss und Rouge nicht zu den typischen Waldorf-Mutti-Accessoires zählen, weshalb ich mich, wie immer mit der klassischen, fünfzehnminütigen rheinischen Verspätung, schnell in die hinterste Reihe verdrückte und hektisch über meine rosa Lippen wischte.

Vorne ging es indes schon heiß her und der Klassenlehrerin, die mit ihrem Lippenstift und den kurzen braunen Haaren zu meiner Überraschung so gar nicht wie eine typische Waldorflehrerin, sondern vielmehr wie eine ganz normale Grundschullehrerin an einer staatlichen Schule aussah, liefen schon die Schweißperlen über die Stirn. Staatliche Schulen ... Damit sind jene gemeint, die nicht von anthroposophisch geprüften Lehrern mit einem astreinen Astralleib geführt werden, sondern von schnöden, staatlich geprüften und examinierten Menschen. So wie mir. Doch auch der Astralleib der Lehrerin meiner Tochter schien noch nicht eins a zu funktionieren, denn ansonsten wäre sie sicherlich nicht von der Mama in der ersten Reihe - Typ Rudolf-Steiner-Vollprofi - so böse angeblitzt worden. Gar nicht gut fürs Karma, ich meine natürlich, für den Wesenskern oder wie das noch mal heißt im Waldi-Jargon ...

»Also«, fuhr Frau Normalo-Lehrerin mit ruhiger Stimme fort. »Ich notiere als Anregung und Bitte für die nächste Einschulungsfeier, keine Mikrofone mehr zu verwenden, um die persönliche und direkte Seelenansprache nicht durch einen technischen Transmitter zu stören.«

Ein wildes Nicken in der ersten Reihe. Trans-di-was?

»Und bitte auch kein Neonlicht mehr«, rief eine Frau mittleren Alters in einer undefinierbaren grünen Wollkutte aus der zweiten Reihe.

»Das ist so kalt und unpersönlich. Wir könnten doch einen Kerzenkranz aus Weide flechten ...«

»Un wie soll isch bei dem Leech en Foto maache?«, erwiderte eine männliche Stimme direkt hinter mir. Ich drehte mich um und blickte in die Augen eines circa 26-jährigen Punkers mit rosa Iro, der mich verlegen angrinste.

»Isch ming, jedes Kind well doch en schönes Bildchen von der Einschulung«, fügte er entschuldigend hinzu.

Ich nickte verständnisvoll. Das war ja wohl klar!

»Aber viel wichtiger ist doch, welches Bild die Kinder von diesem Tag in ihrem Herzen tragen«, warf die Wollkutten-Mama beseelt lächelnd ein.

»Gibt es noch weitere Punkte, die Sie nach der ersten Woche besprechen möchten?«, versuchte die Lehrerin jede weitere Diskussion zu unterbinden.

Puh! Vielleicht kam ich ja doch bald nach Hause ... Doch da meldete sich schon eine zierliche, blasse Frau mit langen, grauen Haaren und blauem Wollpullover zu Wort. Ich fragte mich, warum sie sich bei der Temperatur im Raum nicht längst in eine Schweißpfütze aufgelöst hatte.

»Meine Tochter, die Eva-Marie, hat mir erzählt, dass sie ihre Schreibübungen auf bereits bedrucktem Papier machen muss?«, piepste sie so leise wie ein Vögelchen.

Ups, also doch die Mutter und nicht die Oma.

Ups, also doch die Mutter und nicht die Oma.

»Ja«, stimmte die Lehrerin zu, »dafür nehmen wir die alten Briefe und Stundenpläne.«

Frau Vogel schluckte hörbar, wurde purpurrot und piepste mit kehliger Stimme: »Sie lassen unsere Kinder also auf Müll schreiben?«

Ein irritierter Blick von vorne.

»Ich verstehe jetzt nicht so ganz, was Sie damit meinen ...«

»Was ich meine?«, kreischte Frau Vogel. Wow, das war mal ein Stimmvolumen. »Dass Sie die Arbeit unserer Kinder nicht wertschätzen.«

Moment, ich verstand nur Bahnhof.

»Aber«, erwiderte die Lehrerin sanft, während sich ihre Gesichtsfarbe langsam der ihres Lippenstifts annäherte, »es sind doch nur Schreibübungen, da muss man doch kein leeres, weißes Blatt Papier für nehmen.«

»Schon mal jet von Recycling jehört?«, rief der Punk-Papa dazwischen.

Ich nickte. Dafür war ich auch.

Die kleine Piepsmaus ging sofort in die Höhe.

»Wissen Sie eigentlich, welche dramatischen Auswirkungen das für die Ausbildung des Ätherleibs haben kann?«

Okay, ich hätte die Einführung in die Waldorfpädagogik wohl doch besser ganz durchlesen sollen.

»... die wiederum existenziell ist, ich betone: existenziell für die Entwicklung der Sozialkompetenz.«

»Recycling!«, rief der Punk-Papa erneut.

Einige andere Eltern nickten ebenfalls.

Das Gesicht der Lehrerin war jetzt leuchtend rot.

»Wollen Sie etwa«, krähte Vogel-Mutti nur noch lauter, »dass ausgerechnet unsere Kinder zu asozialen, rücksichtslosen Erwachsenen heranreifen, die sich keinen Deut um die Solidarität der menschlichen Gemeinschaft scheren?«

»Liebe Frau Schweinfort ...«

Nein, das war nicht wirklich ihr Name, oder? Ich musste mich zusammenreißen, um nicht aufzulachen.

»... ich kann Ihnen versichern, dass mir nichts mehr als das Wohl der Kinder am Herzen liegt, aber ...«

»Asozial!«, kreischte Vogel-Muttchen.

»Aber«, fuhr die Lehrerin einigermaßen ruhig fort, »wie Sie wissen, sind wir eine Privatschule und wir versuchen mit unseren Ressourcen so vorbildlich wie möglich umzugehen. Das impliziert auch den Verbrauch von Unterrichtsmaterial in den Klassen. Und wenn Sie sich überlegen, wie viel Papier in einem Jahr bei über vierhundert Schülern ...«

»Und der Ätherleib?«, rief die Frau wieder dazwischen, die nun immer mehr einem wütenden Habicht ähnelte.

»Oh, oh«, flüsterte mir meine Nachbarin ins Ohr, »die muss aber noch ganz schön an ihrer sanguinischen Seite arbeiten.«

Ich nickte unwissend. Sangu-was-jetzt schon wieder? Gab es eigentlich ein Waldorf-Wörterbuch zum Nachschlagen? Ha! Schon wieder eine neue Marktlücke entdeckt.

»Mensch, Mädschen, mer als Öko-Schull müssen doch recyceln«, stellt der Pink-Punk-Papa ganz richtig fest.

Die Lehrerin atmete hörbar aus und zwang sich, weiter zu lächeln. Jetzt nur die Nerven behalten. Ich wäre am liebsten nach vorne gegangen, um sie einmal kräftig zu umarmen.

»Den alten Schulranzen von der Schwester dürfen se aber schon benutzen, oder ist der auch schlecht für ihren Äther?«, fragte ein Vater, Typ hipper Old-School-Skater, ironisch.

Vereinzelte Lacher waren zu hören.

Jedoch nicht von der Vogel-Mama. Die schnaufte nur noch schneller.

»Wir könnten doch dunkles, bereits recyceltes Papier verwenden«, versuchte eine Mutter aus Reihe drei einzulenken.

»Ming Kind soll op altes Papier schrievn«, wehrte sich der Punk-Papa gegen den Vorschlag.

Frau Schweinfort fing an, zu hyperventilieren. Ich suchte besser schon mal nach einer Plastiktüte ...

Da klopfte es an der Tür.

Alle blickten erschrocken auf. Wer wagte es, diese himmlische Ruhe zu stören? Vielleicht Rudolf Steiner persönlich? Oder sein offizieller Vertreter auf Erden? Oder gar der leibgewordene Ätherleib?

»Herein«, rief die Lehrerin.

Ein freundlicher älterer Mann in grauem Kittel steckte seinen Kopf durch die Tür.

»'tschuldigung, gehört irgendeinem hier der schwarze BMW X6?«

Alle blickten sich fragend an. Hier fuhr ja wohl niemand so eine fette CO_2-Schleuder, was für eine Frage. Da kam ein kleinlautes »Ja« aus Vogel-Muttis Stimmritze.

»Na«, erwiderte der Hausmeister grinsend, »an Ihrer Stelle würde ich dann mal schleunigst rausrennen. Der wird nämlich gerade abgeschleppt.«

Vogel-Mutti guckte verwirrt.

»Na, der steht auf dem Behindertenparkplatz.«

Sie hatte wohl fürs Erste ihr Pulver verschossen. Ach, Elternabende sind einfach wunderschön!

ELTERNVERTRETER

Wir haben vier Kinder. Laut meiner Berechnung war ich insgesamt drei Jahre schwanger, habe zwei Jahre gestillt und bereits einundfünfzig der anstehenden Kindergeburtstage oder wahlweise Partys bis zum 18. Geburtstag vorbereitet. Ich schlafe im Verhältnis zu der Zeit, die ich mit Haushalt, Kinderbetreuung und Sorgenmachen verbringe, viel zu wenig und gebe mein ganzes Geld für Kinderschuhe, Kinderklamotten und Urlaube während der allgemeinen Schulferien aus. Das war mir und meinem Mann vorher bekannt und erwünscht. Selbstverständlich lässt sich diese Rechnung auch mit einem, zwei oder drei Kindern durchführen. In meinem Fall sind es aber nun mal vier geworden.

15 Tage und Nächte meines Lebens verbringe ich also anstatt mit meinen Freundinnen, im Bett oder auf den Malediven in miefigen Klassenzimmern auf wackeligen Stühlen.

Womit sich die wenigsten zukünftigen Eltern bei der Familienplanung beschäftigen (und auch wir haben das gänzlich verdrängt), sind Elternabende. Moment, lassen Sie mich das einmal ganz kurz überschlagen: vier Kinder à durchschnittlicher Schulzeit von zwölf Jahren (drei Elternabende pro Jahr) heißt: vier mal drei mal zwölf, also: 144 Elternabende à 2,5 Stunden, das macht: 360 Stunden. Das sind genau 15 Tage! 15 Tage

Elternabend! Dabei sind zweieinhalb Stunden eher knapp gerechnet. Schwangerschaftsvorbereitung mit Partner-, Krabbelgruppen-, Kindergarten-, Fußballvereins-Elternabende oder gar die Elternstammtischzeit habe ich dabei noch gar nicht eingerechnet!

15 Tage und Nächte meines Lebens verbringe ich also anstatt mit meinen Freundinnen, im Bett oder auf den Malediven in miefigen Klassenzimmern auf wackeligen Stühlen und versuche meist vergeblich, mir die Namen der anderen Eltern zu merken.

Ich gebe zu, ich bin kein begeisterter Elternabend-Geher, ja, ich habe ein regelrechtes Elternabend-Trauma. Das habe ich, seitdem ich selbst in der neunten Klasse nicht ganz freiwillig von einem staatlichen, humanistischen Gymnasium auf eine Privatschule wechseln musste.

Bis dahin war mir nicht bewusst gewesen, dass es so etwas wie »Styling« überhaupt gab. Ich hatte immer nur Klamotten. Wo ich herkam, beeindruckte man die Klassenkameraden mit politischem Engagement oder, im nicht ganz so guten Fall, mit irgendwelchem Blödsinn, den man eben so machte, am besten in Kombination mit schlechten Noten.

Zu meiner Ehrenrettung muss ich sagen, dass ich immer eine aufopferungsvolle und kämpferische Klassensprecherin war. Oder sagen wir es so: Meine alte Schule und ich trennten uns in beiderseitigem Einvernehmen. Leider gab es allerdings im näheren Umkreis kein anderes altsprachliches Gymnasium und so musste ich den langen Weg zu einer Privatschule in die Großstadt auf mich nehmen. »Großstadt« ist vielleicht etwas übertrieben, denn trotz seiner knapp sechshunderttausend Einwohner ist Stuttgart ganz schön piefig. In jedem Fall aber galt ich als ein klassischer Fall von »Landei«, als ich auf die Privatschule kam. Die Regeln der Schönen und Reichen kannte ich nicht, war aber selbstverständlich schwer beeindruckt, fast schon geblendet von der souveränen und coolen Ausstrahlung meiner Mitschüler. Mit meinen althergebrachten Methoden würde ich hier keine Freundschaften schließen. Und schon gar nicht mit den ollen Jeans, den labberigen Sweatshirts und so ganz ohne Dauerwelle. Deshalb entschied ich mich für eine neue und mir bisher völlig fremde Strategie: Ich versuchte, nicht aufzufallen. Unter gar keinen Umständen. Und schon gar nicht negativ. Das galt natürlich nicht nur für mich, sondern auch für meine Eltern. Am liebsten wäre es mir deshalb auch gewesen, mein Vater wäre erst gar nicht zum Elternabend erschienen, aber das ließ er sich natürlich nicht nehmen. Nicht, dass mein Vater grundsätzlich eine peinliche Person ist, er ist eben nur sehr, sehr groß, um genau zu sein: zwei Meter. Zudem trägt gern riesengroße schwarze Filzhüte, ist Ballonpilot und Begründer einer Dynastie von Menschen, die gern laut und viel reden. Gepaart mit der Körpergröße ist es so gut wie unmöglich, als Mitglied unserer Familie nicht aufzufallen. Überdies war er unmittelbar vor dem Elternabend mit seinem Ballon unterwegs gewesen, wozu er, warum auch immer, eine Skihose und seinen liebsten weinroten, selbst gestrickten Pullover mit aufgesticktem Ballon und einem großen Brandloch angezogen hatte. So spazierte er fröhlich pfeifend in das Klassenzimmer zu all den blond bezopften, Perlenketten, Blazer, Kroko-Slipper und Chinohosen tragenden Menschen. Zu den absoluten STYLE-Perfektionistinnen. Das war nicht genug, nein, er musste auch noch unbedingt eine MEINUNG haben und diese laut verkünden. IHM fiel das alles gar nicht auf, den Style-Müttern aber schon. Und natürlich erzählten sie es ihren Kindern. Ich versank am nächsten Tag vor Scham im Boden, als alle hinter vorgehaltener Hand über meinen Vater tuschelten. Ich weiß, das ist oberflächlich und dumm und zeugt auch nicht gerade von Selbstbewusstsein. Aber ich war 15 und wollte einfach gemocht werden. Man sprach noch lange über den Ballon-Pullover meines Vaters. Ich wurde tatsächlich das eine oder andere Mal kurz vor Karneval gefragt, ob man sich dieses besondere Kleidungsstück nicht ausleihen könne.

Als ich dann, selbst Mutter, die Einladung zu meinem ersten Elternabend in den Händen hielt, holte mich das »Skihosen-Gate« meiner Kindheit mit voller Wucht wieder ein und ich schwor mir, meine Kinder auf keinen, aber auf gar keinen Fall jemals zu blamieren. So auch an diesem Elternabend von Lilli, sechste Klasse.

Wir waren die »Neuen«. Nach drei Jahren im Ausland waren meine Kinder, wie es der Zufall so will, ausgerechnet an einer Privatschule untergekommen. Das lag vor allem an der exotischen Fächerkombination, die die Kinder in Japan gehabt hatten und die es so in Baden-Württemberg gar nicht gab. Trotzdem: Privatschule hieß auch Dresscode!

Ich wählte eine schwarze Jeans mit schwarzer Bluse und nahm mir vor, mich im Hintergrund zu halten. Nichts ahnend betrat ich fast pünktlich das Klassenzimmer. Man musterte mich, aber nicht unfreundlich. Soweit ich das beurteilen konnte, waren alle Eltern da. Es war ja auch der erste Elternabend im neuen Schuljahr.

Die Lehrerin war ebenfalls neu. Das war doch schon einmal ein gutes Omen. Angefangen hatte sie noch nicht, Gott sei Dank, und die anderen Eltern standen noch in kleinen Grüppchen zusammen und redeten.

»Nun, da wir alle da sind«, ergriff sie das Wort mit Blick zu mir, »können wir ja anfangen. Bitte suchen Sie den Sitzplatz Ihres Kindes und setzen Sie sich.« Lilli saß in der ersten Reihe. Das Im-Hintergrund-Halten war damit abgehakt. Ich malte meiner Nebensitzerin (Mama von Malte) einen Smiley auf das Blatt vor mir und schob es zu ihr herüber, um zu signalisieren, dass ich mich freute, neben ihr zu sitzen. Da erkannte ich, dass es sich bei dem Blatt um die Anwesenheitsliste handelte. Maltes Mama blickte mich leicht irritiert an. Schnell schrieb ich meinen Namen unter das Gesicht. Der Smiley war richtig gut geworden.

Die Lehrerin teilte uns mit, dass sie Frau Schulz-Mattes heiße, was man auch dem Namensschild vor ihr auf dem Tisch entnehmen konnte, und dass sie in der ersten Reihe immer die Kinder platzierte, die ein bisschen mehr pädagogische Aufmerksamkeit brauchten. Ich rutschte ein wenig unruhig auf meinem Stuhl hin und her. Um genauer zu sein, erläuterte Frau Schulz-Mattes, die Kinder, die eine Rechtschreibschwäche hätten. Sie warf Maltes Mutter einen aufmunternden Blick zu.

»Und die, die immer alle anderen vom arbeiten abhalten, auf ihrem Stuhl rumrutschen, dauernd quatschen oder auf ihren Sachen rumkritzeln!« Ein knappes, leicht frostiges Lächeln in meine Richtung. Ich spürte die Blicke der anderen Eltern im Rücken und versteckte meinen Stift so schnell wie möglich unter dem Tisch.

Wir wurden gebeten, Namensschildchen zu schreiben, denn die Kinder seien ihr zwar vertraut, aber die Eltern leider noch nicht. Während Frau Schulz-Mattes nun einen Ausblick auf den Elternabend gab, mühte ich mich ab, mein Papierschild zum Stehen zu bringen. Irgendwie mochte es aber nicht. Es wollte viel lieber auf den Lehrertisch rutschen. Frau Schulz-Mattes gab mir das Blatt mit einem nachsichtigen Lächeln zurück. Ich beschwerte es mit meinem Handy (selbstverständlich war es auf stumm geschaltet). Das Schild war wirklich schön geworden, ganz besonders die Blümchengirlande ...

»Frau Hutzenlaub!«

»Äh, ja?« Ich war noch nicht ganz zufrieden mit der Position meines Schildes und hatte deshalb den letzten Satz irgendwie nicht ganz mitbekommen.

»Ich sagte gerade, es wäre wichtig, den Vor- UND Nachnamen zu kennen, damit die anderen Eltern die Kinder zuordnen können.« Das Lächeln war nun schon vom Kühlschrank ins Gefrierfach gerutscht. Ich hoffte, Frau Schulz-Mattes schloss nicht von mir auf meine Tochter. Ich befürchtete allerdings schon. »Der Apfel fällt nicht weit vom Stamm«, schien ihr ins Gesicht geschrieben. Hey, ich habe mir echt Mühe mit meinem Schild gegeben! Na gut, ich drehte das Schild um, sodass »Lucie« jetzt zu mir zeigte. Auf die andere Seite schrieb ich meinen kompletten Namen: Lucinde Hutzenlaub. Bitte schön. Wenn es sie glücklich machte. Aber die Verzierung ließ ich weg, weil der Name schon so lang war.

Als Erstes wollte Frau Schulz-Mattes nun die Elternvertreter wählen und bat um Freiwillige.

Meistens war es ja so, dass man die Elternvertreter des letzten Jahres irgendwie dazu überreden konnte, den Job wieder zu übernehmen. An der alten Schule war ich sehr oft eine dieser Dummen gewesen. Dieses Jahr hatte ich mir aber vorgenommen, Nein zu sagen. Schließlich war ich neu. Außerdem war mein Mann in der Klasse nebenan bei Marias Elternabend und wir hatten ausgemacht, wir behaupteten einfach, der jeweils andere sei schon Elternsprecher. So weit der Plan. Frau Schulz-Mattes fragte also, wer sich vorstellen könne, dieses Amt zu übernehmen. Die alten Elternvertreter vielleicht? Die lehnten dankend ab. Es entstand die typische Stille. Frau Schulz-Mattes sah in die Runde, die Eltern sahen weg. Ich sah auf mein Schild. Stille. Hätte ich es vielleicht doch noch ein bisschen hübscher gestalten sollen?

Da fing mein Handy an zu vibrieren. Das Vibrieren an sich ist ja nicht schlimm, aber dabei ruckelte es sich brummend mitsamt dem Namensschild vorwärts gen Frau Schulz-Mattes' Tisch. Ich musste leider lachen. Irgendjemand in der letzten Reihe lachte auch. Frau Schulz-Mattes lachte nicht.

Das Handy hatte aufgehört zu brummen und sie zog es mit spitzen Fingern unter dem Namensschild hervor.

»Ich glaube, das gehört Ihnen«, sagte sie mit verkniffenem Mund. Als Lehrer braucht man doch wenigstens ein bisschen Humor. »Frau Hutzenlaub, habe ich das richtig verstanden, dass Sie gern die erste Freiwillige sein möchten?« Sah ich da etwa einen boshaften Glanz in Frau Schulz-Mattes' Augen?

»Äh, also. Nein, weil ... ja ... weil mein Mann ...« Schon fingen die anderen Eltern an zu klatschen.

»Danke, wirklich schön, dass Sie sich einbringen wollen! Ich gebe Ihnen dann gleich die Unterlagen für die Klassenfahrt und die restlichen Events.« Sie reichte mir einen Stapel Papier. »Gibt es vielleicht jemanden, der Frau Hutzenlaubs Vertreter sein möchte? Ist ja eigentlich auch nur pro forma, im Grunde macht der erste Vertreter die ganze Arbeit natürlich selbständig.«

Irgendeine Frau aus der letzten Reihe meldete sich, aber nur unter der Bedingung, dass sie nie irgendwelche Briefe schreiben oder zu Versammlungen gehen müsse, sie sei nämlich berufstätig. Super. Ich nicht. Ich habe nur tausend Kinder. Aber das zählt ja nicht. Ich blickte auf mein Handy und sah eine SMS von meinem Mann. »Bin doch Elternvertreter geworden. Sorry!«

Ja, die Romantik bleibt gern auf der Strecke, wenn man sich so selten sieht, berufstätig ist und eine Großfamilie hat. Aber da war ja jetzt vorgesorgt.

Sie sei nämlich berufstätig. Super. Ich nicht. Ich habe nur tausend Kinder.

»Gut«, sagte Frau Schulz-Mattes. »Nächstes Thema: Klassenarbeiten. Wie Sie bestimmt wissen, unterrichte ich in dieser Klasse Englisch, Deutsch und NWT.«

Maltes Mama streckte sich.

»Frau Friedrich?«

»Ja, also, der Malte, der Malte hat ja eine Lese-Rechtschreibschwäche.« Sie blickte in die Runde. Irgendwie sah es aus, als sei sie stolz darauf, zumindest lächelte sie mit schräg gelegtem Kopf. Der wollte ich einen Smiley malen?

»Ja, und da wollte ich fragen, wie das eigentlich bei den Diktaten bewertet wird? Werden dann die Rechtschreibfehler nicht benotet? Und was ist mit den Kommata?«

Frau Schulz-Mattes konnte sie beruhigen. Kinder mit Lese-Rechtschreibschwäche mussten Diktate nicht mitschreiben, durften aber, wenn sie wollten, und bekamen dann selbstverständlich keine Note.

»Und was machen die dann stattdessen?«, fragte eine andere Mutter entrüstet.

»Entweder sie machen ein paar Übungen oder sie malen einfach ein schönes Bild.« Moment! Lilli war in Diktaten ebenfalls miserabel. Sie hatte bestimmt auch eine Lese-Rechtschreibschwäche. Dafür konnte sie spitzenmäßig malen! Das hatte sie natürlich von mir! Allgemeines Gemurmel entstand. Maltes Mama lehnte sich zufrieden zurück. Frau Schulz-Mattes erklärte, dass man eine offizielle Diagnose von einem Psychologen brauchte, damit eine Sechs im Diktat als LRS gewertet wurde. Wieder ein Blick zu mir. Was hatte sie nur gegen mich?

Maltes Mama legte nach: »Und das ist wirklich kein Spaß! Also der Malte, der sitzt immer ewig an seinen Hausaufgaben. Und er versteht auch viele Aufgaben erst gar nicht, weil er schon die Texte nicht richtig lesen kann.« Sie schaute geknickt. Jetzt schämte ich mich fast ein bisschen. Nicht, dass sie jetzt gleich anfing zu weinen! »Und deshalb«, Maltes Mama richtete sich ein bisschen auf und lächelte wieder, »wollte ich auch gleich fragen, ob Sie, Frau Schulz-Mattes, bei den Arbeiten in NWT dem Malte die Aufgaben nicht vorlesen könnten. Noch besser wäre natürlich, Sie setzten sich neben ihn, dann kann er immer fragen, wenn er was nicht versteht ... oder am besten ich komme einfach gleich mit und helfe ihm!«

Frau Schulz-Mattes war sprachlos. Das machte aber nichts, denn jetzt meldete sich von hinten eine Frau Schneider.

»Also, mein Kim, der hat ja ADHS. Ja, und der versteht auch so manches nicht. Weil er sich gar nicht so lange konzentrieren kann. So.« Sie war aufgestanden, vermutlich damit man sie vorne besser hören konnte. Das tat man aber sowieso, denn sie redete ziemlich laut. Soweit ich das beurteilen konnte, hatte sie wenigstens keine Skihose an. »Und wenn Frau Schulz-Mattes jetzt anfängt, während der Arbeiten mit dem Malte alles zu besprechen, dann wird es so unruhig in der Klasse, dass ich Kim gleich zu Hause lassen kann. Dann wird es sowieso eine Sechs!«

Ein Schatten legte sich auf Frau Schulz-Mattes' Gesicht. Das würde sie sich nicht bieten lassen und prompt schoss sie scharf zurück.

»Also, Frau Schneider. Wenn Ihr Sohn ADHS hat, dann müssen Sie mir das sagen! Dann sollte er selbstverständlich auch in der ersten Reihe sitzen.« Sie wies auf einen leeren Platz ein paar Stühle neben mir. Kims Mama machte keinen besonders begeisterten Eindruck.

»Und natürlich kann ich nicht für jedes Kind eine individuelle Technik entwickeln, wie es am besten zu einer erträglichen Note kommt! Wir sind hier am Gymnasium!« Frau Schulz-Mattes' Stimme war lauter geworden und an ihrem Hals zeigten sich die ersten roten Flecken. »Ihre Kinder müssen sich schon zu Hause vorbereiten und lernen. Wo kämen wir denn da hin, wenn jeder mit seinem Kind in die Schule geht und ihm die Arbeiten vorliest? Als Nächstes fragen Sie mich noch, ob Sie die Arbeiten nicht zu Hause gemeinsam mit Ihrem Kind bearbeiten dürfen. Nein, also so geht es nicht.« Winzige, kleine Schweißperlen tauchten auf ihrer Stirn auf. Jetzt war sie mir fast schon wieder sympathisch.

Maltes Mama war beleidigt. »Wir haben uns extra für eine Privatschule entschieden, weil man uns versprochen hat, dass man hier individuelle Lösungen für die Kinder findet!«

Kims Mutter stand noch immer an ihrem Platz. »Also, wenn Malte Diktate nicht mitschreiben muss wegen seiner LRS, dann will ich, dass Kim in NWT nur eine Note für das bekommt, was er richtig gemacht hat!«

Schön, wie die Diskussion so langsam Fahrt aufnahm. Ich hatte schon gedacht, dass ich mich wieder zweieinhalb Stunden langweilen müsste. Allerdings hätte ich gern gewusst, was NWT für ein Fach war. Ich tippte auf »Nebensächliches-Wissen-Testen«. Frau Schulz-Mattes schlug vor, dieses Thema mit den Betroffenen in einer persönlichen Sprechstunde zu diskutieren, was ich einerseits sehr schade fand, andererseits hatte mein Mann mir soeben mitgeteilt, dass er bereits fertig sei und in der Kneipe nebenan auf mich wartete. Er hatte mir sogar schon eine Weißweinschorle bestellt. Ich war dann also doch für die Sprechstunde.

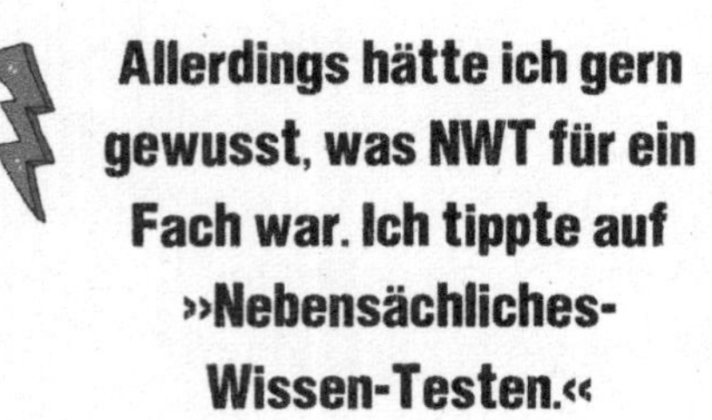

Frau Schulz-Mattes ließ sich auf ihrem Stuhl nieder und sah auf die Uhr. Sie machte einen leicht ermatteten Eindruck.

»Eigentlich wollte ich mit Ihnen noch die Klassenfahrt besprechen. Und dann gibt es natürlich noch die Sexualerziehung, die dieses Jahr stattfindet. Aber vielleicht verschieben wir das aufs nächste Mal.« Sie tupfte sich die Stirn mit einem Taschentuch ab.

Ich stand auf und nahm meine Jacke von der Stuhllehne. Darunter kam ein rosa Edding-Herz aus Blümchen zum Vorschein, das sich um den Namen »Lilli« rankte. Wie schön meine Tochter doch malen konnte. Darunter stand »da Winschi«.

Ja, ich bin auch gegen Vandalismus an Möbelstücken, aber die Blümchen waren wirklich hübsch!

MEIN KIND WAR DAS NICHT!

»Es geht schief, es geht fürchterlich schief!«, rief mir mein Schubladenbär entgegen.

»Alter Pessimist«, brummte ich zurück und schob die Schublade so weit zu, bis ich sein künstliches Fell kaum noch sehen konnte. Vor Nervosität trommelte ich mit den Fingern auf dem Pult herum. Heute war Elternabend und gleich ging es los. Als mir klar wurde, dass mein kleiner Untermieter dies als Ruhestörung auffassen könnte, hörte ich sofort wieder damit auf.

Das Klassenzimmer sah aus wie immer, die Tafel ebenso wie mein Pult, das so etwas wie der Altar jedes jungen Lehrers ist. Darin kann er all die Hilfsmittel verstecken, die er während des Unterrichts benötigt: Nachschlagewerke, Arbeitsblätter, Spickzettel. Die meisten von uns sind gerade in der Anfangszeit Lehrmaterial-Messis. Für ganz harte Fälle brachten viele Kollegen dort auch Pflaster und Trostschokolade unter. Was nutzte das ganze Gefasel von »klarer Kante« und »Regeln«, wenn gerade eines der Kinder einen Heulkrampf bekam?

Allein der Gedanke ließ mich erschaudern.

Doch mein Pult war anders. Ganz anders. Denn ich war nicht allein. In meinem Schreibtisch, da hatte ich meinen Bären. Mit zerschlissenem Fell, abgewetzten Ohren und schwarzen Knopfaugen. Er sah aus wie ein netter Geselle, wenn man ihn nicht näher kannte.

Es war besser, wenn niemand den alten Teddybär zu Gesicht bekam, den ich seit meiner Kindheit mit mir herumschleppte, daher schob ich die Schublade ganz zu.

»He«, beschwerte sich der Teddy. »Es ist so dunkel hier.«

»Sei ruhig«, sagte ich. »Schlaf doch ein bisschen.«

Er brummte unzufrieden vor sich hin.

Ich war nervös. An solch einem Abend hilft nicht einmal Schokolade.

»Meinen« Kindern etwas über Grundrechenarten oder erstes Englisch beizubringen, wäre mir jetzt lieber gewesen. Doch heute musste ich mich den subtil feindseligen Blicken von gut einem Dutzend Erwachsener aussetzen, die gerade nacheinander das Klassenzimmer betraten. In einem kurzen Anflug von Panik zog ich die Schublade wieder ein Stück auf. Manchmal brauchte man einfach einen Freund an seiner Seite.

Früher war ein Lehrer so etwas wie Staatsanwalt, Richter und Henker in einem. Heute saß er selbst auf der Anklagebank.

»Hurra, sie sind da«, jubelte mein Bär. »Ich dachte schon, es kommt gar keiner.«

»Hurra«, flüsterte ich weniger begeistert.

Früher war ein Lehrer so etwas wie Staatsanwalt, Richter und Henker in einem. Heute saß er selbst auf der Anklagebank.

Irgendwann hatte ich das ungute Gefühl, dass nicht mehr Eltern kommen würden. Na, dann konnte es ja losgehen.

»Liebe Eltern der Klasse 3a, ich begrüße Sie ganz herzlich ...«

Mitten im Satz merkte ich, dass mir niemand zuhörte. Wie auch? Die rothaarige Mutter vorne rechts sprach so laut, dass ich mich selbst kaum verstand. Die Haare zu einem Dutt geformt, Brille, Hosenanzug. Dank der Haarfarbe war es ein Leichtes, sie zuzuordnen: Das musste die Mutter von Ina sein.

»Wir können froh sein, dass ihr Geschwätz unter der Lautstärke eines Rockkonzerts bleibt. Das sind geschätzte siebzig Dezibel«, gab der Schubladenbär von sich.

Ich blickte sehnsüchtig zur Uhr.

»Frau Rackenöhr, dürfte ich ...?«

Wenn Blicke töten könnten, dann hätte mich jetzt kein Rettungshubschrauber dieser Welt mehr rechtzeitig erreicht.

Ich versuchte, sie zu ignorieren und begann erneut. »Liebe Eltern der Klasse 3a, ich begrüße Sie ganz herzlich zu unserem ersten Elternabend.«

»Die merken sofort, dass du so etwas noch nie gemacht hast und werden dich zerfleischen«, schrie es in meiner Schublade.

Ich spürte, wie sich ein Schweißfilm auf meiner Stirn bildete.

»Ähh also, mein Name ist Holger.« Nervös zog ich die Schublade ein Stück auf, gerade so, dass ein schwarzer Spalt erschien. »Ruhig jetzt!«, flüsterte ich leise.

Fragende Blicke richteten sich auf mich.

»Holger Lämpel«, stammelte ich.

Vereinzelt wurde Gelächter laut. Es war ausgerechnet die Rackenöhr, die zum ersten Schuss ansetzte. »So wie bei Wilhelm Busch?«

Mein Gesicht brannte. »Holger Lämmert natürlich.«

Jetzt gab es kein Halten mehr. Im allgemeinen Gelächter verwandelte sich meine Zuhörerschaft in eine Herde wilder Mustangs. Und ich hatte kein Lasso, um sie einzufangen.

Ich fuhr fort. »Ihre Kinder haben bei mir Mathematik.«

»Hahaha.« Der Bär bekam sich vor Lachen nicht mehr ein. »Willst du das wirklich Mathematik nennen?«

»Zur Mathematik«, sagte ich laut und mit bestimmter Stimme, um meinen Pultbewohner zu übertönen. Das tat seine Wirkung. Ich begann, alles zu erläutern, den Lehrplan und die Leistung der Klasse. Nur musste ich wie ein Luchs aufpassen, keine Namen zu nennen. Denn wer einzelne Kinder hervorhebt, den frisst die Meute.

Mein Vorsatz zersprang in tausend Stücke, als sich eine wasserstoffblonde Frau im Leopardenoberteil zu Wort meldete: »Mein Kevin liebt ja Geo..., Geo..., diese Geometrik. Wirklich!« Ach, der Kevin. Sofort sah ich wieder vor mir, wie Kevin einen Fünftklässler mit seinem Holzlineal verprügelte. Eine gewisse Begabung war ihm da nicht abzusprechen. Die Schlagtechnik hatte mich ein bisschen beeindruckt.

»Kann man da nicht mehr mit Farben machen und so? Wie in Kunst?«, fuhr Kevins Mutter Lüsette – deren Name sich nebenbei bemerkt Lucette schreibt – fort.

Grüne Dreiecke, rote Quadrate und blaue Kreise tanzten vor meinen Augen. Ja, das war schön anzusehen und sehr viel unaufdringlicher als ein viel zu knapp bemessenes Leopardentrikot.

»Mein Gott, ist die blöd«, rief der Bär.

Ich bemühte mich, so auszusehen, als hörte ich aufmerksam zu, während ich langsam in den Irrsinn stürzte.

»Guter Hinweis. Ich werde darüber nachdenken.« Die Antwort kam so reflexartig, dass die Dame in der ersten Reihe ein bisschen erschrak. Hoffentlich fiel niemandem auf, dass ich mir diesen Satz für diejenigen Fragen zurechtgelegt hatte, auf die ich keine Antwort wusste.

»Herrje, du bist so ein Langweiler.« Ich hoffte, dass ich wirklich der Einzige war, der die Stimme aus der Schublade hörte.

Schon ging die Reise weiter ins Land der Rechtschreibung. Wie es der Lehrplan so wollte, ersonnen von den klügsten Köpfen unserer Zeit, hatten wir von der intuitiven Lautsprache zur Rechtschrift gewechselt. Was das bedeutete? Dass von nun der Duden der Chef der Rechtschreibung war. Wodurch die halbe Klasse über Nacht zu Legasthenikern wurde. Tada, endlich genug Arbeit für die faulen Lehrer. Zumindest mochte es manchen Eltern so vorkommen.

Ich versuchte, die Unterschiede zu erklären und bemühte mich, Verständnis für den Übergang zur neuen Schreibweise zu wecken.

Vielleicht wäre es mir auch geglückt, wenn sich nicht mein ganz persönlicher Fan, Frau Rackenöhr, zu Wort gemeldet hätte.

»Sagen Sie mal, Herr Lämmert, ich habe da von einem Projekt in der Winfried-Nebel-von-Puck-Schule gehört. Da bringen die Schüler der vierten Klassen den Drittklässlern das Schreiben bei.«

Unsere Viertklässler waren mit Sicherheit nicht geeignet, ihren jüngeren Mitschülern auf die Sprünge zu helfen. Ich hatte am eigenen Leib erfahren, dass man sich Gruppen besagter Altersstufe bestenfalls zu zweit oder zu dritt näherte. Rücken an Rücken.

»Außerdem sind die Viertklässler hier alle Idioten.« Ich musste meinem Dauerbegleiter recht geben. Wieder so ein Vorschlag aus dem Reich der elterlichen Theorie, der fast schon preiswürdig war. Das alles wollte ich dieser rothaarigen Businessfrau entgegenschleudern, sagte aber nur: »Guter Hinweis, ich werde darüber nachdenken.«

Ha, damit hatte die Rackenöhr nicht gerechnet.

Ich fuhr mit meinem Vortrag über Heimat und Sachkunde fort und sparte auch den Sportunterricht nicht aus. Obwohl Letzterer mit unangenehmen Erinnerungen verbunden war.

»Wie hast du dir diese böse Zerrung noch mal zugezogen? Ach ja, du hast den Kindern die Rolle rückwärts demonstriert«, baute mich der Bär sogleich auf.

Mit 26 war man eben nicht mehr der Jüngste.

Methodisch arbeitete ich mein Skript ab und es gelang mir, mich nur acht- oder zehnmal zu verlesen. Bis nur noch ein Punkt übrig war und dass dieser ganz hinten stand, hatte auch einen Grund.

»Unser Rektor hat mich gebeten, noch einmal auf die Verhaltensregeln an unserer Schule hinzuweisen.«

Jetzt war es heraus. Statt der betretenen Gesichter, die man hätte erwarten können, zeigten sich mir hochgezogene Augenbrauen und verschränkte Arme. Ich fühlte mich wie ein Dompteur, der seine Peitsche vergessen hat und dies erst im Tigerkäfig realisiert.

Ich fühlte mich wie ein Dompteur, der seine Peitsche vergessen hat und dies erst im Tigerkäfig realisiert.

»Es ist ja nun mal so ...,« begann ich meine Ansprache. »Hier an unserer Schule gelten bestimmte Regeln, an die wir uns halten müssen. Auch die Kinder.« Damit löste ich ungefähr dasselbe unheilvolle Schweigen aus wie unser stets gut gelaunter Musiklehrer Herr Trouben, wenn er im Lehrerzimmer spontan ein Geburtstagsständchen anstimmte.

»Bist du bescheuert?«, fragte die Stimme aus dem Off.

»Ich muss das sagen«, rechtfertigte ich mich vor der Schublade, was mir wieder fragende Blicke von Seiten der Eltern bescherte.

Lüsette schien nachzudenken.

»Sieh in den Abgrund und der Abgrund sieht auf dich.« Dieser Bär musste aber auch immer mit seinem Intellekt angeben.

Ich versuchte, mich an den Wortlaut unseres Rektors zu erinnern. »Weil die, äh, Disziplin in einer Ära ... nein, Aura des Lernens ein Fundamentalist ... äh ...«

»Das Ende, das ist das ENDE!«, heulte der Bär.

Noch während ich nach den richtigen Worten suchte, sah ich mich selbst vor meinem inneren Auge schuldbewusst vor meinem Klassenlehrer stehen, die Finger voller Kreidestaub und hinter mir die weiß beschmierten Wände. »... Fundament darstellt.«

»Das sind doch nur Kinderspäße«, wandte ein Mann ein, dessen Namen ich nicht kannte und den seines Kindes schon zweimal nicht. »Kinder sind eben so.« Dieser Einwand passte zu seinem Öko-Style mit der Strickweste und den Pantoffeln, die er gleich zu Beginn der Veranstaltung ausgezogen hatte, um seine durchlöcherten Socken zu präsentieren.

»Es ist leider nur so, dass den Feueralarm letzte Woche nicht alle Lehrkräfte lustig fanden«, gab ich zu bedenken.

»Insbesondere diejenigen nicht, die von den Wasser-sprenklern nass gespritzt wurden.«

»Wenn das nicht der Kevin war!« Die Rackenöhr keifte und zeigte mit ihrem Finger direkt auf Lüsette, die ihre Hände empört in die Höhe reckte.

»Mein Kevin? Der Kevin hasst Feuer.«

Ich verfolgte das Streitgespräch, während ich im Geiste nachzählte, wie viele Feuerzeuge ich Kevin bereits abgenommen hatte. Bei der stolzen Summe von elf angekommen musste ich zugeben, dass alles auf ihn hinwies.

»Überhaupt, meine Ina hat mir erzählt, dass sie von Kevin jeden Morgen geschubst wird. Das wussten Sie wohl auch nicht, oder?«

»Ach was«, schnauzte die Lüsette. »Dafür hat Ihre Ina eine ganze Flasche Billigparfüm in Kevins Schulranzen gekippt.«

»Meine Ina? Unmöglich!« Hilfe suchend sah sie sich unter den Anwesenden um. »Das sage ich Ihnen, unsere Ina würde sich niemals mit so einem wie Ihrem Kevin abgeben. Sie haben Herrn Lämpel doch gehört ...«

»Lämmert«, verbesserte ich sie.

»Ist die blöd«, kommentierte der Bär.

Verdattert sah sie mich für eine Sekunde an, ehe sie fortfuhr. »Feueralarm. Wenn das mal nicht dieser Rotzlöffel war.«

»Mein Kind war das nicht!«, keifte die Weißblonde so heftig, dass ihre Oberweite beinahe aus ihrer Fassung rutschte.

»Man muss doch nur die Mutter anschauen und weiß Bescheid.« Nun kam die Rackenöhr erst in Fahrt. Demonstrativ zupfte sie ihren Blazer zurecht.

Der Herr in den Ökosocken versuchte zu vermitteln, sehr zur Schadenfreude meines Schubladenbewohners. »Schau mal, gleich hauen sie ihm in die Fresse!«

Er kam noch einmal mit heiler Haut davon. Die scharfen Blicke der beiden keifenden Weiber genügten, damit er eilig nach seinen Pantoffeln suchte. Es war eben nicht jeder zum Helden geboren.

»Weichei, Weichei«, lästerte der Felltyp.

Ein Gong wäre nun praktisch gewesen, vielleicht auch ein Boxring. Während sich die beiden Damen verbal ineinander verkeilten, ließ ich meinen Blick durchs Klassenzimmer schweifen. Per Zeichensprache signalisierte ich den unbeteiligten Eltern, dass der Elternabend nun sein Ende gefunden habe. Erleichtert schlichen sie sich davon. Der Herr mit den Ökosocken winkte mir mit strahlendem Gesicht zu.

Ob es half, die beiden Streithennen darauf hinzuweisen, dass ausgerechnet Ina und Kevin unzertrennlich waren? So etwas wie Romeo und Julia auf dem Schulhof? Eher wie Bonnie und Clyde. Vielleicht hatten die beiden deshalb in der Schultoilette gezündelt. Wer weiß?

Irgendwann wurden die beiden Frauen ruhiger. Die Rackenöhr sah mich auf der Suche nach einem neuen Opfer fuchsteufelswild an.

»Das hat ein Nachspiel, Herr Lämmert. Das sage ich Ihnen. Nach allem, was unsere Ina über Sie erzählt hat, werde ich mich beschweren.«

»Was meint die?«, fragte der Bär.

»Was meinen Sie?«, fragte ich ebenfalls.

»Ina hat erzählt, dass Sie einen Stoffbären in Ihrem Pult haben. Und dass Sie mit ihm reden! Das ist doch nicht normal!«

In ungewohnter Einigkeit nickte Lüsette zustimmend.

Zeit für meine Defensive. »Guter Hinweis, ich werde ...« Ich hielt inne. Irgendwie sträubte sich alles in mir, diese Geschichte so enden zu lassen und kalt lächelnd sagte ich zu den beiden Damen: »Wenn ich alles glauben würde, was die Kinder mir von zu Hause erzählen, dann müsste ich die Hälfte aller Eltern beim Jugendamt melden.«

Nicht ohne Genugtuung sah ich dabei zu, wie auch die beiden letzten Besucher kopfschüttelnd das Klassenzimmer verließen. Vermutlich würden sie gleich weiterdiskutieren über Geometrik und Feuerzeuge.

Ich war zufrieden.

»War doch ganz okay, oder?«, fragte der Bär.

»Stimmt.« So schlimm war der Elternabend eigentlich nicht gewesen. Ich packte meine Sachen zusammen und ging.

KAPITEL 6
Krieg!

Humanitäres Völkerrecht? Vergessen Sies! Darauf können Sie auf dem Schlachtfeld Elternabend nicht zählen. Wenn es um das Wohl des Nachwuchses geht, kann man keine Rücksicht auf die unantastbare Würde oder andere zivilisatorische Befindlichkeiten nehmen.

Richtig fies wird es, wenn die zwischenmenschliche Karte ausgespielt wird und uns der Pfeil des Feindes mitten ins Herz trifft. Das geht insbesondere an der Elternfront famos. Man muss nur den Namen des Kindes mit den Begriffen »vernachlässigt«, »ADS« oder »Hauptschule« in Verbindung bringen. Die betroffenen Eltern werden sofort hyperventilieren und Sie als Lehrer können den Sieg für sich verbuchen.

Lehrer lassen sich schnell aus der Fassung bringen mit Worten wie »Anwalt«, »Disziplinarverfahren« oder »Dienstaufsichtsbeschwerde«. Damit können Sie bei einem schlecht laufenden Elterngespräch wahre Wunder an Kooperation bewirken.

FRAU HAUPT ÜBERNIMMT

Als Lehrer ist es manchmal nicht ganz einfach, zu sagen, ob man sich auf Elternabende freuen oder sie verdammen soll.

Denn leider sehen ihn manche Erziehungsberechtigte als Möglichkeit zum Kreuzverhör.

Vorneweg: Ich bin Lehrer an einer städtischen Realschule, mit meinen dreißig Jahren war meine eigene Schul- und Studienzeit noch nicht allzu lange her und ich möchte behaupten, dass ich darum ganz gut verstehe, was ein Schüler denkt. Leider musste ich einiges an Lehrgeld zahlen, als ich meine erste Klasse übernahm. Vielleicht hatte ich zu sehr an das Gute im Menschen geglaubt, als ich den Eltern meine Handynummer und volle Adresse auf einem Merkzettel mitlieferte. Eigentlich dachte ich, dass diese nur in Notfällen gebraucht werde.

Vielleicht hatte ich zu sehr an das Gute im Menschen geglaubt, als ich den Eltern meine Handynummer und volle Adresse auf einem Merkzettel mitlieferte.

Es dauerte genau einen Tag, da hatte ich bereits die ersten Freundschaftsanfragen von Eltern auf Facebook. Sie hatten mich über die Liste eines Bekannten gefunden. Da dies meine erste eigene Klasse war und ich keinen schlechten Eindruck hinterlassen wollte, nahm ich sie an.

Ein fataler Fehler, wie sich herausstellen sollte.

Insgesamt waren es acht Eltern, die mich addeten und ich empfand es als unangenehm, dass Menschen, die ich bisher nur einmal gesehen hatte, plötzlich Fotos davon sehen konnten, wie ich im Urlaub auf einem Kamel ritt.

Kein Problem - wofür gibt es denn personalisierte Freundeslisten? Also nahm ich mir einen Abend Zeit, damit die Eltern nur die Beiträge sehen konnten, die man als seriös oder zumindest nicht kompromittierend bezeichnen würde. Damit war dieses Problem für mich behoben. Leider begann ungefähr zu diesem Zeitpunkt ein neues Phänomen: Zwei ganz besonders aufopferungsvolle Elternpaare begannen, meinen Unterricht zu kommentieren.

Und das jeden Tag!

Mein ganz persönliches Live-Feedback startete, als ich in der Geschichtsstunde die Machtergreifung der NSDAP erklärte. Am Abend fand ich eine Mail von den Eltern eines durchschnittlichen, aber sehr höflichen Schülers in meinem Postfach. Wie dumm von mir, auch meine E-Mail-Adresse bei Facebook anzugeben. Frau Haupt monierte, dass ich direkt mit dieser Epoche begonnen hatte. Wieso ich denn nicht mit den Anfängen der Weimarer Republik startete ... oder besser noch mit dem Kaiserreich oder der Französischen Revolution, die ja unbestreitbar direkte Auswirkungen auf die Entwicklung in Deutschland gehabt hätten. Sie stehe mir gern für Nachfragen zur Verfügung, da sie auf diesem Gebiet äußerst belesen sei und mir gern assistiere.

Sie hatte eine Kopie der Mail an einige andere Eltern, den Direktor und das Sekretariat der Schule geschickt. Wohlgemerkt: Wir reden hier von einer siebten Klasse. Von anderen Eltern erfuhr ich, dass Frau Haupt schon immer sehr überfürsorglich in der Gemeinde mithalf. Ihr Mann war Chirurg, hatte wenig Zeit und Frau Haupt kein nennenswertes Hobby, aber gelegentliche Projekte. Mal war es die Gemeindearbeit in der Kirche, bei der sie den ganzen Stadtrat gegen sich aufbrachte und nach einem Jahr hinschmiss. Dann eröffnete sie ein kleines Café und schloss es ebenfalls nach wenigen Monaten. Anschließend entdeckte sie die Kunst für sich und begann zu malen. Ihr Mann finanzierte dies, sogar ein teures Atelier, das - man errät es schon - nach wenigen Monaten schloss. Generell finde ich es großartig, wenn man seine Träume auslebt und, mit dem nötigen Kleingeld vom Ehemann ausgestattet, auch etwas Neues im Leben versucht. Doch nicht, wenn es sich dabei um meinen Unterricht handelt!

Natürlich wollte ich keinen Fehler machen und so beantwortete ich die Mail am nächsten Tag in einer gekonnt-charmanten Mischung aus: »Vielen Dank für Ihren Beitrag« und »Sorry, aber es ist mein Unterricht und es gibt so etwas wie einen Lehrplan«. Die Mail schickte ich ebenfalls für alle in Kopie, in der Hoffnung, dass es danach keine Diskussion mehr gebe.

Am nächsten Tag unterrichtete ich wie geplant weiter, bis ich um die Mittagszeit im Lehrerzimmer auf mein Handy blickte. Ich hatte eine nicht ganz freundliche SMS von Frau

Haupt erhalten, in der sie mich fragte, wann ich denn endlich ihre Mail beantwortete. In meiner Pause griff ich also zum Telefonhörer und erörterte die Problematik mit ihr in einem langen Gespräch. Damit, so dachte ich, sei das Problem endgültig aus der Welt geschafft, vor allem, da sich Frau Haupt und ihr Mann sehr einsichtig zeigten. Ich Dummie, ich.

Schon am folgenden Montag meldete sich Frau Haupt erneut. Diesmal bekam ich nicht nur eine Mail, sondern auch eine SMS und eine Hinweisnachricht auf Facebook – »Mit der Bitte um Antwort bis zum ...«.

Ich versuchte, die Mail freundlich, aber bestimmt zu formulieren. Schließlich sollte ich dankbar sein, dass Eltern sich so um ihre Kinder kümmerten. Es gab unzählige Negativ-Beispiele. Hier hatte ich es jedoch mit dem anderen Extrem zu tun: den allseits beliebten Helikopter-Eltern.

Ganz abgesehen davon, dass ich diese Art der Kontrolle für nicht gut für das Wohl des Kindes halte, ist es einfach nervig, sich jeden Abend für seinen Unterricht rechtfertigen zu müssen. Nach unzähligen Mails, Nachrichten und Benachrichtigungen fällt es einem schwer, nicht auch noch den Versuchen der Eltern, um eine Note zu feilschen, nachzugeben. Warum ihr Sohn denn nur eine Drei für die Arbeit bekommen habe, wollte Frau Haupt wissen. Sie hatte sich sogar die Mühe gemacht, die Arbeit durch einen befreundeten Lehrer nachkorrigieren zu lassen, diese eingescannt und mir schließlich per Mail zugesandt.

Ihr Sohn lag genau »zwischen den Noten«, aber in einem Aufsatz sollen laut Lehrplan auch Stil und Wortwahl in die Note mit einfließen. Ich hatte die Arbeit nicht als ausreichend für eine Zwei empfunden und ihm die schlechtere Note gegeben. Nach vier Mails zu diesem Thema rief Frau Haupt den Direktor an.

Auch er fand das Verhalten des Elternpaares mehr als fragwürdig, nötigte mich aber dazu, dem Schüler eine Zwei Minus zu geben ..., um des lieben Friedens willen. Während ich mit allen anderen Eltern ein sehr gutes Verhältnis pflegte, geschah das, was ich eigentlich nicht wollte.

Frau Haupt nahm es persönlich.

An den folgenden Hausarbeiten konnte man erkennen, dass Ausdruck, Schlussfolgerung und umfangreiches Vokabular nicht von einem 14-Jährigen kommen konnten. Plötzlich war in seinen Aufsätzen von »sybillinischer Wortwahl« die Rede, der Umfang betrug mehrere Seiten, der Stil war wie von einem Geschichtsprofessor - klar und strukturiert - und obwohl wir gerade erst die Maueröffnung in Geschichte durchnahmen, rekapitulierte der Aufsatz bereits deren Auswirkungen auf die Europapolitik. Ein Anruf bei Frau Haupt bestätigte mir, dass sie, ihr Mann und ihr Sohn die ganze Nacht daran gesessen hätten. Thema verfehlt - der Schüler soll lernen, nicht die Eltern.

Der Direktor musste sich ein zweites Mal einschalten, die Eltern erhielten eine deutliche Rüge.

Leider kann ich nicht behaupten, dass das Verhalten der Haupts spurlos an mir vorübergegangen wäre. Man reflektiert auch das Verhalten der Eltern, benimmt sich anders, beginnt sogar die Arbeiten und Berichte des jungen Menschen aus einem anderen Blickwinkel zu betrachten. Es ist ein komisches Gefühl, wenn man genau weiß, dass der arme Junge in wenigen Stunden schon seinen Eltern berichten muss, was im Unterricht durchgenommen wurde.

Frau Haupts Engagement erreichte seinen Höhepunkt am ersten Elternabend. Eigentlich fühlte ich mich gut vorbereitet. Ich wollte ein freundliches Klima schaffen, meine Freundin hatte Muffins gebacken und ich Kaffee und Tee organisiert. In meinem Referendariat hatte ich bereits beobachtet, dass es immer Eltern gibt, die geduldig ihre Zeit absitzen, dann einige, denen man überdeutlich ansieht, dass sie lieber jetzt als später nach Hause auf die Couch wollen und schlussendlich jene, die aus einem Elternabend am liebsten ein dreitägiges Symposium machen würden. Unschwer zu erraten, in welche Kategorie das Ehepaar Haupt fiel.

Die beiden setzten sich in die erste Reihe und es gab keinen Zweifel daran, dass sie reden wollten. Lange und intensiv.

Sie erschien mit drei Ordnern, vollgepackt mit Expertenmeinungen zu Unterricht, Erziehung und Pädagogik, den neuesten psychologischen Erkenntnissen zum besseren Lernen und alternativen Unterrichtsformen. Die beiden setzten sich in die erste Reihe und es gab keinen Zweifel daran, dass sie reden wollten. Lange und intensiv.

Während die anderen Eltern bereits nach einer Stunde auf die Uhr sahen, mit den Augen rollten und bedauerten, dass die Muffins schon aufgegessen waren, legte Frau Haupt erst richtig los. Ich ließ sie referieren, doch als sie sich an die Tafel stellen wollte (mein Platz!), riss auch mir der Geduldsfaden. Als ich erklärte, dass dies nicht der Rahmen sei, um meinen Unterricht infrage zu stellen, antworte Frau Haupt, dass sie doch alles mit mir besprochen habe. Wann dies denn gewesen sein sollte, wollte ich wissen.

»Am heutigen Morgen, ich habe Ihnen doch eine Nachricht zukommen lassen.«

Ganz davon abgesehen, dass ich morgens eigentlich immer etwas zu tun habe (nämlich ihr Kind zu unterrichten), fand ich tatsächlich eine Nachricht auf meinem Mobiltelefon.

»Wir sollten mal über den Frontalunterricht reden«, war dort in Großbuchstaben zu lesen. »Halte ihn für nicht gut. Neueste Erkenntnisse geben mir recht. Heute Abend diskutieren wir, okay?«

Damit war unser Verhältnis endgültig gestört. Es ist schon interessant, dass Eltern und Schülern etliche Beschwerdestellen und Wege zur Verfügung stehen, man als Lehrer aber weitestgehend alleingelassen wird. Glücklicherweise war der Direktor ebenfalls derart genervt von den ständigen Mails und Nachrichten und auch das Sekretariat hatte einen Extra-Ordner im Postfach eingerichtet (»Haupt – ignorieren«), dass ein längeres Gespräch mit allen Beteiligten endlich Entspannung bringen sollte.

Danach hörte ich tatsächlich mehrere Wochen nichts von Frau Haupt. Die Leistungen ihres Sohns verbesserten sich zusehends, endlich machte er seine Hausaufgaben selbst und ich konnte ihn fair bewerten. Es schien für ihn wie ein Befreiungsschlag gewesen zu sein, als der Direktor sich dafür eingesetzt hatte, dass er seine Aufgaben allein und ohne strenge Aufsicht seiner Helikopter-Eltern machen musste. Später erfuhr ich, dass Frau Haupt bereits einem anderen Hobby frönte: Sie war Immobilienmaklerin geworden und hatte als Erstes ein todschickes Appartement für sich und ihre Familie in Hamburg gefunden. Da traf es sich gut, dass ihr Gatte eine andere Stelle oben im Norden fand. Drei Wochen später meldeten sie ihren Sohn von der Schule ab.

Ich kann nicht sagen, dass ich unglücklich darüber gewesen bin.

Die Hamburger Lehrkraft, die jetzt noch bis spät in die Nacht Mails von Haupts bekommt, tut mir allerdings bis heute leid.

ELTERNGESPRÄCH

Heute hatten wir ein Elterngespräch an Williams Schule. Dazu bringt man sein Kind mit und alle sitzen auf winzigen Stühlen an winzigen Tischen und fühlen sich seltsam. Die Lehrer (in Williams Fall sein Klassenlehrer Mister Smith und seine Deutschlehrerin Frau Frank) sitzen einem gegenüber und fragen, ob man Fragen habe, während das Kind versucht, niemanden anzusehen und mit der Schuhspitze die Schutzkappe vom Tischfuß fummelt, um sie dann im Klassenzimmer herumzukicken und so zu tun, als ob die einfach so ganz von selbst abgefallen wäre.

Frau Frank und Mr. Smith waren sehr nett und bemühten sich redlich, mit dem Erstklässler ein Gespräch zu beginnen, der mittlerweile auch begriffen hatte, dass Schule keineswegs bedeutete, dass man dort Freunde traf und ansonsten unbehelligt seinen Hobbys nachgehen konnte. Sprich: Aus Versehen abgegangene Schutzkappen im Klassenzimmer herumkicken, auf Tische und andere Kinder malen oder seinen Tagträumen nachhängen ist nicht drin. Um die Unterhaltung zu beginnen, hatten Frau Frank und Mr. Smith ein Blatt vorbereitet, das er ausfüllen sollte. Die erste Frage lautete: Was kann ich gut?

Wie wir alle feststellten, konnte William vor allem gut überall hinschauen, nur nicht zu den Lehrern, den Kopf und sich selbst winden und »Äh, weiß nicht« sagen. Minutenlang. Ich biss mir auf die Zunge und fing leicht an zu schwitzen. William machte das gar nichts. Seelenruhig überprüfte er, ob der Taschenhaken an der Tischseite auch mit kurzen Fingernägeln abzupopeln war.

Die Lehrerin gab Hilfestellung: »Du kannst doch gut malen, William, oder?«

»Ja«, sagte er. »Und Fußball und bauen.« So, fand er, jetzt habe er aber genug gesagt für heute und da hinten bei der Türe liege etwas, das irgendwie interessant war. Da müsste man mal dringend hin. Er versuchte, unauffällig von seinem Stuhl zu gleiten, was ihm leider nicht gelang, denn schließlich blickten drei Erwachsene ihn an. Natürlich durfte ich trotzdem nicht für ihn antworten und so den Lehrern, ihm und mir weitere quälende Minuten ersparen. Als Mutter von vielen Kindern schwebte immer dieses »Mal sehen, ob sie vielleicht eines davon vernachlässigt!« im Raum, was durch den eigenwilligen Kleidungsstil meiner Kinder nur noch gestützt wurde. Aber ich schwöre: Wenn sie das Haus verlassen, sind sie alle sauber und haben zwei Schuhe an, auch wenn diese nicht immer zueinander passen. Und eine Jacke geben ich ihnen auch mit. Meistens. Oder zumindest, wenn es in Strömen regnet.

Wenn sie das Haus verlassen, sind sie alle sauber und haben zwei Schuhe an, auch wenn diese nicht immer zueinander passen.

Mein Fuß schlief ein. Dass William gut Fußball spielen, malen und bauen konnte, wusste ich schon vorher. Ich lenkte mich von dem Bedürfnis ab, für ihn zu antworten, indem ich mir schon mal überlegte, was ich kochen könnte. So was konnte mich stundenlang beschäftigen. Meist ergebnislos.

Die Lehrerin bemühte sich redlich: »Also, wir sind hier ja in der Schule. Kannst du auch hier irgendetwas gut?«

Die Antwort kam sofort: »Nö!«

Gut, die Frage war jetzt vielleicht auch nicht richtig formuliert gewesen.

Ich probierte es auf meine Weise: »WAS kannst du denn gut? In der Schule, meine ich? Hallo, William! JAAAA, wir reden mit dir!« Ich drehte ihn auf dem Stuhl zu mir. »Schau mich mal an!« Verzweiflung schlich sich in meine Stimme. Ich war als Erziehungsberechtigte eben völlig fehlbesetzt, das war nicht neu. Immerhin hatte ich meinen Sohn auf saubere Kleidung und Hände überprüft und die Fingernägel geschnitten, allerdings konnte ich ihn nicht davon abbringen, seinen »William-Style« zu tragen. Hieß: Pullover mit dem Etikett nach außen und zwar vorne.

Ich erinnerte mich noch lebhaft daran, dass Lilli auch immer gern mit Nachthemd, Leggins und Gummistiefeln in den Kindergarten gegangen war und die Erzieherin mir geraten hatte, das zuzulassen. Schließlich sei unterdrückte Kreativität Ursache für viele psychische Probleme im Erwachsenenalter. Daran wollte ich natürlich auf gar keinen Fall schuld sein. Und ich musste zugeben, Lilli sah auch ganz niedlich aus damals.

Wenn ich jetzt allerdings gründlich darüber nachdachte, musste ich mich fragen, ob das die richtige Entscheidung gewesen war. Oh je. Was sollte ich nur machen? William zwingen, seine Kleider richtig herum zu tragen und seine Fantasie und Kreativität unterdrücken? Oder sollte ich doch lieber die Vorurteile, hochgezogenen Augenbrauen und durchdringenden Blicke der anderen Eltern ertragen, wenn mein Sohn nicht nur Pullover, sondern auch Hosen im »William-Style« trug? Und wollte ich überhaupt einen jungen Mann haben, der seine Kreativität voll auslebte? Nachher würde er noch Künstler werden. Wie sollte er dann seine Familie, geschweige denn mich und meinen Gatten im Alter ernähren, wo er doch mit ordentlicher Kleidung vielleicht Bankangestellter oder Ingenieur werden könnte? Ganz klar. Ich war an allem schuld. So oder so. Das hieß natürlich, eigentlich meine Mutter. Schließlich hatte auch ich darauf bestanden, mit meinem blauen Rüschennachthemd in die Stadt zu gehen. Ich war vermutlich in der vierten Klasse und kam mir vor wie ein Mädchen auf einer Hamilton-Fotografie. Hätte sie mir das damals nicht erlaubt, wäre vielleicht aus mir etwas geworden und ich müsste mich jetzt nicht derselben Frage stellen, wie damals, nämlich: »Warum schauen die denn alle so komisch?!«

Mittlerweile sah mich William zumindest an. Sein Kopf war in den Nacken gelegt und sein Mund stand halb offen. Dafür waren seine Augen halb geschlossen. Aufmerksamkeit sah anders aus.

Ich probierte es erneut: »Was MÖCHTEST du denn gut können?« Er bemühte sich redlich, seine Augen durch Stirnrunzeln weiter zu öffnen, aber es gelang ihm nicht: »Eishockey?«, fragte er vorsichtig.

Nun, nach ein paar weiteren erfolglosen Bemühungen, meinen Sohn zum Sprechen zu bewegen, einigten die Lehrer und ich uns darauf, dass »singen« und »wach bleiben« durchaus auch schulische Ziele sein könnten und man schließlich nie wusste, ob es ihm nicht einmal von Vorteil sein könnte, das eine oder andere davon mühelos zu beherrschen.

Nach ein paar weiteren erfolglosen Bemühungen, meinen Sohn zum Sprechen zu bewegen, einigten die Lehrer und ich uns darauf, dass »singen« und »wach bleiben« durchaus auch schulische Ziele sein könnten.

Ich glaubte und hoffte, dass die beiden Lehrer jetzt nach den längsten zwanzig Minuten meines - und ihres - Lebens eine lange Mittagspause hatten. Ich für meinen Teil fühlte mich so, als wäre ich einen Marathon gelaufen, deshalb fuhr ich auch mit William so schnell wie möglich nach Hause, duschte, legte mich ins Bett, weinte ein wenig frustriert in mein Kissen und hoffte auf einen traumlosen, sehr, sehr langen Mittagsschlaf. Denn zu allem Unglück blühte mir heute noch ein weiterer Elternabend in Lillis Klasse.

Voller Vorfreude blickte ich auf dieses Event, schließlich hätte ich ja ansonsten ganz langweilig mit einem Glas Rotwein auf der

Couch sitzen und mich mit meinem Mann unterhalten müssen, auf dessen persönlicher »Was kann ich besser machen?«-Liste übrigens auch dringend der Punkt »wach bleiben« stehen müsste. Auf »singen« konnte ich zur Not verzichten. Vor allem morgens.

Aber da ich ja total freiwillig die ehrenvolle Aufgabe der Elternvertreterin übernommen hatte, wusste ich wenigstens schon, was mich abends erwartete: Die heiß ersehnte (Schüler) und schwer gefürchtete Sexualerziehung (Lehrer) stand auf dem Lehrplan.

Das Klassenzimmer war voll. Soweit ich es beurteilen konnte, waren manche Eltern zu zweit gekommen. Es war ein schlauer Schachzug gewesen, »Anschauungsmaterial« anzukündigen. Wahrscheinlich waren sie jetzt sogar neidisch, dass sie nicht in der ersten Reihe sitzen durften so wie ich und die anderen mit dem erhöhten »pädagogischen Aufmerksamkeitsbedürfnis«.

Maltes Mama schaute grimmig, bestimmt war sie enttäuscht, dass man bei diesem Thema so gar keine Vorteile für einen Sohn mit Lese-Rechtschreibschwäche herausschlagen konnte. Kims Mama, Frau Schneider, saß dank Kims ADHS ebenfalls in der ersten Reihe und schielte zum Lehrertisch, auf dem eine große Kiste stand.

Frau Schulz-Mattes hatte sich Verstärkung mitgebracht in Form von Herrn Hermann.

»Darf ich mich vorstellen, Hermann mein Name: Bio, Technik, Sport. Um eins gleich von vornherein klarzustellen: Ich bin streng, aber fair. Ein paar Stunden nachsitzen haben noch niemandem geschadet. Die Schüler lernen schnell, dass ich es auch so meine. Wenn das nicht reicht, gibt es ein Sechs-Augen-Gespräch.« Er zwinkerte Frau Schneider zu, die vermutlich schon das Vergnügen hatte ... Sie hatte offensichtlich den »Point of no return« überschritten und rutschte beim Versuch, sich wieder aufzusetzen, auf den Boden.

»Brauchen Sie Hilfe?«, grinste Herr Hermann. Kims Mutter war tiefrot angelaufen und zog sich am Tisch wieder in eine aufrechte Position. Ich hatte Mitleid und konnte Herrn Hermann jetzt erst recht nicht leiden.

Aber wahrscheinlich durfte der als Kind seine Klamotten auch nicht im »Hermann-Style« tragen und war jetzt traumatisiert und böse und die Schüler und Frau Schneider mussten es ausbaden.

Man munkelte allerdings, dass Frau Schulz-Mattes heimlich ein Auge auf Herrn Hermann geworfen hatte. Ich konnte und wollte mir Frau Schulz-Mattes eigentlich nicht mit einem »Verhältnis« vorstellen, aber verdient hätten sich beide schon. Herr Hermann ergriff auch gleich wieder ganz männlich-forsch das Wort. Schließlich galt es hier zu beweisen, dass ER keine Angst vor Herausforderungen hatte. Frau Schulz-Mattes lächelte ihn dankbar und ein wenig schmachtend an.

»Ich finde ja, dass Kinder mit elf oder zwölf Jahren wirklich noch nicht alles über Sexualität wissen müssen. Die sollen erst mal was für ihre sportliche Fitness tun. Die brauchen Muskeln und Ausdauer und ein bisschen mehr Hirn, dann kann man immer noch über so was reden! Aber bis die Schüler so weit sind, haben sie sich schon eine dicke Chips-Plauze vor dem Computer angefressen! Von wegen, ein gesunder Geist steckt in einem gesunden Körper! Schade, dass ich hier nicht die Lehrpläne mache, da würde es anders zugehen, das können Sie mir glauben!«

Was für ein sympathischer Kerl. Ich musste unbedingt Lilli fragen, was er sonst so von sich gab.

Da legte ihm Frau Schulz-Mattes die Hand vertraut auf die Schulter und ich musste mich sehr konzentrieren, um meine Gesichtszüge unter Kontrolle zu halten.

»Georg«, sagte sie sanft, »möchtest du nicht erst mal das Anschauungsmaterial rumgehen lassen? Ich kann so lange ja ein paar allgemeine Sachen sagen, ja?«

Georg war definitiv nicht begeistert und setzte sich mit verschränkten Armen auf den Lehrertisch.

Während Frau Schulz-Mattes uns erzählte, dass Jungs von Herrn Herrmann und Mädchen von ihr unterrichtet würden (GOTT! SEI! DANK!), nahm Georg endlich sein Knie aus meinem Blickfeld und fing an, die Kiste auszupacken. Er reichte uns diverse Broschüren zu den Themen Empfängnisverhütung, AIDS, Geschlechtskrankheiten und Beratungsstellen für Jugendliche.

Im Hintergrund wurden Frau Schulz-Mattes' Erklärungen zu einem monotonen Soundtrack für meine abschweifenden

Gedanken und ich fasste es nicht, dass Lilli, meine Gummistiefel-mit-Nachthemd-Lilli demnächst hier sitzen und alles über »diese Dinge« erfahren sollte! Sie würde neugierig werden, darüber sprechen wollen (vermutlich nicht nur mit nettem Vokabular) und irgendwann, IRGENDWANN tatsächlich ihre eigenen Erfahrungen damit machen! Nein! Mein Baby! Gestern war sie doch quasi noch ganz neu und klein? Wieso konnte mein Baby denn nicht noch ein bisschen rein und unbefleckt und ahnungslos sein und glauben, dass der Storch die Kinder bringt? Ich schluckte trocken.

Gerade sagte Herr Herrmann verächtlich: »Aber wir wollen ja nicht, dass die Kinder ewig an den Klapperstorch glauben!« Doch. Ich schon!

Ich verpasste, wie er außer den Broschüren auch weiteres Unterrichtsmaterial austeilte, merkte aber an der Stille, dass die Eltern sich sehr aufmerksam damit beschäftigten. Hinter mir blätterten Herr und Frau Tanzer in einem dicken Aufklärungsbuch, stießen sich dabei immer wieder an und kicherten, während neben mir Frau Friedrich konzentriert versuchte, ein Kondom über einen Holz-Penis zu ziehen und eins weiter ein Vater aufmerksam Tampons und Binden in seinen Händen drehte. Kims Mutter und ich waren offensichtlich die Einzigen, die nichts zum anschauen bekommen hatten. Das machte aber auch gar nichts, denn wir beide waren vollauf damit beschäftigt, einen knallroten Kopf zu bekommen.

War ich verklemmt? Unlocker? Schämte ich mich gar meiner eigenen Sexualität? Blöd, dass ich damals mit blauem Nachthemd rausgehen durfte, sonst hätte ich jetzt vielleicht ein bisschen weniger Fantasie und müsste mir nicht all diese Menschen bei »Ihr-wisst-schon-was« vorstellen. Und dafür wäre ich an diesem Abend wirklich dankbar gewesen.

IM NAMEN DES HERRN – ALLEIN UNTER KOMMUNIONMÜTTERN

Kennen Sie das? Wenn Sie arglos einen Termin ausmachen, weil es ja weit und breit keine andere Verpflichtung gibt? Wenn Sie denken, na, ist doch kein Problem, was soll denn schon passieren?

Genau so ging es mir bei der Vorbesprechung der Kommunioneltern. War doch nur so eine Art Elternabend, halt mit Kirche und Pfarrer und so. Klingt doch harmlos, man sitzt zusammen, lacht ein bisschen und spricht über alles, was mit der Erstkommunion des Kindes zu tun hat.

Ist doch einfach.

Für uns Katholiken ist es das Fest schlechthin. Wie eine kleine Hochzeit, nur eben ohne Partner und im zarten Alter von etwa acht Jahren. Danach gehört man dazu, darf in der Messe die Hostie empfangen und als Ministrant seinen Einsatz verschlafen. Es ist ein Riesenaufwand, diese Kommunion, mit weißen Kleidern, geschmückten Kerzen und der ganzen Verwandtschaft, die sich endlich einmal auf deine Kosten so richtig satt essen kann.

Genau das ist Kommunion. Und die stand an für unsere Jüngste. Das hatte sogar ich mitbekommen und deswegen musste auch diese Vorbesprechung ausgestanden werden.

Ich sah noch einmal auf den Kalender meines Smartphones. Nein, das passte. Am Vierten hatte ich Zeit. War doch unter der Woche. Als ich das damals zusagte, natürlich im notorisch schlechten Gewissenszustand, setzte meine Frau so ein wissendes Lächeln auf. In diesem Moment wurde mir klar, dass ich einen Fehler gemacht hatte. Einen furchtbaren Fehler, den ich noch bereuen würde. Selig grinsend ging sie ihres Weges. Nun wurde ich vollends misstrauisch. Was wusste diese Frau, was ich nicht wusste?

Mann kann nicht 15 Jahre verheiratet sein ohne diesen untrüglichen sechsten Sinn. Beinahe auf Zehenspitzen folgte ich ihr in die Küche, wo sie sich mit zufriedenem Gesicht einen Kaffee machte. Hätte sie nicht diesen kleinen Fehler gemacht, ich wäre wahrscheinlich niemals hinter ihr Geheimnis gekommen. Es war ihr kurzer Blick zum Kalender. Nicht viel, nur eine unscheinbare Geste. Sie genügte, um mir den entscheidenden Hinweis zu liefern.

Langsam ging ich zu unserem Wandkalender, der monatsweise in vier Spalten die verschiedensten Verpflichtungen auf die Familienmitglieder aufteilte. Meine Spalte war leer. Ganz im Gegensatz zu der meiner Frau. So hat nun mal jeder sein Schicksal. Wie sagt mein Stammtisch-Bruder Sascha immer: »Augen auf bei der Berufswahl.«

In meiner Kalenderspalte stand nichts - außer natürlich den Spielen der Champions League. Nicht viele, nur die wichtigsten. So wie das am Vierten. Die Erkenntnis ließ mich nach Luft schnappen. Der Vierte! Das war es! Verdammt, verdammt. Mit schreckgeweiteten Augen starrte ich den Kalender an. Meine

Frau hatte ebenfalls einen Termin. Filzen. Interessierte sich meine Gattin neuerdings für den Personenschutz?

Das war auch nicht wichtig, jetzt zählte nur die Champions League. Ich musste zum Äußersten greifen. Manchmal muss man eben zeigen, wer der Herr im Haus ist. Nämlich ich, jawohl, ich!

»Du Schatz ...«, flötete ich, »... ich hab noch mal nachgedacht wegen des Vierten ...«

Der Gesichtsausdruck meiner Frau ließ meine Hoffnungen zerplatzen wie eine Tüte Chips, auf die sich Sascha volltrunken gern setzte.

»Nein.« Kann denn ein so hübsches Gesicht, ein so sanftmütiges Wesen wie das meiner Frau so kaltherzig sein?

»Aber das Spiel ist wirklich wichtig.«

Sie schmolz unter meinen Blicken dahin wie Eis in der Sonne. Wahrscheinlich sind Frauen einfach so. Man erkennt es sofort an ihren Augen, wenn sie nachgeben. Sie lächelte mich an und dieses Lächeln spiegelte sich in ihrem ganzen Gesicht. Ich wusste, dass ich sie so weit hatte. Mir fiel eine Zentnerlast vom Herzen. Diese Schmach hätte ich vor den Kumpels niemals ertragen. Champions League und ich beim Pfarrer. Sachen gibts.

Am Abend des Vierten parkte ich mein Auto vor dem Pfarrheim. Dabei lauschte ich noch immer den Jubelchören der Fans aus dem Radio. Ich versuchte, weder an meine Jungs zu denken, die es sich gerade in der Sky Bar gemütlich machten, noch an meine Frau. Wer hätte gedacht, dass sie sich so kalt lächelnd durchsetzen konnte?

Ich schon mal nicht.

»Die Fans verwandeln das Stadion in einen regelrechten Hexenkessel …«

Die Stimme des Kommentators aus dem Radio war keine Hilfe, um meine Niederlage zu verdauen. Also versuchte ich, mich selbst zu trösten. Vielleicht dauerte die Versammlung ja nicht so lange? Und was, wenn doch?

Blieb die Hoffnung, dass ich diesen Kommuniontrubel irgendwie beschleunigen konnte. Vielleicht waren ja noch andere Leidensgenossen da drin? Dann könnte man vielleicht gemeinsam darauf hinarbeiten, dass dieser Abend schneller vorüberging? Ja, das klang gut. Wenn einer das konnte, dann ich. Das wäre ja gelacht. Meine Kumpels würden staunen.

Voller Zuversicht trat ich ein.

Der ganze Saal war voller Frauen, kein einziger Mann. Die Stühle standen an den Tischen und alles roch nach Linoleum. Unangenehme Erinnerungen an meine beiden Besuche bei der katholischen Landjugend wurden wach und ich fühlte mich wie ein Osterhase unter Nikoläusen. Und mittendrin saß sie.

Die heilige Helene. Der Schrecken unserer Nachbarschaft.

Natürlich umringt von ihren Zuhörerinnen wie Jesus von den Jüngern. Wie beim *Letzten Abendmahl* von da Vinci, nur ohne die Genialität. Vor meinem inneren Auge schwebten zwei Putten ins Bild, in den fleischigen Händen lange Posaunen. Irgendwie passte Helenes Habichtsgesicht gar nicht zu dieser Vorstellung.

Während ich meinen helenischen Strafblick abbekam, schmetterten die Putten ins Horn. Ein unsichtbarer Chor sang »Halleluja« und ich wusste, dass mein Plan wie ein reuiger Sünder zum Teufel gefahren war.

»Bin ich hier richtig beim Treffen der anonymen Alkoholiker?«, witzelte ich.

Das betretene Schweigen lehrte mich, solche Scherze in Zukunft besser zu unterlassen. Ich suchte mir einen freien Platz, den ich, sehr zum Missfallen meiner Banknachbarin, kleinlaut bezog.

Der Pfarrer trat ein. Schwarz gekleidet, hager, das Haar schulterlang. Fehlte eigentlich nur noch der Bart. Sein Praktikant folgte Hochwürden dicht auf den Fersen. Der übergewichtige Jüngling mit der dicken Nickelbrille auf der langen Nase spielte die Rolle des Lieblingsjüngers perfekt.

Die Stimme unseres Wirtes Toni in meinem Ohr, natürlich in tiefstem Bayerisch, war nur für mich bestimmt. »Da schau, der Pfarrer und sei Bua.« Ich gluckste vor Lachen, wodurch ich mir einmal mehr den Unwillen der heiligen Helene neben mir zuzog.

»Meine lieben Kommunioneltern, ich darf Sie alle recht herzlich begrüßen ...«

Ja, war auch viel schöner hier als in Tonis Sky Bar bei meinen Kumpels.

»Sie wissen ja, dieses Fest ist ein sehr wichtiger Schritt im Leben Ihres Kindes und deshalb ist es unbedingt erforderlich, dass wir uns regelmäßig treffen.«

Die Worte klangen irgendwie süßlich, die Botschaft nicht. »Regelmäßig?«, platzte es aus mir heraus. »Regelmäßig, so wie jede Woche oder so?«

Die Frauen lachten, als hätte ich einen Witz gemacht, nur dass ich selbst so etwas wie der Witz war.

»Ach, da ist ja auch ein Vater unter uns.« Die Freude des Pfarrers klang irgendwie gespielt.

Das Ticken der Wanduhr machte die Depression komplett. Zwanzig Uhr dreißig. Anpfiff. Wie konnte es nur so weit kommen?

Ich nickte kurz in die Runde, ließ es aber schnell sein, als mich wieder der Blick der Helene traf. »Hosianna«, sang der unsichtbare Chor. Ich machte mich klein und lauschte den Worten des Pfarrers. Der hagere Kerl in Schwarz fuhr fort, erklärte alles über die Vorbereitung der Kinder auf den großen Tag. Konnte das wirklich wichtiger sein als eine La Ola in der Sky Bar mit Sascha und den anderen? Was hatte das mit mir zu tun? Das Ticken der Wanduhr machte die Depression komplett. Zwanzig Uhr dreißig. Anpfiff. Wie konnte es nur so weit kommen?

Während sein Herr und Meister ganz in seinem Sermon versank, beobachtete ich dessen »Ziehsohn«. Der Praktikant erinnerte mich an einen freundlich lächelnden tibetanischen Mönch mit einer Nickelbrille aus den Sechzigern. Wusste der Himmel, was man dem gegeben hatte, um diesen Zustand zu erreichen. Wahrscheinlich hatte er einfach zu viel Weihrauch inhaliert. Trotzdem, die Seligkeit, die er ausstrahlte, war irgendwie beneidenswert.

Die Leierstimme des Pfarrers kam zu einer Art Höhepunkt. »Und deshalb werde ich mit Ihnen in den nächsten zwei Stunden die Themenblöcke im Detail durchgehen.«

Mir rutschte das Herz in die Hose. Das war die Strafe Gottes für meine Lügen im Beichtstuhl – ja! Ich hatte die Sahnetorte meiner Oma allein gegessen, Herrgott noch mal, ich gab es ja zu –, für die Vernachlässigung der religiösen Erziehung meines Patenkindes und überhaupt für alles, was ich sonst noch so falsch gemacht hatte im Leben.

Während die Heilige am Tisch neben mir weiter aufgeregt in die Hände klatschte, ging ich im Geiste meinen Almanach an Ausreden durch. War ich krank? Oder hatte ein wichtiges Telefonat? Oder musste ich nicht dringend in die Werkstatt? Dritter Weltkrieg? Am besten wäre es, wenn ich Sascha eine SMS schicken würde, damit er unter einem Vorwand im Pfarrheim anriefe. Wenn er denn noch nüchtern war, was ich stark bezweifelte.

Nein, das alles würde an meiner Frau scheitern. Wenn sie mich am nächsten Tag nach den Ergebnissen dieser Sitzung befragte, würde ich es bereuen. Sehr sogar.

Ich brauchte eine andere Lösung und zwar schnell. Das Smartphone! Bloß nicht auffallen, sagte ich mir, als ich verstohlen den Ohrstöpsel platzierte und das unscheinbare Gerät mit ein paar Tasten aktivierte.

Gott segne den Herrn, der die Radio-App erfunden hat.

So konnte ich sogar das Gleichnis der Sonne ertragen, das sich unser Geistlicher selbst hatte einfallen lassen und zu dem sein »Bua« freundlich nickte. Während ich geistig ins Stadion eintauchte, redete und redete er. Nur am Rande bekam ich mit, wie der Geistliche das nächste Thema anschnitt.

»Lassen Sie mich Ihnen einen kurzen Text vorlesen, den unser Bischof vor drei Jahren geschrieben hat ...«

Mir war das schnurz. Denn gerade ging meine Mannschaft zum Angriff über. Ein Dribbel an der Außenlinie und der Mittelfeldspieler war frei.

»... die Kirche ist viel mehr als nur ein Gebäude mit hohen Türmen und lauten Glocken. Wir müssen aufeinander achten ...«

Die gegnerische Mannschaft blockte den Strafraum, bildete eine regelrechte Mauer. Meine Hände ballten sich zu Fäusten. Der Ball flog zur Mitte, er flog punktgenau vor den Fuß des Stürmers.

»... so wie die Eltern für ihre Kinder ...«

Der Stürmer schoss.

»... aufmerksam durchs Leben gehen ...«

»Tor!«, rief ich. Und noch mal: »Toooor!« Meine Jubelschreie wurden jäh unterbrochen, als mir die heilige Helene direkt in die Augen blickte. Ihre Raubvogelnase zeigte anklagend auf mich. Ups.

Alle waren still. Selbst der Herr Pfarrer und sein Zögling. Als hätte man mich mit eiskaltem Wasser begossen, machte ich mich so klein, wie es nur ging. Schweigend zog ich den Stöpsel aus meinem Ohr und richtete meinen Blick starr auf den Tisch vor mir.

Niemand sagte ein Wort.

Es dauert gefühlte Stunden, bis unser Pfarrer seine Rede fortsetzte, diesmal mit einem schneidend scharfen Unterton. Die Versammlung nahm ihren Lauf und ich versuchte, so wenig wie möglich aufzufallen. Bis zum nächsten Highlight funktionierte das auch ganz gut.

Denn da ergriff Helene das Wort und ließ den Pfarrer verstummen. »Ich habe mir gedacht«, sagte sie und legte eine Denkpause ein, die gerade lang genug war für ein Ave Maria, »wir sollten vielleicht in dieser Runde abstimmen, ob die Kommunionkinder Kleider oder Kutten tragen sollen. Ich für meinen Teil halte es für andächtiger und im Sinne der Feierlichkeit, einheitliche Kutten zu wählen.«

Sofort brachen die anwesenden Damen in Einzelgespräche aus. Mir hingegen verschlugen die in Aussicht gestellten Möglichkeiten fast die Sprache. Als Vater zweier Töchter wusste ich nur zu gut, wann eine Grenze überschritten war. Wenn es um Mode ging, war das definitiv der Fall. Sicher, meine Töchter liebten mich. Aber wenn ich an diesem Abend nach Hause käme und erzählen musste, dass unsere Jüngste wie ein kleiner Mönch zur Erstkommunion gehen sollte, am besten noch mit Tonsur, nein, das würde ich nicht überleben.

Während die Damenwelt in heftige Diskussionen verstrickt war, räusperte und erhob ich mich.

»Ich denke, das sollte man jedem selbst überlassen. Schließlich treten die Kinder ja nicht ins Kloster ein, oder?«

Stille. Die Empörung färbte Helenes Gesicht rot. Selbst der Pfarrer starrte mich mit einer Mischung aus Respekt und Abscheu an. Meine Widersacherin setzte zur Gegenrede an. Doch ich ließ es nicht dazu kommen. Ich wusste genau, dass jetzt nur eines zählte: die richtige Taktik! Es gibt Situationen, da ist das Leben wie ein Fußballspiel. Man muss nur darauf achten, nicht der Ball zu sein. In einem unerwarteten Anflug von Genialität fuhr ich mit fester Stimme fort. »Aber vielleicht ist die Idee ja gar nicht so schlecht ...«, sinnierte ich laut vor mich hin, während ich still und heimlich meine Abseitsfalle aufbaute. »... nur müssten wir uns auf eine bestimmte Farbgebung einigen, oder?«

Helene nickte zufrieden. Natürlich, denn ich, der größte Feind, der Ketzer, hatte ihr soeben recht gegeben. Mein Kind sollte im Büßergewand vor den Altar treten.

Doch ein Spiel war nicht vorüber, bis es vorüber war. Es dauerte neunzig Minuten. Mit einem Mal war ich ganz ruhig.

»Welche Farbe soll es also sein? Rosa vielleicht? Oder grün? Vielleicht weiß oder sogar gelb wie die Sonne, so wie in der Anekdote des Pfarrers?«, fragte ich theatralisch.

Hochwürden lächelte ein bisschen gerührt zu mir herüber, als ihm klar wurde, dass ich zumindest mitbekommen hatte, wovon er uns erzählt hatte.

Helenes Mund stand mittlerweile offen. Doch ich war noch nicht fertig mit ihr. »Eher Pastelltöne? Oder etwas Kräftiges? Und was ist mit dem Stoff, glänzend oder Leinen? Ich habe mal gesehen, da gibt es auch so hübsche Kragen ...«

Schlimmer noch als bei den vorherigen Streitgesprächen versank der Saal nun vollends im Chaos. Diskussionen über Farben und Formen brachen überall aus. Das war der sichere Weg in die Endlosigkeit, das wusste ich aus zahllosen Shopping-Touren mit meiner Familie. Woher diese Engelsgeduld kam, sich ewig über das passende Grün zu unterhalten, war mir schleierhaft. Es gab Dinge, die funktionierten einfach. Und so war es, wenn Frauen über Klamotten diskutierten. Der Anfang vom Ende.

Und so war es, wenn Frauen über Klamotten diskutierten. Der Anfang vom Ende.

War die Kommunionversammlung vorher ein Krisenherd gewesen, so brach nun ein Bürgerkrieg aus. Helene versuchte sich als Schlichterin, nur um dann zwischen den unterschiedlichen Gelb-, Pastell- und Kragenanhängern zermahlen zu werden. Der Chor gab sein »Hosianna« auf und trällerte lieber »We will rock you«. Selten fühlte sich ein Sieg so gut an. Ich sah dem Treiben noch eine Weile mit Genugtuung zu.

Dann erhob ich mich nicht ohne Stolz in Richtung Ausgang. Langsam, beinahe feierlich. Aus den Augenwinkeln konnte ich beobachten, wie der Pfarrer und sein Praktikant ebenfalls resignierten. Schnell folgten sie mir und überließen die Meute sich selbst.

Eine halbe Stunde später kam ich - beseelt von einer tiefgehenden Zufriedenheit - zu Hause an. Meine Frau, die vom Filzen längst wieder zurück war, sah mich erstaunt an.

»Und, wie wars?«

Ihre Häme perlte wie Wassertropfen von den Blütenblättern einer Orchidee an mir ab..

»Lustig«, sagte ich. »Schönen Gruß von Helene.«

Dann griff ich zur Fernbedienung und schaltete den Sportkanal an, um mir die Zusammenfassung des Champions-League-Spiels anzusehen.

MAN HATTE MICH GEWARNT

Nicht, dass ich Angst gehabt hätte, schließlich war ich vorbereitet. Außerdem: Ich und Angst? Niemals.

Ich hätte mich schließlich auch für einen anderen Beruf entscheiden können. Landschaftsgärtner zum Beispiel, Ingenieur oder Künstler. Gut, den Künstler können wir vielleicht streichen. Nein, ich wollte es auf die harte Tour. Andere gingen in die Lehre oder ins Ausland. Ich ging an die PH, die Pädagogische Hochschule.

Ja, ich bin Lehrer. Mathematik, Französisch, Sport. Mein Körper und mein Geist sind gestählt, ich war bei der Bundeswehr, habe Kurse zu Gewaltprävention und Deeskalation belegt, ich kenne mich aus mit Rhetorik und nonverbaler Kommunikation. Ich habe sogar einen Feng-Shui fürs Klassenzimmer-Kurs besucht. Ich habe viele Abende meine kleine Schwester gehütet und den pubertierenden Söhnen und Töchtern meiner großen Schwester Nachhilfe in Mathe gegeben. Außerdem war ich selbst einmal Schüler. Mich zwingt niemand in die Knie. Dachte ich.

Ich unterrichte die Oberstufe an einem Gymnasium in der Nähe von Frankfurt. Die Schüler kommen größtenteils aus gutem Elternhause, trinken mäßig, kiffen manchmal, selten während der Schulzeit, und wenn, lassen sie sich nicht erwischen. Ich hatte Glück, ich hätte auch an einer anderen Schule landen können - worauf ich vorbereitet war. Schließlich ist man ja als

Berufsanfänger nicht wählerisch und nimmt, was man bekommt. Ich hatte mit Gewalt auf dem Schulhof, Drogen und Dreck gerechnet. Und bekam ein schönes, gepflegtes altsprachliches Gymnasium, wo die Jungs Seitenscheitel und Polohemden trugen und die Mädchen Ballerinas und Pferdeschwanz.

Ich war bereits mein zweites Jahr dort, hatte ein gutes, vertrauensvolles Lehrer-Schüler-Verhältnis aufgebaut und es tatsächlich geschafft, im Unterricht auf dem schmalen Grat zwischen respektvoll-fröhlich und vorhersehbar-streng zu wandeln. Die Schüler mochten mich. Und ich sie.

Doch dann bahnte sich das Unheil seinen Weg in den zweiten Stock zu Raum E 208, meinem Klassenzimmer. Auf High Heels, Größe 36. Das Unheil trug einen kinnlangen, blondierten Pagenkopf und hieß Frau Doktor Eberhardt. Mein erster Gedanke bei ihrem Anblick war: »Ist das eine Frisur oder ist das ihr Helm?« Ich grinste. Sie nicht.

Frau Doktor Eberhardt war die Mutter von Martin aus der 11e. Netter Kerl. Ebenfalls blond – wobei ich in seinem Fall auf naturblond tippte –, höflich, humorvoll, gut in der Schule und beliebt, soweit ich das beurteilen konnte. Über Frau Doktor Eberhardt konnte ich diesbezüglich nichts sagen. Immerhin aber hatte sie den »Wenn der Sohn nett ist, kann die Mutter nicht so falsch sein«-Bonus und ich war völlig entspannt. Jedoch eindeutig zu Unrecht.

Sie war klein und drahtig und akkurat gekleidet: modern, mit Rock und Blazer, Schuhe, Tasche und Gürtel passend, die

Fingernägel perfekt manikürt. Leise und kontrolliert schloss sie die Tür hinter sich, ohne mich auch nur eine Sekunde aus ihren stahlblauen Augen zu lassen. Und ohne ein Wort zu sprechen.

»Guten Tag, Frau Eberhardt, bitte setzen Sie sich doch.« Ich wies auf den Stuhl mir gegenüber und lächelte freundlich.

Nachdem sie ein Stofftaschentuch auf der Sitzfläche des ihr angebotenen Stuhles abgelegt und den Rock nach unten straff gezogen hatte, setzte sie sich, die Handtasche auf dem Schoß.

Oh, oh ...

Seit sie das Klassenzimmer betreten hatte, war die Zimmertemperatur um circa 15 Grad gesunken. Ich fröstelte und hatte eine akute Mitleidsattacke mit Martin.

Die Gefahr lauert immer im Schatten, wo man sie am wenigsten erwartet. Diese trägt Designerklamotten.

»Frau Eberhardt«, ich straffte mich, »was kann ich für Sie tun?« Ich fühlte mich wie ein geblendetes Kaninchen auf der Landstraße mitten in der Nacht. In diesem Fall hypnotisiert von Frau Doktor Eberhardts kaltem Blick. Ich hatte völlig grundlos sofort ein schlechtes Gewissen und das, obwohl ich ja auf alles vorbereitet war. Prinzipiell. Aber was hatte man mir bei der Bundeswehr beigebracht? Die Gefahr lauert immer im Schatten, wo man sie am wenigsten erwartet. Diese trägt Designerklamotten.

»Herr Franke.« Das war ich. »Ich bin irritiert.«

Das war ich auch. Warum hatte sie sich die Augenbrauen noch zusätzlich aufgemalt? Und warum bewegte sich ihr Gesicht so wenig beim Sprechen?

»Mein Sohn Martin hat in Mathe zwölf Punkte.«

Genau. Super! »Das ist wirklich eine sehr gute Leistung«, sagte ich und dachte an den Spruch meiner Mutter, dass man dem bösen Affen immer ein Stück Zucker geben solle. Ich nehme an, es heißt, dass man besonders freundlich zu besonders unfreundlichen Personen sein soll, und legte nach: »Er wird vermutlich ein ziemlich gutes Abitur machen. Sie können stolz auf ihn sein.« Zufrieden schaute ich in ihr unbewegtes Gesicht.

»Herr Franke. Ich verstehe, dass Sie noch nicht über besonders viel Erfahrung verfügen und sich mit der Notengebung in der Oberstufe schwertun. Das ist ja auch kein Wunder. Mit 28. Dass man da überhaupt schon die Oberstufe unterrichten darf, finde ich unglaublich. Mein Mann - ich nehme an, Sie wissen, wer er ist - würde niemals einen so jungen Lehrer auf ABITURIENTEN loslassen!«

Moment. MO-MENT! Was auch immer ihr Problem war (abgesehen davon, dass ihr hellroter Lippenstift langsam, aber sicher in die tausend Falten um ihren Mund sickerte und ihren Lippen ein etwas ausgefranstes Aussehen gab), eines war nicht erlaubt: persönlich werden. Und ihr Mann, ja der war mir in der Tat ein Begriff. Doktor Friedrich Eberhardt, Rektor am Schiller-Gymnasium am anderen Ende der Stadt. Sein Ruf als Pädagoge war legendär. Legendär schlecht. Schüler und

Lehrer hatten Angst vor ihm. Nur die jungen Referendarinnen fanden ihn toll, schließlich bekamen alle eine sehr gute Note bei ihm. Nach *persönlicher* Überprüfung ihrer Fähigkeiten, so zumindest das Gerücht. Wenn ich mir Frau Eberhardt so ansah, konnte ich ihn fast ein bisschen verstehen.

Ich streifte meine verbalen Boxhandschuhe über.

»Schön. Frau Eberhardt. Ich bin seit zwei Jahren an dieser Schule. Ich unterrichte Ihren Sohn seit Beginn meiner Tätigkeit. Ich habe mehrere Referendariate hinter mir und wurde in meinen Lehrproben immer mit einer Eins belohnt. Geprüft wurde ich dabei von einem Prüfer, der mich anhand meiner *pädagogischen* Fähigkeiten beurteilte, woran man erkennen kann, dass dies wohl nicht an der Schule ihres Mannes geschehen sein konnte. Meine Schüler arbeiten fleißig und selbstständig und Ihr Martin ist einer davon. Zwölf Punkte sind eine gute Leistung, wo genau liegt denn Ihr Problem?«

Ich sah sie triumphierend an. Eins zu null für mich. Ihre Augen verengten sich zu Schlitzen.

»Herr Franke.« Sie blickte genervt auf ihre Uhr. »Ich habe nicht viel Zeit. Im Gegensatz zu Ihnen arbeite ich effektiv und korrekt.« Soweit ich wusste, war sie Vorsitzende irgendeines Golfclubs. Mir war gar nicht klar gewesen, dass man das einen Beruf nennen durfte.

»Ich habe alle Klassenarbeits-Zensuren von Martin notiert. Ebenso die Tests. Nach meiner Berechnung müsste er mindestens 13, wenn nicht 14 Punkte haben, wenn Sie ihm eine adäquate mündliche Note gegeben hätten. Offensichtlich hat er aber nur zwölf Punkte bekommen. Das ist natürlich inakzeptabel. Selbstverständlich werden Sie die Note hier und sofort ändern. Möglicherweise werde ich dann von einer Beschwerde absehen. Ob ich allerdings meinen Mann daran hindern kann, sich beim Oberschulamt offiziell über Ihre Benotungsmethoden *zu wundern,* kann ich nicht versprechen. Eine Frechheit, einem jungen Menschen Steine in den Weg zu legen, der einmal ein großartiger Arzt werden kann! Schließlich habe ich nicht alles aufgegeben, nur um jetzt zusehen zu müssen, wie ein ... ein ... so dahergelaufener Lehreranfänger wie Sie meine Zukunftsträume zunichtemacht!«

Ich glaubte, ihre Augenbrauen hatten sich bewegt. Eine zweite Mitleidsattacke durchflutete mich. Martin versänke vermutlich in Grund und Boden, wenn er das hier erleben müsste. Er trug sich mit dem Gedanken, Sozialwissenschaften und Philosophie zu studieren.

»Frau Eberhardt, Martin ist 18 Jahre alt. Er hat sich für seine zwölf Punkte mündlich angestrengt und liegt weit über dem Durchschnitt, worüber er sich durchaus und zu Recht gefreut hat. Er ist ein toller Kerl. Noch toller finde ich ihn, seitdem ich Sie kenne. Was für eine Leistung, sich nicht an seinen Eltern zu orientieren! Jedenfalls werde ich ihn unterstützen, wo ich nur kann. Und das bedeutet für mich, dass ich in Zukunft nur noch mit ihm persönlich über seine Noten sprechen werde. Guten

Tag, Frau Eberhardt. Lassen Sie sich von mir nicht aufhalten. Sie haben bestimmt Effektiveres zu tun!«

Frau Eberhardt stand ruckartig auf, wobei ihr Stuhl nach hinten umkippte und krachend aufschlug. Wütend warf sie ihre unbeweglichen Haare aus ihrem unbeweglichen Gesicht, stopfte das Stofftaschentuch in ihre Handtasche und stöckelte zur Tür.

»Das wird ein Nachspiel geben, das sage ich Ihnen! Sie werden von mir hören!«

»Ja, ja«, sagte ich gelassen, »und von Ihrem Mann.«

Die Tür schloss sich nicht ganz so leise wie bei Frau Eberhardts Ankunft. Ich pustete auf meine immer noch geballten Fäuste, zuerst links, dann rechts, und ließ meine Finger knacken.

Von dieser Überraschungsattacke musste ich mich erst mal erholen. Als ich die rechte Hand in meine Hosentasche steckte, war ich sehr froh, dort ein nur leicht zerschmolzenes Stück Nussschokolade zu finden.

Ja, man hatte mich gewarnt.

KAPITEL 7:
Rückzug und Wunden lecken

Irgendwann, wenn auch die letzten verbalen Bomben geworfen und alle Kugeln aus der Worte-Kalaschnikow abgefeuert sind, geht auch die schlimmste Schlacht zu Ende. Was bleibt, sind die aufgerissenen Wunden, gekränkte Eitelkeiten oder verlorener Selbstrespekt, weil man vielleicht doch ein wenig zu schnell und heftig aus dem Beleidigungsgewehr geschossen und im Kampf ums Rechthaben auch das ein oder andere unschuldige Opfer mit zu Boden gerissen hat.

Damit das nicht die nächsten zwölf Jahre so weitergeht und Sie sich am Ende nicht mehr ohne Rückendeckung in den Supermarkt trauen können, haben wir sowohl für die Eltern als auch für die Lehrer ein paar Tipps und Tricks zusammengestellt, die Ihnen dabei helfen sollen, die Schlacht einigermaßen schadlos zu überstehen.

ÜBERLEBENSSTRATEGIEN FÜR ELTERN

Elternabende laden dazu ein, sich an die eigene Schulzeit zurückzuerinnern. Die Situation fordert dies geradezu heraus: Wie früher hält ein Lehrer vorne an der Tafel einen Monolog, der einen nicht im Ansatz interessiert und dazu verleitet, den eigenen Gedanken nachzuhängen, während man den Kopf energiesparend auf dem Tisch ablegt. Doch Obacht ist geboten.

1. Sie sollten sich in dieser Phase der Erinnerungstätigkeit keinesfalls dazu hinreißen lassen, aufzuspringen und der Klasse begeistert vorzuschlagen, man könne doch jetzt einfach schwänzen und gemeinsam ins Kino gehen! Wie schon zu Schulzeiten wird dieses Verhalten auch auf einem Elternabend nicht gern gesehen. Also: Seien Sie ruhig und unterdrücken Sie diesen kindlichen Impuls.

2. Denken Sie lieber daran, vor dem Elternabend so viele neue Apps und Spiele wie möglich aufs Handy zu laden. Die Lehrer sind es sowieso gewöhnt, dass ihnen niemand zuhört und die Hälfte der Klasse unter dem Tisch mit irgendwelchen Geräten herumspielt. Genau wie Ihre Kinder werden Sie erfreut feststellen, dass die Zeit mit derlei Hilfsmitteln wie im Flug vergeht.

3. Sehen Sie sich psychisch und physisch absolut nicht in der Lage, einen kompletten Elternabend durchzustehen, können

Sie eine Person Ihres Vertrauens damit beauftragen, Sie genau zwanzig Minuten nach dem offiziellen Beginn des Elternabends auf dem Handy anzurufen. Die Zeit bis zum Eintreffen des Anrufs können Sie dazu nutzen, einen einigermaßen zerknirschten, beziehungsweise erschrockenen Gesichtsausdruck einzuüben. Denken Sie daran, Ihr Telefon keinesfalls lautlos zu stellen! Hetzen Sie dann mit dem klingelnden Handy überstürzt aus dem Klassenzimmer und tauschen Sie mit dem Anrufer ein paar belanglose Freundlichkeiten aus. Gehen Sie nun mit dem just eingeübten Gesichtsausdruck ins Zimmer zurück und sagen Sie folgende Worte: »Es tut mir sehr leid, ich muss bedauerlicherweise sofort gehen, weil ...« - dort fügen Sie eine Lüge Ihrer Wahl ein, wie zum Beispiel, dass Ihr Babysitter das Haus in Brand gesteckt hat oder Ihrem Jüngsten eine Murmel in der Nase klemmt. Oder Sie verwenden die seit jeher sehr beliebte »Unser Hamster ist gerade gestorben«-Lüge. Bedenken Sie jedoch, dass Ihre Ausrede wenigstens im Ansatz glaubhaft sein muss! Aus eigener Erfahrung kann ich Ihnen versichern, dass es eine gewisse Ungläubigkeit hervorruft, wenn man einen längst verstorbenen Kater zum zweiten Mal sterben lässt.

4. Wenn Sie gerade ein etwas schwieriges Verhältnis zu Ihrem pubertierenden Nachwuchs haben, können Sie einen Elternabend dazu nutzen, die Gunst Ihres Sprösslings zurückzugewinnen. Beobachten Sie die jeweiligen Lehrkörper, legen

deren Typus fest und lassen Sie Ihre Kreativität spielen. Schreiben Sie während des Elternabends nette SMS an Ihren Nachwuchs wie: »Herr Feldwebel liebt seine Trillerpfeife derart innig, dass er ohne sie bestimmt nicht mehr in der Lage ist, das geplante Zirkeltraining durchzuführen. Nur so als Tipp ...« oder: »Wenn ihr mal jemanden wirklich verzweifelt sehen wollt, solltet ihr Frau Feierabend auf dem Lehrerparkplatz die Luft aus den Autoreifen lassen!« Sie werden sehen, dass Sie mit jeder SMS in der Achtung Ihres Kindes steigen werden.

6. Wenn gar nichts mehr hilft und Sie inmitten der Veranstaltung am nervösen Augenzucken bemerken, dass Sie kurz vor einem Amoklauf stehen, halten Sie bitte einen Moment inne. Es gibt auch andere Möglichkeiten, einen Elternabend abrupt zu einem Ende zu führen: Lösen Sie den Feueralarm aus! Durch die strikten Sparmaßnamen des Kultusministeriums sind die Feuermelder im Schulhaus jedoch fast schon eine Seltenheit und müssen erst einmal ausfindig gemacht werden. Mit etwas Pech zieht sich eine solche Suche bis zum regulären Ende des Elternabends hin. Wahlweise könnten Sie natürlich ein echtes Feuer legen, Ihr Kind wäre Ihnen wegen des Unterrichtsausfalls bestimmt sehr dankbar.

Wahlweise könnten Sie natürlich ein echtes Feuer legen, Ihr Kind wäre Ihnen wegen des Unterrichtsausfalls bestimmt sehr dankbar.

7. Plädieren auch Ihre Kinder ständig für mehr Demokratie zu Hause? Nun ist die Zeit gekommen, ihnen aus vollstem Herzen recht zu geben! Was für Ihre Kinder erlaubt ist, sollte Ihnen als Eltern ebenfalls nicht verwehrt werden. Diktieren Sie Ihrem Kind folgende Entschuldigung: »Sehr geehrter Herr XY, leider konnten meine Eltern gestern nicht am Elternabend teilnehmen, da sie beide plötzlich an der dreistündigen pseudoallergischen Neuronal-Grippe erkrankt sind. Ich bitte Sie, ihr Fehlen zu entschuldigen und mir schriftlich alle notwendigen Informationen für meine Eltern mitzugeben! Mit freundlichen Grüßen, Ihre Lea Hagenbach aus der dritten Reihe.«

9. Eine Sonderform der Elternabende sind Elterngrillfeste, auf denen unglückliche Klassenlehrer mit unglücklichen Eltern zusammentreffen. Das Grillfest wurde vom jüngst gewählten Elternbeirat und seinem Vertreter aus reiner Gehässigkeit initiiert, weil sich die beiden an den restlichen Eltern für die unliebsamen Posten, die sie nun für ein Jahr innehaben werden, rächen wollen. Es gilt, dieses Ereignis so schnell wie möglich hinter sich zu bringen! Auch hierbei kann man sich einiger Hilfsmittel bedienen: Grillen Sie Ihre Wurst zu Hause schon einmal vor, das reduziert die Garzeit ungemein! Auf dem Fest angekommen werden Sie feststellen, dass sich um den Grill ein Massenauflauf gebildet hat und die Eltern in den hintersten Reihen den Tränen nahe sind, da es voraussichtlich ein bis zwei Stunden dauern wird, bis man sich in die vorderste Reihe

gekämpft hat. Wie gut, dass Sie daran gedacht haben, Ihre Angel mitzunehmen! Spießen Sie nun Ihre Wurst auf den Angelhaken, werfen die Schnur über die wartenden Eltern hinweg und halten die vorgegrillte Wurst eine Handbreit über den Grill. Schon nach wenigen Minuten ist Ihr Mittagessen ausreichend erwärmt und zum sofortigen Verzehr geeignet. Einem frühen Abschied steht somit nichts mehr im Weg.

10. Bestimmt kennen Sie den Spruch »Geteiltes Leid ist halbes Leid«. Das ist natürlich völliger Humbug, in Wahrheit ist geteiltes Leid nur doppeltes Leid und somit absolut unnötig. Und hat Ihr Partner nicht einst geschworen, »in guten wie in schlechten Zeiten« da zu sein? Beschließen Sie, dass für Ihren Partner nun die schlechten Zeiten angebrochen sind, schließlich geht es um das Thema Elternabend und da hört der Spaß endgültig auf.

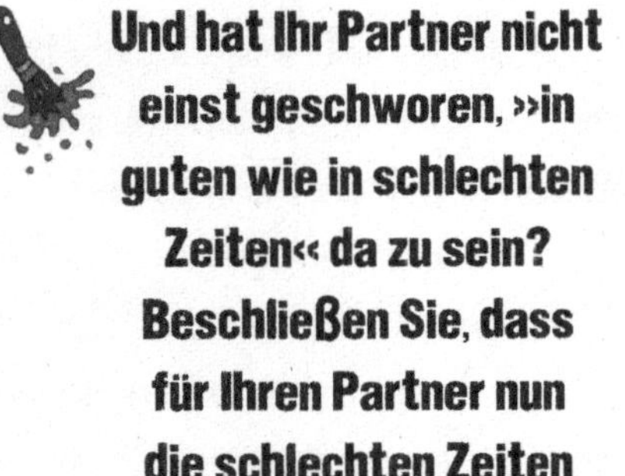

Aber wie bekommt man seinen Angetrauten oder seine Angetraute dazu, den Besuch des Elternabends allein zu übernehmen? Sie als aufmerksamer Leser werden sicher bemerkt haben, dass bei der Aufzählung der Überlebenstipps einige

Zahlen übersprungen und bei der Durchnummerierung ein klarer Fall von Schummelei vorliegt. Dies sollte dazu dienen, Sie auf unseren letzten, nicht ganz regelkonformen Überlebenstipp vorzubereiten. Denn mal ehrlich: Hat es Ihnen etwa geschadet, dass Sie hier etwas beschummelt wurden? Nein, mit Sicherheit nicht. Bedenken Sie dies unbedingt, wenn es nun an den letzten Ratschlag geht und Sie dabei Ihr schlechtes Gewissen zu zwicken droht!

Kommt nämlich die Frage auf, wer den bedauernswerten Part übernehmen soll, den Elternabend zu besuchen, schlagen Sie Ihrem Ehepartner ein faires Glücksspiel vor. Natürlich wird dieses Glücksspiel nicht fair ablaufen, aber das werden Sie Ihrem Partner selbstverständlich nicht auf die Nase binden. Wiegen Sie ihn in Sicherheit, indem Sie über Ihr seit jeher bestehendes Pech jammern, wenn es um die Gunst Fortunas geht. Gehen Sie dann wie folgt vor:

a) Sollte bei dem folgenden »Schere, Stein, Papier«-Spiel ein Problem auftreten (und das wird es!), bitten Sie Ihr Kind schon im Vorfeld um den Gefallen, voller Inbrunst Ihre Partei zu ergreifen. Hierbei helfen einfache Bestechungsmöglichkeiten wie Erhöhung des Taschengeldes, eine halbjährige Erlassung des Zimmeraufräumens et cetera.

b) Egal, was Ihr Partner nun wählt, Sie werden die erfundene Fantasiekategorie »Hammer« verwenden (Faust, die auf den Tisch donnert). Hammer zertrümmert sowohl Schere als auch Stein und schlägt ein großes Loch in das Papier, sodass es unbrauchbar und somit ebenfalls zerstört ist. Sollte Ihr Partner entrüstet behaupten, »Hammer« gäbe es nicht, bitten Sie den parteiischen Schiedsrichter (= Ihr Kind) um sein Urteil.

Diese Finte hat leider den Nachtteil, dass sie nur ein Mal funktioniert. Im folgenden Jahr schlagen Sie Ihrem Partner deshalb ein Würfelspiel vor und da er schon im letzten Jahr den Elternabend besuchen musste, kommen Sie ihm sogar großzügig entgegen, indem Sie nur dann den Sieg davontragen werden, wenn Sie eine Sechs würfeln - bei den Zahlen eins bis fünf gewinnt er. Selbstverständlich ist Ihr Würfel gezinkt, eine böswillige Hinterlist, die Ihr Partner Ihnen niemals zutrauen würde und deshalb auf jeden Fall zum Erfolg führen wird. Außer natürlich Sie sind nicht clever genug, einen identischen, ungezinkten Würfel parat zu halten, den Sie ihm nach dem Wurf verstohlen unterjubeln. Je nach Naivität, Gutgläubigkeit und Dummheit Ihres Partners kann diese Schummelvariante mehrere Jahre oder gar bis zum Abitur durchgeführt werden, besonders, wenn Sie ein- oder zweimal in den sauren Apfel beißen und Ihren Partner zur Abwechslung gewinnen lassen. Hierbei können Sie aber wiederum auf die Tipps zwei bis sieben zurückgreifen.

Wenn das alles nicht helfen sollte und Sie trotzdem nicht darum herumkommen, bis zum Ende auf einem Elternabend auszuharren, dann kann ich Ihnen nur noch eins empfehlen: den Kopf auf den Tisch zu legen und zu schlafen.

ÜBERLEBENSSTRATEGIEN FÜR LEHRER/INNEN

»Ferien, ab Mittag frei, Geld wie bei einem Ganztagsjob und sowieso ... Urlaub mit ein wenig Kinderbespaßung ein Leben lang« - das sind die üblichen Vorurteile, die ich höre, vor allem aus dem Mund von männlichen Gesprächspartnern, wenn ich mich als Grundschullehrerin vorstelle.

Wer das glaubt, war noch nie auf einem Elternabend, bei einer Lehrerfortbildung oder bei einer pädagogischen Konferenz.

Noch vor ein paar Jahren hätte ich bei der Aussicht auf eine solche Veranstaltung Blut und Wasser geschwitzt. Aber diese Zeiten sind vorbei. Denn ich habe eine Überlebensstrategie für Lehrer entwickelt. Eine knallharte, aber dafür bombensichere Anleitung, wie man als Kinderanimator mit Lehrauftrag über die Runden kommt.

1. Die wichtigste Regel: Kenne deinen Feind. Noch während des Studiums erliegt Otto-Normal-Pädagogin dem Irrtum, dass man die Kinder bezwingen müsse, um erfolgreich zu sein. Aber grob getäuscht. Die einzigen Verbündeten, die ein Lehrer finden kann, sind die Schüler.

Die echten Feinde sitzen in den eigenen Reihen, heißen Oberschulrat Michelbauer, Studienrätin Stein oder

Grundschuldirektorin Meissner. Wenn ein Neulehrer in ein ihm noch fremdes Kollegium kommt, werden die Kreiden gespitzt, die Lineale geschärft und die Bücher auf Durchschlagskraft kontrolliert. Ein Neuer im gut geölten Getriebe einer Grundschule ist erst einmal auf Herz und Nieren zu überprüfen. Immerhin läuft die Altlehrerschaft Gefahr, dass der Neuling mit revolutionären Ideen von der Uni kommt und, Gott bewahre, etwas ändern will am ewig gleichen Sumpf der bewährten Mittel.

Die echten Feinde sitzen in den eigenen Reihen, heißen Oberschulrat Michelbauer, Studienrätin Stein oder Grundschuldirektorin Meissner.

Oder schlimmer noch, der Neuankömmling erobert die Herzen der Schüler. So mancher überreifer Altlehrer klammert sich mit letzter Kraft an seine heißgeliebten Kleinen, die ihn am Leben erhalten. Denn nach vierzig, fünfzig Jahren im Schulbetrieb hat der Fast-Rentner vergessen, dass es außerhalb der heiligen Schulwände noch etwas anderes gibt.

Das gefährlichste Tier auf Erden ist nicht etwa der weiße Hai, die grüne Mamba oder die Schwarze Witwe ... Nein! Es ist der Lehrer, der um seinen einzigen Lebensinhalt - die Gunst des Schülers - kämpft. Wie ein Heroinabhängiger geifert er nach der Anerkennung seiner vermeintlichen Zöglinge und verteidigt sein Territorium mit der Kraft eines hungrigen Löwen.

Ebenso gefährlich und dazu bereit, den unerzogenen Nachwuchs gegen jede Vernunft zu beschützen, sind die Eltern. Es gibt nichts Dümmeres, Übereifrigeres und Angriffslustigeres als ein Muttertier, das glaubt, seinem neunjährigen Raufbold zur Seite stehen zu müssen. Da kann Kevin, Marcel, Kilian oder wie auch immer der Bengel heißen mag die kleine Lilly, Marlene, Lena noch so krankenhausreif geschlagen haben – Mutti kennt ihr Goldkerlchen und Schatzi-Putzi-Bubi würde niiiiiieeee ohne Grund zuschlagen. Gründe hatte Prügel-Bubi bestimmt und wenn es bloß der war, dass er dank Glucken-Mutti die Schnauze voll hatte von jedem Wesen, das auch nur irgendwie nach Frau aussah.

Zudem meint dank Ratgeberindustrie, Internet und pseudowissenschaftlichem Fernsehbericht jeder Dummbeutel, etwas vom unterrichten zu verstehen. Der Jesus-Pantoffel-Vater von Matthäus-Severin oder Rosemarie-Indira weiß genau, dass Montessori-Waldorf-Pestalozzi-Unterricht seinem zahlenverweigernden Kind das große Wunder der Mengenlehre näherbrächte. Wahrscheinlich verlernte selbst eine Frau Montessori, ihre fünf Finger an einer Hand abzuzählen, wenn man sie ein Jahr lang gemeinsam mit Öko-Indira-Severin und allen Alternativ-Methoden-Entwicklern in einen Raum sperrte.

Das nur nebenbei. Wichtig ist, dass man als Lehrer seine Feinde kennt, die a) im Kollegium sitzen und/oder b) ihren Nachwuchs liebend gern in unsere fähigen Hände geben.

Womit wir zur zweitwichtigsten Regel kommen:

2. Schlage deinen Feind mit seinen eigenen Mitteln.

Was nichts anderes heißt, als: Sei nach außen altmodischer als der verstaubteste Lehrergreis.

Fragen Sie hundertmal nach, wie das bis jetzt in der Schule gehandhabt wurde und versichern Sie hundertmal, dass Sie nichts, aber auch gar nichts daran ändern wollen. Und schon ist das Überleben im Lehrkörper gesichert.

Nach der Schnauze der Kollegen zu reden, ist besonders bei den sogenannten Konferenzen erforderlich. Hier heißt die Regel: Zuerst zuhören, was Michelbauer, Stein, Meissner und Konsorten zu sagen haben und dann zustimmen. Denn merken Sie sich: Egal, was bei einer Konferenz auch abgemacht wurde, danach spielt jeder wieder nach seinen eigenen Regeln. Ist die Klassentür erst ins Schloss gefallen und der Unterrichtsraum dicht nach außen abgeriegelt, ist der Klassenlehrer wieder auf seinem eigenen Territorium und vermeintlicher Herrscher seiner kleinen Welt.

Unter uns: Die eigentlich Tonangebenden sind die Schüler - und ein Lehrer ist für sie nichts anderes als die Queen für die Engländer: ganz nett, wenn man einen hat und nach außen machts was her, aber zu sagen hat er nullkommanix. Wichtig ist nur, dass sich die Schüler (wie auch die Engländer) um ihren Monarchen scharen und für den Rest der Welt alles nachplappern, was der Klassenkönig vorsagt.

Aber, um nicht zu weit vom Thema abzuschweifen: Bei Konferenzen zuerst zuhören, dann zustimmen und im Anschluss alles so machen, wie man selbst will - merkt sowieso keiner. So lebt es sich prima in jeder Schule. Und eines ist gewiss: Innerhalb kürzester Zeit zählt man zum alteingesessenen, bewährten Stamm der Lehrerschaft ... und ein anderer Neuer läuft ins offene Messer der mit gut erprobten Mitteln bewaffneten Pädagogen.

Bei den Eltern führt der Weg zum Sieg über das Herz der Kinder. Erobern Sie die Kleinen und Sie werden von den Großen geliebt. Wenn Prügel-Marcel erneut zugeschlagen hat, dann beteuert man kopfschüttelnd, dass es so gar nicht zu dem lieben Buben passt, und Marcels Gluckenmutter wird tränenreich bekunden, wie schlimm ihr Bengel sich zu Hause aufführt. In kürzester Zeit wird Mama zur Vernunft kommen, einer Therapie beim Schulpsychologen mit Freudengeschrei zustimmen und auch noch voll des Lobes für den so verständnisvollen, bemühten Herzblutpädagogen sein.

Ebenso wird mit Bio-Vati verfahren: Zum Elterngespräch in Öko-Baumwolle und mit Peace-Anhänger um den Hals geschmückt, ist der halbe Krieg bereits gewonnen. Ein paar Legematerialien, Freiarbeitsblätter und Lernspiele großzügig im Klassenzimmer verteilt, dazu zwei, drei vielsagende Plakate an der Wand und schon fühlt sich Alternativ-Papa so wohl, dass er seine Räucherstäbchen auspackt und man eine Einladung zum grünen Tee am Nachmittag bekommt.

Wenn man dann auch noch Sätze wie »Einsteins Schulleistungen wurden stets als kümmerlich bezeichnet und man sieht, was aus ihm geworden ist« oder »Lehrer sollen die Begabungen fördern, nicht jeder ist zum Wissenschaftler geboren, aber jeder hat seine Stärken« fallen lässt, kann man sich des Sieges sicher sein.

Es ist ohnehin immens wichtig, bei jedem Kind die noch so verdeckten Qualitäten ans Tageslicht zu kehren.

Prügel-Kilian ist willensstark. Streber-Sophie hat ein wissbegieriges Wesen. Petzen-Annas Gerechtigkeitssinn ist überragend. Die Zahlenquäler-Zwillinge Severin/Indira haben ein unvoreingenommenes Herangehen an die Mathematik. Der fluchende Phillip verfügt über einen breiten Wortschatz und Heul-Susis sensible Seele spricht für ein hohes kreatives und soziales Vermögen.

Egal, wie schlimm ein Schüler auch sein mag: Jeder Mist ist auch Dünger - man muss es nur richtig formulieren.

Egal, wie schlimm ein Schüler auch sein mag: Jeder Mist ist auch Dünger – man muss es nur richtig formulieren.

Nach dem Feindbild und dem richtigen Umgang mit den Widersachern, kommen wir zur nächsten Regel:

3. Sind die Kunden zufrieden, läuft der Laden.

Die Schüler sind nichts anderes als Kunden. Hört sich komisch an, ist aber eigentlich ganz logisch.

Klein-Kevin, Lena, Lara, Tobias kommen noch ohne ein Vorurteil in die Schule, freuen sich sogar darauf ... und dann beginnt der Ernst des Lebens. Ist der Kunde erst enttäuscht, so wird es für den Anbieter schwer, sein Interesse erneut zu erobern. Aber wenn die Kleinen ihr Herz verschenkt haben, dann kann nichts mehr schiefgehen.

Warum finden Wandertage, Projekte, Schulausflüge und Kreativ-Workshops vornehmlich am Schulanfang und -ende statt? Hmmm? Ganz klar - das ist Werbung, um den Kunden zu täuschen, für sich zu gewinnen, zu verzaubern.

Nichts ist schlimmer, als die erste Schulwoche schon brav am Pult sitzen und zuhören zu müssen. Legen Sie sich in den ersten Tagen so richtig ins Zeug: Planen Sie Zoobesuche, Waldtage, Sportevents, Schulfeste und dann ganz langsam, wenn die Kleinen Sie erst mögen, lassen Sie den normalen Unterricht anlaufen. Die Kinder bekommen es zuerst gar nicht mit, dass sie plötzlich Ihnen zuliebe am Tisch Arbeitsblätter malen, Perlen zählen oder Buchstaben nachfahren.

Und wenn der Normunterricht erst läuft, dann läuft er ... bis zum Schulschluss. Natürlich wird den Kindern irgendwann mal klar, dass es nicht mehr so ist wie in den ersten Tagen. Aber jetzt kommts: Dann malen Sie ihnen aus, wie toll es in der letzten Schulwoche werden wird - wo Sie sich noch mal so richtig bemühen und wieder mit Gitarre, Spielen und Ausflugsideen bewaffnet die Herzen der Schüler zurückerobern.

Das ist der ganze Trick: Ein toller Start - ein tolles Ende, damit die Kinder sich in den Ferien wieder auf den Beginn freuen. Das Dazwischen geht irgendwie, und wenns mal gar nicht mehr läuft, dann gibt es zum Glück die kleinen Zwischenferien.

Ich fasse zusammen:
1) Kenne deinen Feind.
2) Schlage ihn mit seinen eigenen Waffen.
3) Erobere das Herz deiner Verbündeten.

Ich muss jetzt zum Elternabend - Schwimmtage besprechen. Es sind nur noch wenige Wochen bis zu den großen Ferien und dieses Jahr wird geplanscht, gespritzt, geschwommen.

Für Kilians Mutter nehme ich übrigens einen tollen Flyer mit: Ferien-Box-Kurs für kleine Wutmonster. Für Sophies Vater ein Anmeldeformular zur Kinder-Uni. Auf die Dinkelplätzchen von Indiras Vater freue ich mich auch schon. Hoffentlich hat er wieder ordentlich Schokolade vom Dritte-Welt-Laden draufgepappt.

Für mein bisheriges Männerproblem habe ich auch eine Lösung gefunden. Sie heißt John, ist seit April ganz neu an unserer Schule, Sportlehrer, English-Native-Speaker und unendlich dankbar für meine Überlebensstrategie.

Warum soll ich mich mit den Vorurteilen berufsfremder Männer herumquälen, wenn ich mit John gemeinsam vormittags ein wenig Kinderbespaßung machen und mittags nach Hause gehen kann?

KAPITEL 8:

Friedensverhandlungen

Auf jede Schlacht folgt irgendwann wieder Frieden. Denn keiner kann und will sich auf Dauer im Kriegszustand befinden, noch nicht einmal für das Wohl der Kinder. Doch damit die Zeit, die man mit dem Studieren der Schulordnung, dem Wälzen von Erziehungsratgebern von Jesper Juul und dem Abtelefonieren der Klassenliste nach potenziellen Verbündeten verbracht hat, nicht komplett umsonst gewesen ist, sollte man auch bei den Friedensverhandlungen versuchen, etwas für sich herauszuholen. Dabei gilt es, diplomatisch vorzugehen und sich durch kurzfristige Bündnisse, geheime Absprachen und Zusatzklauseln für weitere Kämpfe abzusichern. Man kann nie wissen, ob es nicht beim nächsten Elternabend die sonst so unauffällige und verständnisvolle Ich-bin-so-locker-Mutti ist, die einem bei der Frage, ob es auf dem Sommerfest Eis geben darf, mit einer aktuellen Studie zur Fettleibigkeit von deutschen Kindern in den Rücken fällt. Deshalb ist es besser, vorzubeugen, sich nicht auf den Frieden zu verlassen und für kommende Kämpfe abzusichern.

Die folgenden Geschichten zeigen, dass eine friedliche Annäherung zwischen Lehrer und Eltern tatsächlich möglich ist.

ALLIANZEN-BILDUNG

Ich dachte, mir würde das nie passieren. Aber hier saß ich und ertrug die giftigen Blicke von Frau Käfer, der Klassenlehrerin. Und ja, ich gab es nur ungern zu, ich hatte sie verdient. Jede einzelne dieser unbarmherzigen, verachtenden Blickbomben. Immerhin war ich übergelaufen ... ins Feindesland ... und war zur schlimmsten Sorte Mutter mutiert, die sich ein Pädagoge vorstellen kann.

Aber was konnte ich dafür, dass ich es besser wusste als Frau Käfer?

Eigentlich gehört es gesetzlich verboten, dass Lehrer Kinder bekommen oder zumindest, dass eine Lehrerin zum Elternabend des eigenen Sohnes geht. Denn wie sollte man die Klappe halten, wenn da vorne eine Möchtegern-Pädagogin ein völlig unsinniges Benotungsschema erklärt? Dieser ganze Wir-reden-am-Elternabend-über-die-Probleme-Mist war für den Arsch. Genau! Das musste man doch mal laut sagen dürfen, oder?

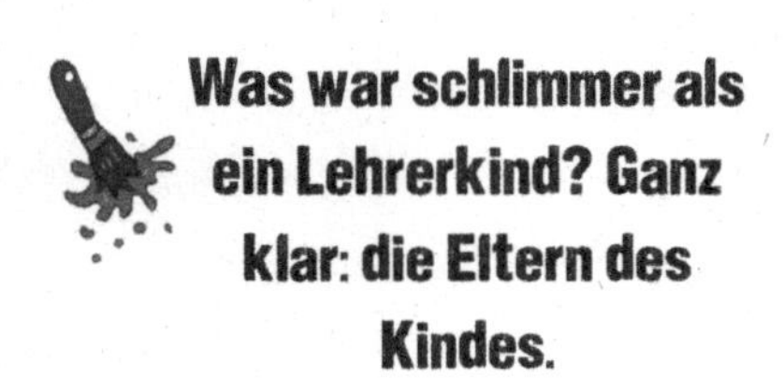

Na gut, den Hinweis, dass man mich als Lehrerin und Frau vom Fach nicht einfach über den Tisch ziehen könne, hätte ich mir vielleicht sparen können. Ich seufzte und ärgerte mich gleichzeitig über die Käfer und mich selbst.

Was war schlimmer als ein Lehrerkind? Ganz klar: die Eltern des Kindes.

»Sie meinen also, dass Sie über ein besseres Benotungssystem verfügen, Frau Huber?«, quietschte Frau Käfer und stand auf. Der Stuhl ächzte, als er von ihrem beträchtlichen Gewicht befreit wurde.

Ich zuckte mit den Schultern. »Zumindest ist es fair und benachteiligt nicht jene Schüler, die schriftlich nicht so gut sind. Ihre Gewichtung auf die schriftlichen Überprüfungen finde ich ... nun ja, nicht schülerfreundlich.«

Zustimmendes Gemurmel von Elternseite. Das tat gut. Ich richtete mich auf.

»Da muss ich Frau Huber recht geben. Gerade dieses Schuljahr ist besonders wichtig für unsere Kinder. Es ist das letzte in der Grundschule und nun werden die Weichen gestellt für die Zukunft«, kommentierte Herr Schulze.

»Ja, und Sie haben doch erst diesen Herbst die Klasse neu übernommen. Frau Simon, Ihre Vorgängerin, hat ganz anders benotet«, fügte Frau Meyr hinzu. Ich nickte zufrieden. Endlich sahen die anderen ein, was für eine Flitzpiepe die neue Lehrerin war.

»Ich bin aber nicht Frau Simon und meine Unterrichtsmethoden und mein Notenschema mögen anders sein, aber ich habe an meiner vorigen Schule gute Erfahrungen damit gemacht. Wie Sie schon richtig bemerkten, das letzte Jahr an der Grundschule stellt die Weichen für die Kinder. Meine Pflicht ist es, sie auf die Zukunft vorzubereiten und nicht, den Schülern und Schülerinnen Türen zu öffnen, durch die sie nicht passen.«

Ich sprang entrüstet auf. Der Tisch wackelte bedenklich. Der Stuhl kippte um und schlug krachend auf.

»Also wirklich ...«, setzte ich an.

Frau Käfer lächelte selbstbewusst.

»Wenn Ihnen meine Art zu unterrichten und zu benoten nicht gefällt, dann steht es Ihnen doch frei, Finn an Ihre Schule zu holen«, sagte sie seelenruhig. Mir fehlten die Worte.

Finn an meiner Schule? Womöglich noch in meiner Klasse? Wo war die Schaufel, mit der ich mir mein Grab ausheben und Frau Käfer den Kopf einschlagen konnte?

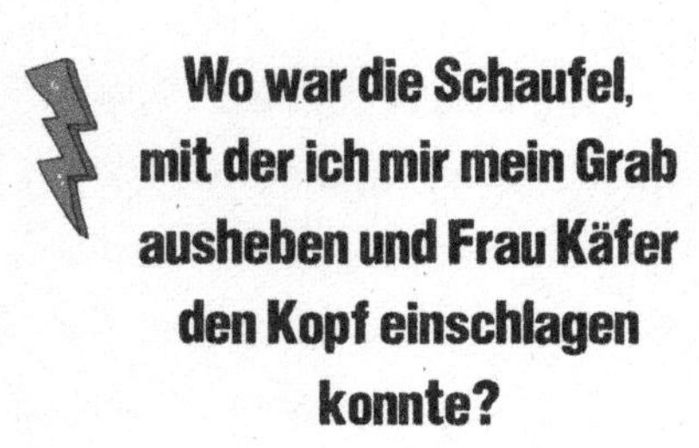

Verdattert stellte ich den Stuhl wieder hin und setzte mich schweigend. Die anderen Eltern tuschelten verhalten, einige kicherten. Mir schoss das Blut in den Kopf.

»Nein? Also gut, darf ich dann vielleicht weiter mein System erklären, Frau Huber?«

Ich nickte. Mir war heiß.

Da glaubte ich vor einer Minute noch, in der stärkeren Position zu sein und diese Frau Käfer beeinflussen zu können. Und jetzt ... Paff. Weg. Der Vorteil hatte sich in Luft aufgelöst.

Der Rest des Abends rauschte an mir vorbei. Ich bekam nichts mehr mit. Erst als sich die anderen Eltern verabschiedeten, wurde mir klar, dass ich es überstanden hatte. Den schlimmsten Elternabend meines Lebens. Ich raffte mich auf und ging zu Frau Käfer, um mich zu verabschieden.

»Einen Moment noch, Frau Huber«, sagt sie und schleuste erst alle anderen Eltern hinaus. Verdammt. Und ich hatte gedacht, es könnte nicht schlimmer werden.

Schon waren wir allein. Frau Käfer schloss die Tür. Ich hörte die Schritte der glücklichen Eltern, die es aus dem Zimmer geschafft hatten, leise verhallen.

Frau Käfer lächelte. »Wenn Ihnen beim nächsten Elternabend Ihrer eigenen Klasse ein Lehrervater oder eine Lehrermutter blöd kommt, schlagen Sie demjenigen vor, sein Kind selbst zu unterrichten. Das Argument zieht immer. Oder glauben Sie, irgendein Lehrer würde sein Kind ernsthaft selbst unterrichten wollen?«

»Nie im Leben«, antwortete ich.

Frau Käfer grinste. »Eben. Als ich vor sieben Jahren an Ihrer Stelle war und mir der Klassenlehrer meiner Dana diesen Vorschlag gemacht hat, bin ich vor Schreck fast umgekippt. Aber ich habe an diesem Abend mehr gelernt als an jedem anderen. Seither bin ich gewappnet. Und es ist immer irgendein Lehrerelternteil dabei, nicht wahr?«

»Hmmm«, brummte ich und stellte mir vor, wie Tims Vater, diesem alten Klugscheißer, beim nächsten Elternabend die

Kinnlade herunterfiel. Er rieb mir bei jeder verdammten Gelegenheit unter die Nase, dass er Lehrer an einer Privatschule war. »Danke.«

»Wir Lehrer müssen doch zusammenhalten«, sagte Frau Käfer und lächelte.

THIS BRAIN IS TEMPORARILY NOT AVAILABLE

Gleich war es so weit. Tims Eltern würden zu mir in die Sprechstunde kommen. Etwas nervös kritzelte ich mit meinem Kugelschreiber in einem Notizblock herum.

Tim war ein elfjähriger, überaus schlauer und obendrein noch frecher Junge, der mir letzte Woche einige Streiche à la Michel aus Lönneberga gespielt hatte. Nur leider konnte ich Tim nicht in eine Scheune einsperren und er hatte kein Stück Holz, an dem er seine überschüssige Energie auslassen konnte, so wie Michel, der voller Ärger eine Holzfigur nach der anderen schnitzte. Abgesehen davon, dass es sicher das Ende meiner Karriere als Lehrer bedeutete, wenn ich den Jungen für mehrere Stunden irgendwo einschlösse. Dabei fing meine Berufslaufbahn doch gerade erst an.

Vor knapp zwei Wochen war ich aus dem Referendariat an diese Schule gekommen, voller Elan und frohen Mutes, weil ich meinen Unterricht nun ohne die kritischen Blicke eines anderen Lehrers abhalten konnte. Nur leider hatte ich dabei diese kleine Unbekannte namens Schüler nicht bedacht, die gerade in meinen Fächern – Latein und Mathematik – wegen absoluten Desinteresses häufig außer Kontrolle geriet.

So auch Tim, der mir eigentlich vom ersten Moment an sympathisch erschien ..., bis ich eines Morgens freudig die

Klassenzimmertür öffnete und plötzlich von oben bis unten pudelnass war. Und ich meine nicht etwa ein bisschen klamm wie nach einem Regenschauer, sondern durchnässt bis auf die Unterhose. So, dass einem das Wasser den Rücken hinunterläuft. Ohne die Aussicht auf Wechselsachen, die natürlich bei mir im Kleiderschrank und nicht im Lehrerzimmer hingen.

»Guten Morgen, Herr Franzen, na, das ist ja eine schöne Bescherung!«, begrüßte mich Tim und lächelte spitzbübisch.

»Was zum ...«, mehr bekam ich nicht heraus, denn in diesem Moment registrierte ich, dass ich mit meinen Turnschuhen in eine Pfütze getreten war und nun auch noch nasse Füße hatte.

»So eine verdammte Scheiße!«, platzte es aus mir heraus.

»Na, na, na, Herr Franzen, so etwas sagt man aber nicht«, belehrte mich Tim.

»Verdammt noch mal, was und vor allem wer war das?«, rief ich verärgert, während ich versuchte, den durchnässten Pulli auszuziehen.

»Ich würde sagen ein Eimer Wasser«, bemerkte unsere elegante Französischlehrerin Frau Meise grinsend und musterte mich von oben bis unten. »C'est la vie!« Lachend ging sie ihres Weges.

»Soll ich Ihnen meinen Pullover leihen?«, fragte Tim scheinbar fürsorglich. »Nicht, dass Sie noch eine Erkältung bekommen!«

Ein skeptischer Blick meinerseits. Ein breites Grinsen von Tim und mir war klar, wer den Kübel so geschickt über der Tür platziert hatte.

»Das wird ein Nachspiel haben!«, wetterte ich.

»Ich weiß überhaupt nicht, wovon Sie sprechen«, erwiderte Tim, das Unschuldslämmchen.

Da kam der Hausmeister um die Ecke, verkniff sich ein Grinsen und packte mich an der nassen Schulter. »Na, kommen Sie mal mit, ich hab noch 'n Blaumann für Sie.«

Was soll ich sagen? Den Rest des Tages unterrichtete ich im blauen Handwerkeroverall, der zwar viel zu groß, aber immerhin trocken war. Sehr zur Schadenfreude meiner Schüler und des gesamten Kollegiums, die mich von da an nur noch »Blaumännchen« nannten. Ein wirklich toller Einstand!

Nur drei Tage später war ich schon wieder fällig, als ich versuchte, den Sinussatz an die Tafel zu schreiben. Die verflixte Kreide wollte und wollte nicht halten. Hinter mir hörte ich schon leises Gemurmel und Gekicher. Wohl wissend, wer dahintersteckte, drehte ich mich um zu Tim, der mit Unschuldsmiene fragte, ob er mir irgendwie helfen könne.

»Ja, indem du mir sagst, was du jetzt schon wieder ausgeheckt hast!«, antwortete ich.

»Ich?«, fragte Tim erstaunt. »Das ist aber nicht nett, dass Sie immer gleich mich verdächtigen. Dabei habe ich doch noch extra die Tafel für Sie gewischt.«

Erneut ertönte Gekicher.

»Soll ich sie vielleicht noch einmal für Sie sauber machen?«

Jetzt konnten die Mädchen in der ersten Reihe nicht mehr an sich halten.

»Was hat das verdammte Tafelwischen damit zu tun?«

Auf Tims Gesicht breitete sich ein Grinsen aus.

Da meldete sich Lisa, die Klassenstreberin aus der ersten Reihe, hektisch.

»Ja?«, fragte ich entnervt.

»Tim hat den Schwamm in Zitronensaft getränkt und deswegen haftet die Kreide nicht mehr an der Tafel«, sprudelte es aus ihr heraus.

»Blöde Petze«, nuschelte Tim leise.

Und ich muss sagen, irgendwie hatte er ja auch recht.

Doch als ich mich zwei Tage später auf ein Furzkissen setzte - ja, ein alter Scherz, der aber immer noch sehr effektiv ist, wie ich an der Reaktion der Klasse merken konnte -, platzte mir endgültig der Kragen.

»Tim!«, schrie ich.

»Ja bitte, Herr Franzen?«, fragte dieser wie immer überaus freundlich und höflich.

»Montag um zwei Uhr sehe ich deine Eltern in meiner Sprechstunde! Hast du mich verstanden?«

»Ich werde es ihnen gern ausrichten«, gab er ungerührt zur Antwort.

Am liebsten hätte ich seine Ohren bis an die Zimmerdecke langgezogen. Oder die seiner Eltern. Oder die von allen dreien. Hauptsache irgendwelche.

Ein leises Klopfen an der Tür riss mich aus meinen Gedanken.

»Herein!«, rief ich reflexartig.

Eine gut aussehende, freundlich lächelnde Mittvierzigerin mit langen blonden Haaren, sportlicher Typ, steckte ihren Kopf durch die Türöffnung.

»Sind wir hier richtig?«, fragte sie schüchtern. »Ich bin Frau Fischer, die Mutter von Tim aus der 6a. Sie hatten uns gebeten, vorbeizuschauen?«

»Ja«, erwiderte ich freundlich, stand von meinem Stuhl auf und wies sie an, hereinzukommen.

Sie betrat zusammen mit einem etwa gleichaltrigen Mann, der wie ein gealterter Skater-Boy aussah, den Raum.

»Tach!«, begrüßte mich Tims Vater und strich sich seine langen, dunkelbraunen, graumelierten Haare aus dem Gesicht.

»Fischer!« Er streckte mir seine große, wettergegerbte Hand entgegen und ich erwiderte seinen festen Händedruck.

Dann ließ er sich geräuschvoll auf einen der beiden Stühle plumpsen, die vor meinem Schreibtisch standen. Seine Frau setzte sich leise daneben.

»Also«, ich suchte nach den rechten Worten, »vielleicht hat Tim Ihnen ja schon von mir erzählt. Ich bin der neue Lehrer für Latein und Mathematik und seit zwei Wochen an der Schule ...«

»Oh, noch ganz frisch von der Uni«, warf Tims Vater ein und haute sich lachend auf den Oberschenkel. »Na, die guten Zeiten sind jetzt vorbei, was?«

Der strafende Blick seiner Frau folgte aufs Wort.

»'tschuldigung, die Uni ist doch die beste Zeit des Lebens«, nuschelte er und erinnerte mich dabei frappierend an seinen Sohn.

»In jedem Fall haben Tim und ich leider bereits einige Probleme miteinander gehabt.«

»Hat er etwa eine Fünf in Mathe?«, erkundigte sich Frau Fischer besorgt.

»Nee, der hat bestimmt während der Stunde wieder auf seinem Handy rumgespielt.« Tims Vater beugte sich zu mir vor. »Ehrlich, wir sagen ihm jeden Tag, dass er es zu Hause lassen soll.«

Tims Mutter nickte bestätigend wie ein Wackeldackel.

»Äh, also, ums Handy gehts eigentlich nicht ...«

»Puh.« Tims Vater lehnte sich erleichtert zurück, schlug die Beine übereinander und fasste sich mit seiner rechten Hand nachdenklich ans Kinn.

»Oder hat er wieder seinen VAK-Automat ausprobiert?«, wunderte sich Tims Mutter.

»Nein, nein«, erwiderte ich beschwichtigend, um dann doch nachzufragen: »Seinen was?«

»Seinen vollautomatischen Kaugummi-Automat, mit dem man mithilfe einer Spritze Luft durch eine Spielzeugpistole drückt, an deren Ende ein Kaugummi befestigt ist, das sich wiederum automatisch zu einer riesigen Blase aufbläht und innerhalb kürzester Zeit platzt«, erklärte Tims Vater sichtlich stolz.

Seine Frau grinste verlegen und nickte zögerlich.

»Na ja, beim letzten Mal ist sie leider in den langen Haaren seiner Banknachbarin gelandet.«

Tims Vater formte mit seiner rechten Hand eine Schere und grinste bis über beide Ohren. »Schnipp, schnapp.«

Seine Frau nickte und kicherte leise.

»Und das, wo Frau Müller doch immer so stolz auf Gretas lange Zöpfe war!«

»Wahrscheinlich war das arme Kind sogar froh, dass sie sich die Haare endlich abschneiden durfte«, merkte Frau Fischer an.

»Schnipp, schnapp«, sagte Tims Vater erneut.

»Sieht doch auch viel besser aus«, sinnierte Tims Mutter vor sich hin.

»Ja, also, um auf Ihren Sohn zurückzukommen«, versuchte ich, das Gespräch wieder an mich zu reißen.

»Weißt du noch, wie er das Matchbox-Auto aufgezogen und in den Dutt seiner Kindergärtnerin gesteckt hat?«, warf Herr Fischer ein.

»Weißt du noch, wie er das Matchbox-Auto aufgezogen und in den Dutt seiner Kindergärtnerin gesteckt hat?«, warf Herr Fischer ein.

Die Eltern kicherten wieder.

Ich war also nicht das erste Opfer.

»Oder wie er unser neues weißes Auto mit pinkem Nagellack bemalt hat, damit es nicht mehr so langweilig aussieht?«

Tims Vater konnte sich nicht mehr halten vor lachen.

»Das war so eine süße Idee!«, erwiderte Tims Mutter verliebt.

»Oder wie er in der zweiten Klasse alle seine Mitschüler dazu brachte, einen Wecker in die Schule mitzubringen, die dann alle fünf Minuten klingelten.«

Okay, jetzt musste auch ich grinsen.

»Oder ... oder ...«, warf Tims Vater atemlos ein, »... wie er auf die Frage seiner Englischlehrerin geantwortet hat: This brain is temporary not available.«

Beide prusteten los.

»Oder wie er meine Tafel mit Zitrone eingeschmiert hat und ich wie bescheuert immer wieder versucht habe, etwas anzuschreiben!«, rief ich lachend, weil ich auch mal einen Witz beisteuern wollte. Irgendwie konnte ich dem Jungen nicht mehr böse sein.

Tims Eltern wollten gerade wieder lauthals loslachen, als ihnen einzufallen schien, dass ich ja auch zu der bösen anderen Gruppe der Lehrer gehörte.

»Oder wie ich dank eines Eimers voll Wasser über der Tür wie ein begossener Pudel dastand?«

Tims Vater war der Erste, der wieder anfangen musste zu lachen. Dann stimmten erst ich und schließlich Frau Fischer ein.

Das war übrigens das letzte Mal, dass ich Tims Eltern zu mir bestellen musste. Denn seitdem sind es die anderen Lehrer, die von ihm Streiche gespielt bekommen.

KAPITEL 9:
Waffenstillstand

Es kommt dieser Moment, in dem alle Anwaltsschreiben, Schulgesetzordnungen und Lehrpläne beiseitegelegt werden und Eltern und Lehrer sich endlich wieder in die Augen sehen. Und vielleicht, nur vielleicht, sogar ein wenig die Einwände und Argumente des anderen verstehen.

Auch wenn Sie es nicht glauben mögen, es gibt sie, diese wunderbaren Momente der trauten Einigkeit, in denen es ausnahmsweise einmal nicht ums Rechthaben, sondern tatsächlich um das Wohl der Schüler geht.

MANCHMAL HAT DER LEHRER EBEN DOCH RECHT!

Seite an Seite schritten mein Mann und ich durch die dunklen Straßen unserer Stadt. Wir hatten einen Babysitter bestellt, der zu Hause über unseren Nachwuchs wachte, denn diesen Abend wollten wir gemeinsam wuppen. Beistand in guten wie in schlechten Zeiten, das hatten wir einst am Altar geschworen und dabei sollte es auch bleiben. Wir hielten uns also an den Händen und sprachen uns gegenseitig Mut zu auf diesem Gang zu unserem ersten Grundschul-Elternabend. Wir konnten zwar auf diesem Gebiet noch keine eigenen Erfahrungen vorweisen, doch in unserem Freundes- und Bekanntenkreis hatten wir noch nie jemand »yippie« rufen hören angesichts eines derartigen Events.

Trotzdem fühlten wir uns, als wir gemeinsam auf die hell erleuchtete Grundschule zuliefen, ähnlich staatstragend wie alle vier Jahre beim Gang zur Wahlurne. Wahrscheinlich auch, weil die Grundschule immer als Wahllokal diente. Gleichzeitig war uns schmerzhaft bewusst, dass wir unser geliebtes Wunschkind nach all den Jahren der liebevollen, elterlichen Obhut nun dem staatlichen Schulsystem ausliefern mussten. Unser kleiner Sonnenschein hatte bereits einen staatlichen Kindergarten besucht, aber das hatten wir ja *freiwillig* entschieden. Ab sofort aber unterstand das Mauseschnäuzchen der Schul*pflicht* und wir mussten unsere Erziehungsberechtigung fortan mit wildfremden Menschen teilen, von denen wir weder ein polizeiliches Führungszeugnis noch ein psychologisches Gutachten hinsichtlich ihrer pädagogischen Qualitäten vorliegen hatten, von ihrer nicht bekannten ökologisch-politischen Haltung ganz zu schweigen.

Dementsprechend betraten wir bangen Herzens das Klassenzimmer und setzten uns auf die letzten freien Plätze ganz hinten links.

Die Lehrerin hatte mit viel Liebe zum Detail einen großen Baum an die Tafel gezeichnet. An diesem hingen mit Tesa angeklebte Äpfel aus roter Pappe, in denen die Namen der Kinder standen. Ich hatte plötzlich eine Gänsehaut auf den Armen und fragte mich, ob man hier Äpfel mit Birnen vergliche und wie weit ein Äpfelchen vom Stamm fallen konnte. Am liebsten wäre ich geflohen, aber das wäre unangenehm aufgefallen und ich wollte natürlich nicht den Ast absägen, auf dem mein Augapfel saß.

»Sie haben Glück«, schmetterte uns die Lehrerin gleich nach der Begrüßung entgegen. Und dann teilte sie uns mit, dass die Grundschulpädagogik in unserem Bundesland grundlegend reformiert worden sei und unsere Kinder nun ab der ersten Klasse in den Genuss des Englischunterrichts kommen würden.

»Der Fremdsprachenunterricht in der Grundschule legt eine ganz entscheidende Grundlage für die lebenslange, konstruktive Auseinandersetzung mit Mehrsprachigkeit«, freute sich die Pädagogin und sah uns erwartungsvoll an.

Wir waren ein bisschen erstaunt. Denn wir arbeiteten gerade noch zusammen mit einer Logopädin daran, dass unser Herzblatt die Vokabeln der deutschen Sprache endlich korrekt aussprach. Ausgerechnet dieses Kind, das kein S sprechen konnte, ohne dass ihm die Zunge zentimeterweit aus dem Mund hing, sollte möglichst früh ein englisches »Tiiii-Eitsch« lernen, wie es die Lehrerin uns gerade mit deutlich sichtbarer Zunge vormachte? Ob das wirklich so sinnvoll war?

»Aber das ist doch üüüberhaupt kein Problem«, versicherte die Klassenlehrerin. »Der Fremdsprachenunterricht in der Grundschule ist ein Lernangebot ganz eigener Art mit einer individuellen Sprachdidaktik und einer grundschulspezifischen Methodik.«

Aha. Wir fühlten uns nicht wirklich besser.

Die Lehrerin aber war sich ihrer Sache sicher.

»Wissen Sie, die Kinder bauen in diesem Alter ihre Sprachlernkompetenz durch gemeinsame Interaktionen wie von selbst aus.«

Wie von selbst. Darunter konnten wir uns zumindest ein bisschen etwas vorstellen. Unter dem Rest aber nicht.

»Das ist in der Praxis viel harmloser, als es sich jetzt anhört«, tröstete uns die Lehrerin. »Es gibt da zum Beispiel ein Lied, das wir im Unterricht gemeinsam erarbeiten werden. Wir singen das jetzt einfach mal alle oder haben Sie noch Rückfragen?«

Eilig teilte sie die Notenblätter aus. Bei dem Lied handelte es sich um einen englischen Song, der von Körperteilen handelte und so ähnlich hieß wie ein bekanntes Schuppenshampoo. Man musste sich bei jedem Wort an das entsprechende Körperteil fassen, was den Kindern angeblich großen Spaß machte.

Uns machte es keinen Spaß. Überhaupt keinen. Vorm nächsten Elternabend beschlossen wir deswegen: Geteiltes Leid ist doppeltes Leid. Wir würden uns ab jetzt abwechseln und auslosen, wer hingehen musste. Ich verlor natürlich und musste die zweite Folterstunde allein besuchen.

Vorm nächsten Elternabend beschlossen wir deswegen: Geteiltes Leid ist doppeltes Leid.

»Sie haben Glück«, schmetterte die neue Lehrerin uns leiderprobten Eltern entgegen. »Unsere Schule nimmt an einem neuen Reformprogramm teil. Wir sind jetzt eine Schule mit sport- und bewegungserzieherischem Schwerpunkt!!!«

Toll. Ich hatte irgendwie eine andere Auffassung von Glück. Die Lehrerin hingegen war begeistert von dem neuen Konzept.

»Ein erfahrungsoffener Unterricht ermöglicht den Kindern viele grundlegende körperliche, sinnliche und soziale Erfahrungen«, jubelte sie. »Das wirkt Bewegungsmangel entgegen, schult koordinative und konditionelle Fähigkeiten und erst dadurch wird wirklich konzentriertes Lernen möglich. Noch Rückfragen?«

Die hatten wir Eltern nicht, aber unsere skeptischen Gesichter entgingen ihr nicht. Um uns von dem Konzept zu überzeugen, verteilte sie ..., richtig, Notenblätter und setzte sich ans Klavier.

»Ich möchte mit Ihren Kindern diesen Song einstudieren«, rief sie uns über die Schulter zu. Und dann sangen wir zusammen ein kleines englisches Lied, das von Körperteilen handelte. Dabei saßen wir nicht still, nein, wir bewegten uns, indem wir beim Singen auf die entsprechenden Körperteile deuteten. »Das macht den Kindern sicher großen Spaß«, versprach uns die Lehrerin. Und mir erst. So was von Spaß.

Beim nächsten Elternabend war mein Mann dran. Er behauptete zwar, zeitgleich an Cholera, Pest und Tuberkulose erkrankt zu sein, aber das half ihm nichts. Ich bestand auf seiner Teilnahme und er gab mir theatralisch sein Testament - nur zur Sicherheit, wie er mit Leidensmiene bekundete.

»Na, wie wars?«, fragte ich ihn, als er nach mehreren Stunden blass, aber gefasst zurückkam.

»Wir haben Glück«, sagte er. »In unserem Bundesland wurde ein neuer Bildungsplan eingeführt. Fächer wie Musik, Kunst oder Sachkunde gibt es nicht mehr. Stattdessen unterrichten sie jetzt irgendeinen Fächerverbund mit einem Namen, der wie ein sibirischer Husky klingt.«

Wie sollte ich denn jetzt Hausaufgabenhilfe in einem Fach leisten, von dem ich nicht mal den Namen kannte?

»MeNuK heißt es«, erinnerte er sich plötzlich. »Das ist die Abkürzung für Mensch, Natur und Kultur. Aber das ist sowieso komplett egal.«

»Weshalb?«, wollte ich wissen.

»Ach, die müssen da keine Hausaufgaben machen. Die singen in diesen Unterrichtsstunden nur Lieder. Eins hat sie uns vorgesungen. Es war englisch und handelte von Körperteilen. Kam mir irgendwie bekannt vor. Noch Rückfragen?«

Im vierten Schuljahr erhielt unsere Grundschule eine neue Leiterin, die, zu unserer größten Überraschung, ein neues Schulprofil durchsetzen wollte. Soziales Miteinander sollte fortan im Mittelpunkt stehen. In der Praxis sah das so aus, dass die Kinder ein englisches Lied einstudierten. Es handelte von ... Sie werden es kaum glauben ... Körperteilen! Hurra!

Wer jetzt denkt, er wüsste, wie es weitergeht, der irrt. Denn die Kinder mussten sich beim Singen nicht an den eigenen Kopf, die Schultern, die Knie und die Zehen fassen. Nein! Sie mussten sich zu zweit zusammentun und sich gegenseitig berühren.

Ich gebe zu, ich hatte für dieses Lied nur Spott und Hohn übrig. Aber als unser Wonneproppen in der fünften Klasse eine weiterführende Schule besuchte, erkannte ich plötzlich den Sinn und Zweck dieses wirklich handfesten pädagogischen Programms und schämte mich rückwirkend für alles, was ich darüber gedacht und gesagt hatte.

Beim ersten Elternabend freute sich der Englischlehrer nämlich über das gleichmäßig hohe Niveau der neu zusammengestellten Klasse. Gleich in der ersten Stunde hatte er mit den Schülern ein kleines Lied ausprobiert, das von Körperteilen handelte. Das hatte den Kindern nicht nur großen Spaß gemacht, nein, dabei hatte sich auch gezeigt, dass alle in der Lage waren, den englischen Wörtern die einzelnen Körperteile richtig zuzuordnen.

»Noch Rückfragen?«, wollte der Pädagoge wissen.

Ich hätte an dieser Stelle furchtbar gern gefragt, warum Lehrer eigentlich immer von Rückfragen und nicht Hinfragen sprechen. Aber das wagte ich nicht. Stattdessen summte ich zu meiner Beruhigung ein kleines Lied, das wie aus dem Nichts in meinem Kopf aufgetaucht war. Ich glaube, es handelte von Körperteilen.

WARUM NICHT ALLE ELTERN VERRÜCKT SIND

Schon wieder ploppte eine E-Mail der Elternsprecherinnen in meinem Postfach auf. Langsam bekam ich das Gefühl, ich hätte sie in irgendeinem umnachteten Moment versehentlich abonniert.

Zum Glück war das Thema nicht meine angeblich mangelnde Kontrolle über die Hausaufgaben, die Tatsache, dass die Kinder nicht alle fünf Minuten auf die Toiletten gehen durften oder das Süßigkeitenverbot - es war mitunter schon fast zu Schlägereien gekommen, wenn eines der Kinder fünf Kaubonbons dabeihatte und 22 Schüler welche abhaben wollten. Diesmal ging es um den Wandertag am kommenden Mittwoch.

Lieber Herr Gerhard,
da es die ganze Woche über regnen soll, bitten wir Sie, den Kindern am Vortag eine Notiz für die Eltern mitzugeben, dass die Schüler für den geplanten Wandertagsausflug wetterfeste Kleidung und Gummistiefel tragen sollen. Vielleicht ist der Grunewald im September doch nicht das beste Ausflugsziel. Möglicherweise wäre das Kino eine Alternative? Soweit wir informiert sind, lassen sich durchaus auch Filme finden, die man als anspruchsvoll genug klassifizieren kann, um sie als Bereicherung für das biologische Grundwissen der Schüler zu verstehen.

Mit freundlichsten Grüßen
Tamara Grunert und Sabine Schultze

Was jetzt? Zum Glück besaß mein Gehirn diese überaus praktische Fähigkeit, allzu hochtrabende Formulierungen gar nicht erst wahrzunehmen. Huch, wie war das denn jetzt passiert? Jetzt war diese Mail doch glatt im Spamordner gelandet. Wie ungünstig.

Diese beiden Elternsprecherinnen gehörten anscheinend zu den Müttern, die lediglich drei Stunden pro Tag in einem Büro arbeiteten und den Rest der Zeit damit beschäftigt waren, ihre Kinder vom Hockeyclub zum Geigenunterricht zu fahren und sich um die Zukunft ihres behüteten Nachwuchses zu sorgen. Ich hatte gehört, dass manche Mütter bereits die Ärztekarrieren ihrer Kinder planten, bevor diese die Einschulung überstanden hatten. In der fünften Klasse, wenn die Noten für die Empfehlung der weiterführenden Schulen zählten, steigerten sich diese Zukunftssorgen teilweise in ausufernde Hysterien. Es hatte schon einige Elternabende gegeben, die ich am liebsten vorzeitig verlassen hätte, weil sie von derartigen Kreaturen übervölkert waren. In zwei Wochen würde wieder

Ich hatte gehört, dass manche Mütter bereits die Ärztekarrieren ihrer Kinder planten, bevor diese die Einschulung überstanden hatten.

einer stattfinden. Vielleicht sollte ich mich vorher sedieren. Im Chemiesaal könnte ich noch das eine oder andere Mittelchen für diesen Zweck finden ...

Leider waren diese Art Mütter meistens auch diejenigen, die die Elternsprecherposten übernahmen. Weil sie dadurch mehr Einblick in den Schulalltag erhielten. Mehr Mitspracherecht. Man könnte auch sagen: mehr Kontrolle.

Kurz überlegte ich, die Mail mit der Bemerkung zu beantworten, dass sie die Kleidungsnotiz ja auch selbst schreiben könnten, ließ es dann aber bleiben. Wer schon bei knapp 15 Grad und dezentem Nieselregen Angst um die Lungen seiner Kinder bekam, kontaktierte bei so einer Aufforderung wahrscheinlich seinen Familienanwalt.

Ich blätterte in meinem Terminplaner, um nachzusehen, welcher Elternteil sich als freiwillige Begleitung für den Wandertag eingetragen hatte. Bettina Globert. Das musste die Mutter von dem kleinen Julius sein. Stiller Junge. Ging meistens etwas unter. Man sah ihm an, dass er die Antworten oft besser kannte als seine Mitschüler und sich nur nicht traute, etwas zu sagen. Wohingegen er nach Unterrichtsschluss, wenn seine Mitschüler bereits den Raum verlassen hatten, oft noch die ein oder andere aufgeweckte Frage stellte.

Na ja, hoffen wir einfach das Beste für den Wandertag! Auch wenn mir ein Vater definitiv lieber gewesen wäre. Mit dem konnte man zumindest vernünftig schweigen.

Am Mittwoch schüttete es wasserfallartig über der gesamten Stadt. Das war die Rache der Spam-Mail-Götter.

Bettina Globert, in wasserfester Outdoorkleidung, lächelte freundlich zur Begrüßung und reichte mir die Hand. »Bettina«, stellte sie sich vor.

Doch, sie war auf dem letzten Elternabend gewesen. Ich erinnerte mich an die zurückhaltende junge Frau, die nur einmal mit leiser Stimme den gerade fertiggestellten Spielplatz auf dem Hof gelobt hatte. Hinterher hatte sie sich noch länger mit einem Kollegen unterhalten. Vielleicht war sie da wie ihr Sohn und stellte die Fragen erst nach der eigentlichen Versammlung.

»Gerhard«, antwortete ich, wobei mir erst ein paar Minuten später bewusst wurde, dass man das auch als Vornamen interpretieren konnte. Aber sie kannte mich ja, hoffentlich. Auch wenn sich nicht viele Eltern mehr als den Namen des Klassenlehrers merken können. Ich hatte die Klasse für den Wandertag ja nur übernommen, weil mein geschätzter Kollege krank war. Wieder einmal. Zufälligerweise um den Wandertag herum.

Wie auch immer, die Dame schien tatsächlich ähnlich zurückhaltend zu sein wie ihr Sohn. Dennoch gelang es ihr, mit ihrer ruhigen Stimme die Kinder binnen zwanzig Sekunden in Zweierreihen zu sortieren und zwar ohne, dass Protest aufflammte. Niemand wollte lieber neben jemand anderem gehen, niemand musste noch mal aufs Klo und Hunger hatten sie ausnahmsweise auch noch nicht. Ich war beeindruckt. So wenig Stress war mir neu.

Ich lief voran, Julius' Mutter folgte am Ende der Gruppe. Ohne Zwischenfälle erreichten wir den S-Bahnhof und 25 Minuten später stiegen wir tatsächlich im Grunewald wieder aus. Inzwischen hatte der Regen deutlich nachgelassen, sodass der breite Hauptweg mit den goldbelaubten Bäumen doch nicht mehr an einen philippinischen Mangrovenwald während des Monsuns erinnerte.

Sobald wir etwa hundert Meter von der Straße entfernt waren, durften die Kinder endlich losrennen. Sie hatten lediglich den Auftrag, verschiedene Blätter zu sammeln und was sie sonst noch so fanden. Die meisten hatten beim Briefing für den Ausflug sogar zugehört und Gläser und Gefrierbeutel mitgebracht, um ihre Schätze darin zu sammeln. Vermutlich stand das auch noch mal in dem Protokoll, das die fleißigen Elternsprecherinnen immer so sorgsam von sämtlichen Elternabenden anfertigten.

»Ich glaube, den Kleinen macht das wirklich Spaß«, meinte Frau Globert, die nun neben mir lief. Hoffentlich erwartete sie keine allzu ausufernden Antworten meinerseits. Die Eltern, die mich schon länger kannten, nahmen sich meist einen MP3-Player mit oder beschäftigten sich mit ihren Smartphones. Vielleicht hätte ich Bettina Globert vorwarnen sollen.

»Hm«, brummte ich daher nur und war fast erleichtert, dass Karolina mal wieder damit anfing, ihre beste Freundin lauthals als Zicke zu beschimpfen. Mädchen in der Pubertät sind wirklich furchtbar, eigentlich auch schon kurz davor. Und wenn sie älter werden, versteht sie sowieso kein Mann mehr.

Bevor ich entschieden hatte, ob und wie ich mich in den Konflikt einmischen sollte, war Julius' Mutter bereits bei den beiden Streithammeln. Sie sah so aus wie jemand, der gern Lebensweisheiten verbreitet. Dinge wie: Deine beste Freundin solltest du immer lieb haben. Solche Hinweise gaben die Elternsprecherinnen zumindest immer, sobald irgendwo in der Klasse ein Streit losbrach und sie sich gerade in der Nähe befanden.

Was Frau Globert zu den beiden Mädchen sagte, konnte ich nicht verstehen. Sie hörten ihr zu, gesellten sich anschließend zu unterschiedlichen Grüppchen und eine halbe Stunde später, als wir die erste Pause einlegten, steckten sie schon wieder kichernd die Köpfe zusammen.

Bettina Globert und ich saßen etwas abseits von den Kindern auf einem feuchten Baumstumpf. Sie öffnete eine grüne, mit Dinosauriern verzierte Brotbox. Gleich würde sie sicherlich von Julius anfangen ..., doch stattdessen biss sie schweigend von ihrem Käsebrot ab.

»Sie haben ein gutes Händchen für Kinder«, stellte ich irgendwann fest.

Sie zuckte nur mit den Schultern. Die Frühstückspause war vielleicht nicht gerade der richtige Zeitpunkt, um ein Gespräch zu beginnen. Ich hatte allerdings noch keinen Hunger und durch das Sitzen begann die feuchte Kälte, meine Beine heraufzukriechen.

»Was machen Sie denn beruflich?« Moment mal, war ich es gerade, der die Fragen stellte? Irgendwas stimmte mit mir nicht. Vielleicht bekam ich ja Fieber. Oder noch Schlimmeres.

Sie sah mich an, mit braungrünen Augen und einem sanften Lächeln. »Ich bin Kinderpsychologin.«

Das hätte ich mir ja denken können. Allerdings war ihr Blick nicht so durchdringend und allwissend wie der von Evas Mutter, der Psychotherapeutin.

»Das erklärt alles«, erwiderte ich und merkte, dass ich das Lächeln erwiderte.

»Ist das so?« Sie blickte wieder in Richtung der Kinder, die nach und nach fertig waren mit ihrem Frühstück. Einige durchforsteten das Laub nach interessanten Blättern und Moosen, darunter auch Julius, der, ein wenig abseits von den anderen, höchst gespannt die Rinde einer Kastanie begutachtete.

»Ihr Sohn ist sehr still«, sagte ich.

»Ich weiß«, sagte sie ruhig.

Auf dem Rückweg erzählte sie mir sogar, auf meine Nachfrage hin, dass Julius von ihr und ihrem Mann adoptiert worden war, als er vier Jahre alt war.

»Die Schulleitung weiß das zwar, aber ich wollte diese Information nicht an die Lehrer weitergeben. Ich will, dass Julius genauso behandelt wird wie alle anderen Kinder«, erklärte sie mit dieser unglaublich sanften Stimme, die wie ein Kitzeln auf meiner Haut war. »Kurz nach der Adoption war es sehr schwer. Auch wenn Julius Glück hatte, dass er nur kurze Zeit im Jugendamtssystem war und nicht zahlreiche Pflegefamilien oder Ähnliches durchlaufen musste. Er hatte einfach nur Pech. Seine Mutter starb bei einem Unfall und es gab keine weiteren

Familienangehörigen, die ihn hätten aufnehmen können. Trotzdem hat er uns am Anfang gehasst. Meinem Mann wurde das irgendwann zu viel. Ich kann es ihm nicht verübeln. Er hat keine Kinder gewollt und seit Julius bei uns war, drehte sich alles um das Kind.«

In der Ferne sah man bereits die Autobahnbrücke, unter der es zum S-Bahnhof ging. Man hörte das Rauschen der Fahrzeuge. Eine Gruppe Jogger kam uns entgegen.

»Das war eigentlich schon alles«, sagte sie nach einer Weile. »Ich habe Ihnen das nur erzählt, weil Julius Sie so mag. Er liebt den Unterricht bei Ihnen. Ich kann mir vorstellen, wie stressig der Alltag in der Schule abläuft. Da bleibt kein Raum für Individualität. Aber Sie sind der einzige Lehrer, der Julius wirklich zuhört.« Ich hätte gern ihre Hand genommen, aber natürlich ging das nicht. Nicht hier. Nicht jetzt. Sie war die Mutter einer meiner Schüler, immer noch. Wahrscheinlich ginge es nie.

Auf der Fahrt zurück nach Zehlendorf schwiegen wir. Vor dem Schultor warteten bereits viele Eltern. Einige hatten wie immer sehr viele Fragen. Andere begutachteten nur die Dreckspuren auf den Hosenbeinen oder baten ihre Kinder darum, die Gläser mit den Schnecken und Regenwürmern in der Schule zu lassen. Das alles würde mir wohl mal wieder eine herrliche Elternsprecher-E-Mail und lange Diskussionen über Wandertagsausflüge auf dem kommenden Elternabend einbringen.

Nach etwa einer halben Stunde waren alle Kinder abgeholt. Bettina und ihr Sohn standen immer noch neben dem Tor.

»Wir gehen dann mal«, sagte sie. »Ich habe Julius eine heiße Schokolade versprochen.«

Die hätte ich ebenfalls gebrauchen können, mit Rum, wenn möglich.

»Vielleicht kann ich Sie auf einen Kaffee einladen?«, fragte ich. »Als Dank für die Hilfe heute«, fügte ich schnell hinzu. Nicht, dass sie dachte ... ja, was eigentlich?

»Gern«, antwortete sie. Wieder dieses Lächeln. Der Lippenstift war längst verschwunden und die zerzauste Frisur stand ihr irgendwie. Besonders jetzt, mit trockenen Blattfetzen darin.

Wir fuhren mit dem Auto in ein Café in Steglitz, Julius' Lieblingscafé. Weit genug entfernt vom Zehlendorfer Süden, sodass uns niemand aus der Schule begegnen konnte. Keiner dieser verrückten Eltern.

Irgendwann, während wir uns unterhielten, nahm ich ihre Hand. Zupfte ihr die Blattfetzen aus den Haaren. Hörte nicht mehr auf, sie anzusehen. Als ich nach Hause ging, waren die Straßen bereits in tiefe Dunkelheit gehüllt.

So schlimm ist es gar nicht, Lehrer zu sein. Man lernt sehr viele Menschen kennen. Und einige wenige sind sogar etwas Besonderes.

Falls Bettina mir jemals eine E-Mail schriebe, landete sie auf keinen Fall im Spamordner.

The Show Must Go On!

Irgendwann ist selbst der größte Ärger vergessen – bei den Eltern ebenso wie bei den Lehrern. Denn wer will sich schon wochenlang über die chronisch überforderte und viel zu gut bezahlte Lehrkraft der Tochter, die neunmalklugen Eltern oder den albernen Referendar mit seinen neumodischen dänischen Lehrmethoden aufregen?

Niemand. Das tun doch nur die überfürsorglichen Helikopter-Eltern, die ihre Kinder am liebsten mit in der Baseballkappe integrierter Digitalkamera ausstatten würden, damit sie vom heimischen Computer aus den Unterricht kontrollieren konnten. Und man gehört ja auch nicht zu der Sorte Lehrer, die Mütter und Väter als den natürlichen Feind ihrer Berufsspezies ansieht. Nein. Als aufgeschlossener, freundlicher und für alles offener Mensch regt man sich nicht weiter über vergangene oder kommende Elternabende auf. Erwachsene, kritikfähige und gebildete Menschen wissen, was sich gehört.

Wenn nach dem Elternabend die ersten Wolken verraucht sind und vielleicht sogar ein paar freie Tage dazwischen liegen, sind alle guten Mutes, dass sich an der Schule doch noch alles zum Besten wenden wird und Eltern und Lehrer sich endlich in Eintracht um das kümmern werden, was ihnen am Herzen liegt: das Wohl jedes Schulkindes.

Doch dieser Glaube geht dahin, sobald der erste Elternbrief eintrifft und man liest, dass das Lernen der deutschen

Sprache gemäß der Anlauttabelle jetzt doch nicht als pädagogisch wertvoll eingestuft werde und ab dem kommenden Schuljahr Rechtschreibfehler in die Note einfließen.

Oder sobald man als Lehrer die E-Mail eines besorgten Vaters öffnet, der, bevor er einen mit einem freundlichen »Sehr geehrter/ sehr geehrte« begrüßt, sich zuerst einmal als Rechtsanwalt vorstellt. Damit man gleich weiß, dass er als Vertreter der Justiz sich von einem so popeligen Beamten nicht auf der Nase herumtanzen lässt. Wenn man nicht bereit sei, seinem Titus Amadeus eine Vier minus im Zeugnis zu geben, obwohl er zwei Fünfen geschrieben hat und sich den Rest der Stunden lieber mit seinem Handy statt mit dem Unterricht beschäftigt, werde er sich höchstpersönlich dieses Falles annehmen, um einen Präzedenzfall für solche Ungerechtigkeiten zu schaffen.

Ja, angesichts solcher Nachrichten ist wieder Schluss mit dem allseits beschworenen Frieden. Dann stapft man wieder los zum Elternabend, mit der ganzen Wut im Gepäck. Schon beim Öffnen der Klassentür ist die Angespanntheit zu spüren und die wissenschaftlichen Untersuchungen und Paragraphen der Schulgesetzordnung sind zu erahnen, die Eltern und Lehrer in ihren Hosentaschen versteckt halten, um sie im richtigen Moment zu zücken und den Gegner niederzustrecken.

Es geht wieder los. Und alle sind wieder mit dabei, die liebe Frau Öko, der geschwätzige Herr Neunmalklug, der überengagierte Referendar und, und, und ... Denn wie heißt es so schön? The Show Must Go On!

Die Autoren

Miriam Mann wuchs in Norddeutschland und Südafrika auf. Sie studierte anglistische und angewandte Linguistik in Berlin und Sydney und arbeitete viele Jahre als Übersetzerin und Englischlehrerin. Sie lebt mit ihrem Mann und zwei Kindern in einem kleinen Ort zwischen Berlin und Potsdam.

Janine Wilk wurde am 7.7.1977 als einziges Kind eines Musikers und einer Malerin in Mühlacker geboren. Schon von Kindesbeinen an war die Literatur sehr wichtig für sie, mit elf Jahren schrieb sie ihre ersten Geschichten.

Nikolas Brandenburg fing bereits in der frühen Schulzeit an, sich mit Literatur und dem Schreiben zu beschäftigen. Er verarbeitet vor allem historische Ereignisse zu fantasievollen Romanen und Jugendbüchern.

Volker Bätz war schon immer ein Geschichtenerzähler.
Er war als Publication Manager und Autor für die US-amerikanische Firma Dark Age Games tätig. Im Verlauf dieser Tätigkeit wurde ihm irgendwann klar, dass er das Schreiben in seiner Muttersprache unbedingt versuchen musste.

Christa Goede ist Diplom-Politologin, Social-Media-Managerin (FH Köln), Klartextschreiberin, Schachtelsatzallergikerin, Rechtshänderin, Linksdenkerin, Internetbewohnerin, Blümchenliebhaberin, Punkrockhörerin, Motivationsmaschine, Monsterhäklerin, Disziplintierchen und Besserwisserin mit Sinn für Humor.

Sabine Städing war schon während der Schulzeit begeisterte Autorin und schrieb Geschichten zu allem, was sie in dieser Zeit bewegte. Sie brachte mit Freunden das Punk-Fanzine *Plastik* heraus. Heute lebt sie mit ihrer Familie vor den Toren Hamburgs.

Kerstin Bätz lebt mit ihrer Familie in einem 140-Seelen-Dörfchen im lieblichen Taubertal. Neben der umfangreichen Arbeit im ehemaligen Pfarrhaus und dem zugehörigen Garten betreut sie Kinder der Grund- und Mittelschule außerhalb des Unterrichts.

Leonie Jockusch wurde 1974 geboren und kommt aus Hamburg. Die gelernte Tanzpädagogin schreibt Songs und Hörspiel-Skripte, verfasst Synchronbücher und erfindet leidenschaftlich gern Fantasy-Geschichten. Sie hat bereits zwei Bücher veröffentlicht.

Heike Abidi ist studierte Sprachwissenschaftlerin. Sie lebt mit Mann, Sohn und Hund in der Pfalz bei Kaiserslautern, wo sie als freiberufliche Werbetexterin und Autorin arbeitet. Heike Abidi schreibt vor allem Unterhaltungsromane für Erwachsene sowie Jugendliche und Kinder.

Anke Weber lebt im niedersächsischen Aller-Leine-Tal bei Hannover. Um Menschen, deren Geschichten und das Schreiben hat sich das Leben der Autorin schon immer gedreht. Nach einem Sozialpädagogik-Studium perfektionierte sie ihr Berufsbild und wurde Journalistin. Heute schreibt sie Zeitungskolumnen über ihr geliebtes Landleben und vor allem Bücher für Jugendliche.

Anna Herzog lebt mit vier Kindern, deren Vater und einer wechselnden Tierschar im Ruhrpott in einem großen, alten Haus. Es ist nicht schön, das Haus, es ist bloß noch in keiner Ex-Kohlengrube versunken; dafür wird es aber im Inneren klammheimlich von zwei Ratten zernagt.

Franziska Fischer studierte Spanische Philologie und Germanistik an der Universität Potsdam und arbeitet als freie Lektorin und Autorin. Derzeit lebt sie in Berlin.

Moritz Petz studierte Germanistik und Geschichte. Seit 1998 hat er bei unterschiedlichen Verlagen um die fünfzig Kinderbücher veröffentlicht, die in 15 Sprachen übersetzt wurden.

Doris Fürk-Hochradl wurde 1981 in Braunau am Inn in Österreich geboren. Nach dem Abitur hat sie Religionspädagogik studiert und war jahrelang als Religionslehrerin an Grund-, Haupt- und Berufsschulen wie auch in der Erwachsenenbildung tätig. Sie lebt mit ihrem Mann und ihren zwei Kindern in Eggelsberg in Oberösterreich.

Susanne Böckle ist von Beruf Justizangestellte und lebt mit ihrer fast erwachsenen Tochter am Rande des Nordschwarzwaldes.

Sabine Engel studierte Physik, arbeitete nebenbei für verschiedene Tageszeitungen und schrieb populärwissenschaftliche Artikel für *Spektrum der Wissenschaft*. Nach der Promotion in Kanada kehrte sie nach Deutschland zurück und wandte sich fiktionalen Stoffen zu. Heute lebt sie mit ihrer Familie in Berlin.

Dr. Andreas Schaale ist leidenschaftlicher Physiker und Autor. Er arbeitet in einer Literaturagentur und ist für den Bereich Antipiraterie zuständig.

Lucinde Hutzenlaub wurde in Stuttgart geboren. Dort blieb sie bis zu ihrem Abitur 1990 und ging dann für mehrere Semester nach England und Spanien.

Nach diversen Praktika bei Tele 5, der *Bild*-Zeitung und dem SDR studierte sie sechs weitere Semester in San Francisco, diesmal Grafikdesign und Bildhauerei.

Mara Andeck studierte Journalistik und Biologie in Dortmund, volontierte beim WDR in Köln und lebt heute mit ihrem Mann, zwei Töchtern und einem Hund in einem kleinen Dorf bei Stuttgart. Wenn sie nicht als Wissenschaftsjournalistin arbeitet, schreibt sie Kinder- und Jugendbücher.

Bettina Schuler lebt und arbeitet als freie Journalistin und Autorin in Berlin. In ihrer Kolumne »Wir Mitte-Muttis«, die monatlich in dem Berliner Stadtmagazin *MITTESCHÖN* erscheint, gibt sie alle Tipps und Tricks preis, die sie als typische Berlin-Mitte-Mutti so kennt.

Anja Koeseling war als Journalistin und Publizistin tätig, bevor sie anfing, im Marketingbereich zu arbeiten. 2008 gründete sie die Literaturagentur Scriptzz mit Sitz in Berlin. Heute lebt sie mit ihrer Familie im grünen Brandenburg vor den Toren Berlins.

Impressum

Herausgegeben von Bettina Schuler und Anja Koeseling
Schlachtfeld Elternabend
Der unzensierte Frontbericht von Lehrern und Eltern
ISBN 978-3-944296-70-8

Eden Books
Ein Verlag der Edel Germany GmbH

Neumühlen 17, 22763 Hamburg
www.edenbooks.de | www.facebook.com/EdenBooksBerlin |
www.edel.com
2. Auflage 2014

Dieses Werk wurde vermittelt durch die Literaturagentur Scriptzz, Berlin |
www.scriptzz.de

Einige der Personen im Text sind aus Gründen des Persönlichkeitsschutzes anonymisiert.

Projektkoordination: Nina Schumacher
Lektorat: Christin Ullmann
Umschlaggestaltung: BüroSüd | www.buerosued.de
Layout und Satz: Datagrafix Inc.| www.datagrafix.com
Druck und Bindung: optimal media GmbH, Glienholzweg 7, 17207 Röbel/Müritz

Das FSC®-zertifizierte Papier Holmen Book Cream für dieses Buch liefert Holmen Paper, Hallstavik, Schweden.

Printed in Germany

Dieses Buch ist auch als E-Book erhältlich.